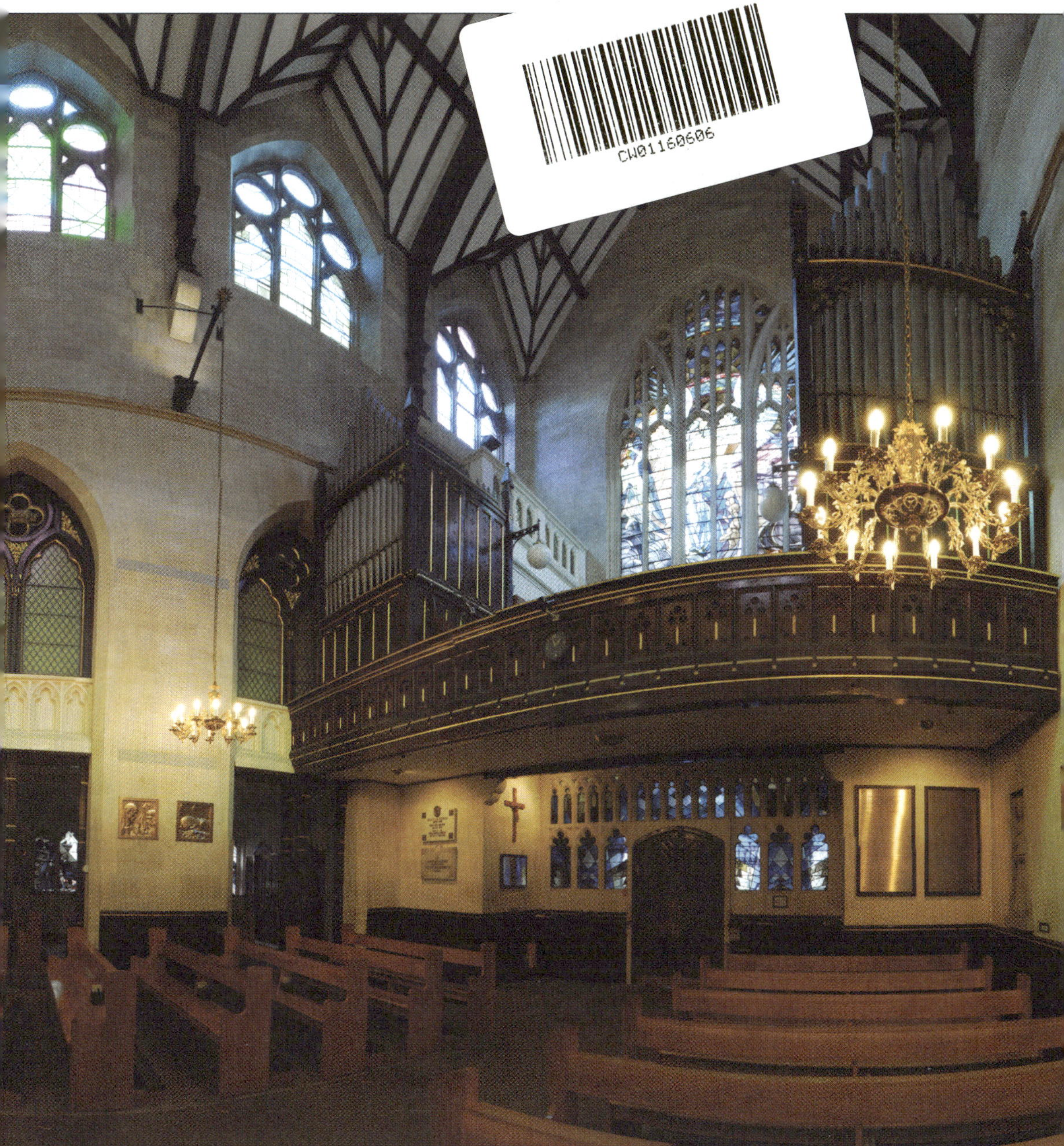

Aleksandra Podhorodecka

Polakom Spragnionym Boga i Ojczyzny

Historia Kościoła i Parafii
pw. Matki Boskiej Częstochowskiej i św. Kazimierza
na Devonii

Parafia pw. Matki Boskiej Częstochowskiej i Św. Kazimierza
w Londynie 2, Devonia Road

PODZIĘKOWANIE
Sponsorom, którzy pomogli w kosztach tego wydawnictwa:
M.B.Grabowski i The Holy Family of Nazareth Educational Trust
Barbarze O'Driscoll za pomoc w wyborze fotografii
oraz wszystkim, którzy przyczynili się do przygotowania tej książki do druku

UKŁAD GRAFICZNY
Krzysztof Wałejko

OKŁADKA
Marcin Krawczyk

FOTOGRAFIE
Stanisław Bireta, Paweł Mieszczakowski, Marcin Krawczyk, Ryszard Protasiewicz,
archiwalne z kronik parafialnych

Copyright © Aleksandra Podhorodecka

WYDAWCA
Parafia pw. Matki Boskiej Częstochowskiej i Św. Kazimierza
2, Devonia Road, London N1 8JJ

DRUK
Zakład Poligraficzno-Wydawniczy POZKAL, Inowrocław

ISBN 978-0-9565304-0-0

80-lecie konsekracji pierwszego polskiego kościoła w Anglii, to okazja do radości i do dumy. Radości – iż po 80 latach świątynia nadal służy polskiej wspólnocie w północnym Londynie i dumy iż przez te 80 lat odgrywała ogromnie ważną, wręcz decydującą rolę w życiu tej wspólnoty.

Wierni gromadzili się u stóp ołtarza, wpatrzenie w matczyną twarz Matki Boskiej Częstochowskiej, zarówno w najbardziej dramatycznych jak i najradośniejszych momentach ich życia na emigracji. Modlili się podczas wojny o pokój i wolność dla ukochanej Ojczyzny i dziękowali Bogu za odzyskaną niepodległość w 1989 roku. Razem z Polonią całego świata radowali się z wyboru polskiego papieża, Jana Pawła II i opłakiwali śmierć Prymasa Tysiąclecia, Kardynała Stefana Wyszyńskiego. Radośni i optymistyczni kibicowali wydarzeniom w Stoczni Gdańskiej i narodzinom 'Solidarności' i pełni grozy i przerażenia gromadzili się w kościele aby razem z Polską przeżywać dramat wprowadzenia Stanu Wojennego. Wspierali walczącą Ojczyznę modlitwą, hartem ducha i niezłomną postawą niepodległościową. W kolejnych pokoleniach troskliwie pielęgnowali patriotyzm i umiłowanie Polski.

Kościół pod wezwaniem Matki Boskiej Częstochowskicj i św. Kazimierza był ostoją dla każdego, kto w jego progach szukał oparcia i pomocy, czy to w pierwszych latach powojennych, czy dzisiaj, kiedy rzesze Polaków zawędrowały na te wyspy po przystąpieniu Polski do Unii Europejskiej. Parafia była wspólnotą, która przygarniała każdą kolejną falę emigrantów.

Historia naszego kościoła to również historia polskiej emigracji; historia tej cząstki narodu, którą los oraz sytuacje polityczne i ekonomiczne zmusiły do zamieszkania poza granicami Kraju. To historia walki o ducha narodu i niepodległość Polski. To nasza historia.

25 listopada 2009 r.

ŚWIADECTWO I WIERNOŚĆ

**Kochani Parafianie,
Drodzy Rodacy,**

    80 rocznica poświęcenia kościoła Matki Boskiej Częstochowskiej i św. Kazimierza na Devonii, jest przeżywana w kontekście dwóch okoliczności: roku duszpasterskiego, którego hasło brzmi: „Bądźmy świadkami Miłości", oraz Roku Kapłańskiego – z hasłem: „Wierność Chrystusa, wierność kapłana". W imieniu Polskiej Misji Katolickiej w Anglii i Walii, z radością włączam się w niniejszą publikację, upamiętniającą jubileuszowe obchody, w których widzę zbieżność właśnie tych dwóch słów: świadectwo i wierność.

    Obecny rok duszpasterski poświęcony jest roli świadectwa w dziele ewangelizacji. Być świadkiem Miłości oznacza: miłować Jezusa we wspólnocie Kościoła, aktywnie uczestnicząc w jego zbawczej misji. Nie będzie jednak przesadą jeśli powiemy, że nie tylko my, jako osoby, ale także świątynie, kościoły i kaplice, są świadkami Bożej miłości we współczesnym świecie. Świadectwo miejsc świętych jest oczywiście inne, niż świadectwo ludzi, zmierzających do świętości. Ale przecież na swój sposób przybliżają prawdę o Bogu, który jest miłością.

    Niestety, nie brakuje dzisiaj w świecie takich działań, które jakby przeczuwając rolę miejsc świętych, starają się bądź ograniczyć, bądź zupełnie usuwać kościoły i kaplice z panoramy naszych miast i wsi. Paradoksalnie, takie działanie potwierdzają ogólną prawdę wiary: miejsca święte „mówią" o Bogu; są świadectwem, że Bóg istnieje i że jest blisko ludzi, opiekując się każdym człowiekiem w jego drodze do wieczności.

    Świątynia na Devonii to właśnie jedno z najczcigodniejszych miejsc, które było i jest świadkiem miłości – miłości Boga do człowieka, i człowieka do Boga. To tutaj, od 12 października 1930 roku, w którym to dniu ks. Kardynał Hlond dokonał uroczystego poświęcenia i odprawił inauguracyjne nabożeństwo, ziemska świątynia – zgodnie z modlitwą prefacji - stała się „obrazem Kościoła Oblubienicy Chrystusa, którą Bóg nieustannie uświęca, aby weszła do Jego chwały, jako matka radująca się z niezliczonych dzieci".

    Dlatego wraz ze słowem: świadectwo, trzeba, abyśmy uroczystości jubileuszowe tej świątyni połączyli ze słowem: wierność. Jest ku temu szczególna okoliczność: Rok Kapłański, z hasłem towarzyszącym: „Wierność Chrystusa, wierność kapłana".

    Przez 80 lat kościół na Devonii – świadek Bożej miłości - był dla rzeszy naszych rodaków szkołą wierności: Bogu i Ojczyźnie. Tak wiele ważnych wydarzeń miało tutaj miejsce i przeszło do historii jako fakty znamienne. Możemy być dumni z wierności, jaką okazali Bogu i Ojczyźnie ci, którzy od początku dbali o to miejsce, na czele ze swymi duszpasterzami i dobroczyńcami. Zmarłych polecamy Bogu w modlitwie wdzięczności. Wszystkim zaś, którzy obecnie podzielają troskę o tę świątynię i jej duszpasterskie otoczenie, wyrażam wraz z podziękowaniem - słowa uznania: za każdy znak wierności, który pozostanie świadectwem wiary dla przyszłych pokoleń.

W Roku Kapłańskim niech mi będzie wolno szczególnie zaakcentować nadzieję, jaka płynie dla teraźniejszości i przyszłości tego miejsca ze strony kapłanów. Wielu duszpasterzy w ciągu minionych 80 lat pozostawiło tutaj wspaniały dar swej żarliwej służby Bogu, Kościołowi i Ojczyźnie. Także i dzisiaj praca kapłanów nie byłaby owocna, bez pomocy braci i sióstr zakonnych oraz osób świeckich, sercem zaangażowanych dla dobra tej świątyni. Dlatego także niniejsza publikacja jest pamiątką i symbolem tego współdziałania, które wpisuje się w jubileuszową modlitwę do Boga za przyczyną Matki Boskiej Częstochowskiej i św. Kazimierza.

Życzę wszystkim błogosławionych owoców obchodów 80 rocznicy powstania kościoła na Devonii – wiernego świadka Bożej i ludzkiej miłości.

Ks. prałat Tadeusz Kukla
Rektor Polskiej Misji Katolickiej
w Anglii i Walii

ARCYBISKUP SZCZEPAN WESOŁY

2009-07-20

00186 Roma
Via delle Botteghe Oscure, 15 (Tel. 06.679.53.47)
(Fax 06.679.01.69)

Szanowna Pani,

Kościół Polski przy Devonia Road w Londynie wkrótce będzie upamiętniał 80-lecie konsekracji jako kościoła katolickiego służącego duszpasterstwu w języku polskim. Słusznie została podjęta inicjatywa, by przypomnieć dzieje kościoła pod wezwaniem Matki Boskiej Częstochowskiej i św. Kazimierza.

Nabywający kościół nie przewidywali, że za kilka lat, kościół ten stanie się „Katedrą Polski Walczącej". Wspólnota Polska w Londynie w latach, gdy kupowano kościół nie była liczna. Kościół wystarczał na potrzeby duszpasterskie ówczesnej Polonii. Lata wojny i bezpośrednio po jej zakończeniu, tak zresztą jak dziś, wymagałyby większej świątyni. Ale przyległe do świątyni zabudowania sprawiają, że może Ośrodek spełniać zadania duszpasterskie parafialnej wspólnoty i zadania rektorskie Polskiej Misji Katolickiej, czyli centralnej instytucji kierującej duszpasterstwem polskim w Anglii i Walii.

Ogromne zasługi w utrzymaniu i upiększaniu kościoła ma śp. ks. infułat W. Staniszewski. On sprawił, że świątynia ma piękny, artystyczny wystrój, zwłaszcza artystyczne witraże.

Lata wojny upamiętniają dwa wota złożone przy ołtarzu Matki Boskiej: Ryngraf srebrny Prezydenta RP na Uchodźstwie, Władysława Raczkiewicza oraz szabla złożona przez Generała W. Sikorskiego.

Wierzę, że tak jak świątynia i ośrodek służył polskiej emigracji przed wojną, emigracji wojennej, dzisiejszej emigracji będzie dalej służył następnym pokoleniom umacnianiem wiary i świadomości polskiego dziedzictwa.

Oddany w Panu

+ Szczepan Wesoły

Szanowna Pani
Aleksandra PODHORODECKA
238 King Street
LONDON W6 0RF

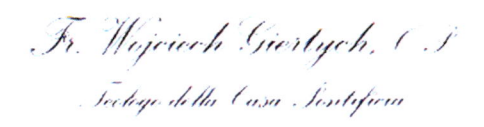

Parafia Matki Bożej Częstochowskiej i św. Kazimierza
2, Devonia Rd.,
London N1 8JJ

    Ogromnie się cieszę, że Parafia Matki Bożej Częstochowskiej i św. Kazimierza w Londynie, tak zwana 'Devonia' obchodzi 80-lecie konsekracji swego kościoła. Jest to okazja, aby ogarnąć myślą, sercem i wdzięczną modlitwą, ten szmat czasu pełen niespodziewanych zawirowań dziejowych oraz ciągłej obecności społeczności polskiej w Londynie, dla której kościół na Devonii zawsze był ważnym, wręcz centralnym punktem odniesienia.

    Kiedy Prymas Polski, ks. Kardynał Hlond wysłał do Londynu ks. Staniszewskiego aby był on rektorem Polskiej Misji Katolickiej, nikt się nie spodziewał, że polska parafia w Londynie wkrótce będzie tak bardzo potrzebna. Mały, zakupiony od Swedenborgianów kościół był obliczony na nieliczną wspólnotę polską przedwojennego Londynu. Wybuch Drugiej Wojny Światowej, znalezienie się całego kraju pod okupacją niemiecką i sowiecką, oraz pojawienie się Polskiego Rządu na Wygnaniu i Wojska Polskiego w Londynie oznaczało, iż ta istniejąca polska placówka stała się de facto jakby katedrą wolnej Polski. Potem przez długie lata powojenne kościół na Devonii służył Polakom, którzy do kraju powrócić nie mogli, a w kościele polskim, podczas nabożeństw i w życiu społecznym przy parafii znajdywali odetchnienie, duchowe wsparcie oraz zrozumienie dla swego losu. Następnie nowe fale emigracji, tym razem zarobkowej, również w tym kościele znajdywały i znajdują zaczepienie oraz duchową pomoc, jak również i czasem pomoc w materialnym znalezieniu się w nowym kraju.

    Dziś pewnie niejedno się w parafii zmieniło, ale jak dochodzą do mnie słuchy, parafia na Devonii nadal służy wiernym, i nadal dla wielu Polaków, którzy się w Londynie znaleźli jest miejscem duchowego odnalezienia sił, ośrodkiem modlitwy i życia sakramentalnego. Dla wszystkich, którzy się tam gromadzą na modlitwie, i nadal gromadzić będą, księżom, wiernym, przedstawicielom i 'starej' i 'nowej' emigracji, tęskniącym za krajem, i tracącym z nim więzi, niech parafia będzie ciągłym przypomnieniem i odnowieniem życia Bożego, które w duszy każdego człowieka w każdej sytuacji życiowej może się nie tylko tlić, ale i rozwijać i może napełnić Bożym ładem i we konsekwencji też i szczęściem.

    Niech Wam Bóg błogosławi!

O. Wojciech Giertych OP
Teolog Domu Papieskiego

27 kwietnia 2009 r.

SPIS TREŚCI

Historia Kościoła 9
Kalendarium 99
Spacerkiem po Kościele 105
Szkoła Sobotnia 115
Chór im. Feliksa Nowowiejskiego 129
Młodzież 139
Organizacje 159
Canvey Island 163
Nasze drogi na Devonię 169
Index 219

Rozdział 1
HISTORIA KOŚCIOŁA

Historia naszego kościoła nie zaczyna się od momentu jego konsekracji; trzeba się trochę cofnąć czasowo aby zrozumieć powody dla których nabyto obiekt przy 2, Devonshire Street. Nie ma kościoła bez parafii, a nie ma parafii bez ludzi. Pierwsi Polacy zamieszkali w północnym Londynie już w dziewiętnastym wieku, kiedy upadek kolejnych powstań zmusił powstańców do ucieczki z kraju. Część z nich zawędrowała do Anglii i właśnie w północnym Londynie stworzyli małą wspólnotę polską. Groby ich – o które po dziś dzień dbają harcerze i harcerki z północnego Londynu – leżą na Wzgórzu Orła Białego w Highgate Cemetery, w pobliżu grobowca Karola Marksa.

Chociaż emigracja polska istniała już jakiś czas, to jednak dopiero w 1894 roku grupa była na tyle dojrzała, aby katolickie władze w Anglii uznały potrzebę stworzenia polskiej placówki duszpastersko-religijnej. Trzeba tu dodać, że bardzo ważną rolę w powstaniu Polskiej Misji Katolickiej odegrała Siostra Franciszka Siedliska, dziś błogosławiona, patronka PMK, założycielka Sióstr Nazaretanek oraz kardynał Herbert Vaughan, arcybiskup Westminsteru. Pierwszym rektorem nowopowstałej Misji został ksiądz Antoni Lechert ze Zgromadzenia Księży Misjona-

Fot. 1
Ołtarz w kościele Swedenborgianów

rzy.

Nabożeństwa dla Polaków odprawiano w wynajętym budynku, gdzie Polacy gromadzili się na wspólną modlitwę. Odczuwano brak własnej świątyni, powołano więc komitet, który miał się zająć tą sprawą. I tak, po dużych zabiegach i trudnościach kupienia lub wybudowania polskiego kościoła w Londynie, szczęśliwym zbiegiem okoliczności doszło do wiadomości komitetu, że w dzielnicy Islington, przy Devonshire Street (późniejszej Devonia Road) znajduje się protestancki zbór, należący do sekty Swedenborgianów, przez tę sektę wystawiony na sprzedaż za £4,000. Swedenborgianie zakupili grunt pod budowę świątyni w 1852 r., architekt Henry Bateman zaprojektował kościół i w 1866 dokonano inauguracji świątyni dla kultu wyznania Swedenborgiańskiego, któremu służył do lat międzywojennych. W 1874 r. zainstalowano w kościele organy, które po dziś dzień służą naszej wspólnocie. Z czasem jednak potrzeba na świątynię zmalała i postanowiono obiekt sprzedać.

Dla Polaków była to wyjątkowa okazja, gdyż wydelegowany przez kurię architekt ocenił, że prawdziwa wartość obiektu powinna wynieść około £20,000. Oględziny budynku dały niespodziewanie pomyślny rezultat bo i gotycki styl budynku i jego wewnętrzny rozkład nadawały się znakomicie na kościół, mieszkanie rektora, biuro Misji i **Ognisko**, czyli ośrodek parafialny.

Kiedy wystawiono kościół na sprzedaż Polski Komitet Budowy zwrócił się do kardynała Franciszka Bourne o pozwolenie nabycia tego obiektu. Wyraził on zgodę i w lutym 1930 roku dokonano aktu kupna. Westminster Diocese – bo cudzoziemcy nie mieli w tym czasie prawa kupna posiadłości - zostało właścicielem pierwszego polskiego kościoła w Anglii, nabytego za pieniądze polskiej wspólnoty. Uroczyste poświęcenie i otwarcie odrestaurowanego kościoła odbyło się 12-go października 1930 roku. Na tę uroczystość przybyli Prymas Polski, ksiądz Kardynał August Hlond i ksiądz Kardynał Franciszek Bourne Arcybiskup Westminsteru, którzy razem odprawili w kościele inauguracyjne nabożeństwo. Kościół został poświęcony Matce Boskiej Częstochowskiej i Świętemu Kazimierzowi.

Fot. 2
Kardynał Franciszek Bourne – Arcybiskup Westminsteru w latach 1903-1935

Pierwszym proboszczem nowopowstałej parafii został ksiądz Teodor Cichos, Salezjanin, który już od 1926 roku piastował funkcję rektora Polskiej Misji Katolickiej. Od tego momentu kościół zaczął służyć społeczności polskiej. Ksiądz Cichos zabrał się bardzo energicznie do zcalenia życia wspólnoty wokół kościoła. Założył **Towarzystwo Polsko-Katolickie**; promował spotkania towarzyskie w salach pod kościołem; wspierał naukę w świeżo powstałej polskiej szkółce; dbał o katolickie i patriotyczne wychowanie dzieci i młodzieży. Odwołany do kraju w 1937 roku musiał opuścić placówkę, której poświęcił wiele serca i energii. W 1938 roku odbyło się uroczyste pożegnanie księdza Cichosa. W pożegnaniu uczestniczyli konsul RP Karol Poznański, przedstawiciele **Towarzystwa Polsko-Katolickiego,** dzieci szkolne i parafianie. Przed opuszczeniem Londynu ksiądz Cichos otrzymał ręcznie pisany list od księdza Prymasa, którego końcowa część brzmiała następująco: *...Uważam sobie za miły obowiązek podziękować najserdeczniej Drogiemu Księdzu Rektorowi za długoletnie trudy włożone w opiekę duszpasterską nad Polakami w Londynie. Uświadamiam sobie to dobrze, że dzięki konsekwentnej zapobiegliwości Kochanego Księdza Rektora Misja Londyńska nie tylko ostatecznie ustabilizowała się jako ważna placówka polska, lecz ponadto zdobyła sobie godną siedzibę i*

Fot. 3
Ks. Teodor Cichos, rektor Polskiej Misji Katolickiej w latach 1926-1938 i pierwszy proboszcz parafii na Devonii

Fot. 4
Wierni przed kościołem na Devonii w latach 30-tych

*Fot. 5
Ks. Władysław Staniszewski, rektor Polskiej Misji Katolickiej w latach 1938-1974*

piękny kościółek. Chciałbym aby dalsza działalność Misji szła po linii, jaką jej wytyczyła ofiarna i błogosławiona działalność jej ostatniego Rektora ze Zgromadzenia Św. Jana Bosko.

Następca księdza Cichosa, ksiądz Władysław Staniszewski stanął u steru Polskiej Misji Katolickiej w bardzo trudnym dla Polski okresie. Urodzony 16-go czerwca 1901 roku, w województwie poznańskim, skończył studia teologiczne i filozoficzne w Poznaniu. Święcenia kapłańskie otrzymał w Gnieźnie w 1927 roku i piastował różne funkcje administracyjne przy Kurii Arcybiskupiej. Do Anglii przyjechał jako 37-letni kapłan.

Funkcję rektora objął w 1938 roku, kiedy nad Europą zbierały się chmury wojenne. Zorientował się bardzo szybko, że jego rola, jako rektora rozproszonej i nielicznej grupy polskich emigrantów, będzie utrudniona brakiem jakiegokolwiek kontaktu pomiędzy Polakami. Aby kontakt ten ułatwić zaraz w 1938 roku założył na Devonii, z finansowym wsparciem polskiej Ambasady, miesięcznik informacyjny, pod tytułem **Wiadomości Polskiej Misji Katolickiej w Londynie**. Pismo to zawierało wiadomości nie tylko kościelne ale również i informacje o ważniejszych wydarzeniach w kraju i na arenie międzynarodowej. W kronice wydarzeń podawano też szczegóły z działalności księdza rektora i Polskiej Misji Katolickiej.

Również w 1938 roku powstała na Devonii inicjatywa zakupienia, względnie zamówienia u artysty obrazu Matki Boskiej Częstochowskiej do głównego ołtarza. Została więc rozesłana odezwa do wszystkich parafian z prośbą o datki na ten cel.

Tak jak jego poprzednik, ksiądz rektor Staniszewski był również i proboszczem parafii, zaangażował się więc w prace polskiej szkoły, prowadząc, razem z panią Jordan, lekcje dla 16 polskich dzieci. Będąc człowiekiem bardzo towarzyskim i otwartym na ludzi ksiądz Staniszewski łatwo nawiązywał kontakt z wiernymi, toteż parafia na Devonii bardzo szybko utworzyła prawdziwą wspólnotę.

Z początkiem 1939 roku wznowiono działalność **Polskiego Stowarzyszenia Katolickiego**, które zostało założone w 1915 roku (działalność ta została zawieszona gdy Polska odzyskała niepodległość i wielu Polaków wróciło do kraju). Stowarzyszenie zaczęło organizować odczyty, dyskusje, wycieczki. Planowano nawet wyjazd do Polski pod koniec lipca – dla wielu miał to być pierwszy kontakt z Ojczyzną. Plan ten oczywiście nie został zrealizowany.

W kronice parafialnej z lutego 1939 roku jest ciekawa notatka z wykładu pani Marii Wyczałkowskiej odnośnie potrzeby dokształcania rodziców w dziedzinie wychowywania dzieci, *...gdyż szerzyło się rozluźnienie i lekceważenie autorytetu – siły wrogie Kościołowi starają się odebrać małżeństwom chrześcijańskim charakter sakramentalny – wychowanie dzieci zostawia się ulicy. Jedynie atmosfera obopólnej zgody, jedności i miłości małżeńskiej może sprzyjać dobremu wychowaniu potomstwa i państwo powinno otaczać szczególną opieką liczne rodziny*. Na sali było 50 słuchaczy.

Rok 1939 to rok wybuchu Drugiej Wojny Światowej. W maju 1939 roku Minister Spraw Zagranicznych Józef Beck, odwiedził Londyn z wizytą dyplomatyczną i modlił się w kościele na Devonii, polecając Bogu zagrożoną Ojczyznę.

WOJNA

W lipcu ksiądz Staniszewski wyjechał do Polski na odpoczynek. Zmuszony dramatyczną sytuacją polityczną, w ostatniej chwili opuścił Polskę aby wrócić do Anglii. Zaraz potem zamknięto granicę polsko-niemiecką i pierwszego września 1939 roku, bez wypowiedzenia wojny, Niemcy napadli na Polskę. Do Londynu zaczęły docierać pierwsze wiadomości o bombardowaniu polskich miast. Komitet Polsko-Katolicki od razu powołał Anglo-Polish Relief Fund, (Polski Komitet Łączności i Pomocy Ofiarom Wojny), który wspierał potrzebujących.

12-go września ks. Staniszewski otrzymał od księdza kardynała Hinsley, przyjaciela Polski, następujący list:

Mój Drogi Księże!

W tej smutnej i okrutnej godzinie męczeństwa Polski przesyłam Ci wyrazy głębokiego, z serca płynącego współczucia. Codziennie się modlę za ofiary tej okrutnej wojny. Modlę się za żołnierzy, którzy walczą w obronie swych domów. Modlę się za matki przede wszystkim i dzieci, które były i są ofiarami bezwzględnych metod nowoczesnej wojny. Modlę się za wszystkich Twoich rodaków, którym grozi brutalna siła.

Dzielę z Tobą smutek, mój Drogi Księże, jak również smutek Twych rodaków w kraju i tutaj w mej diecezji i gdziekolwiek przebywają, z powodu zajęcia przez wroga Waszej świętości narodowej

*Fot. 6
Kardynał Artur Hinsley, Arcybiskup Westminsteru w latach 1935-1943*

w Częstochowie. Zaprawdę straszna to rzecz. Wszelako Polska jest pod opieką Królowej Nieba. Wiesz przecież dobrze, że przez Jej potężne wstawiennictwo kraj wasz nieraz w przeszłości odniósł tryumf nad niebezpieczeństwami, które groziły również Europie. Polska, jak była ongiś, tak jest również teraz przedmurzem katolickiej cywilizacji.

W uroczystość Najświętszego Imienia Marii wspominamy w brewiarzu sławne zwycięstwo, odniesione dzięki nieustraszonej wierze synów Polski. Święto to upamiętnia ich bohaterskie zwycięstwo pod Wiedniem. Ten sam nieugięty duch przywiązania do wiary nie może nie przynieść ostatecznego zwycięstwa w sprawie, która jest z gruntu słuszna.

W tej tragicznej chwili przywodzimy sobie na pamięć, że zmarły Ojciec Święty Pius XI, jako Nuncjusz Apostolski w Warszawie wypowiedział te natchnione słowa: **Jestem przekonany, że Bóg, który w tak cudowny sposób przywrócił Waszemu narodowi wolność, chce przez niego Swoje przeprowadzić plany i przeprowadzi je mimo wszystko.** Nie schodzi nam z pamięci również „Cud nad Wisłą". Męstwo narodu polskiego polega na jego nadprzyrodzonej i niewzruszalnej ufności w Opatrzność Bożą. Ma on również świadomość, że słusznie stawia opór nieusprawiedliwionej przemocy. Co więcej, w modlitwach wyrażająca się życzliwość i prawdziwe współczucie całego świata jest z Wami.

W duchu przynajmniej będę w przyszłą niedzielę z Wami na uroczystej Mszy św. błagalnej. Przyłączę się do suplikacji Twoich wiernych i władz polskich o zwycięstwo Prawdy nad Siłą.

Pozostając, Drogi i Wielebny Księże, Twój oddany w Chrystusie
KARYNAŁ HINSLEY Arcybiskup Westminsteru.

17-go września nadeszła dramatyczna wiadomość o wtargnięciu wojsk bolszewickich do wschodniej Polski i o wyjeździe rządu polskiego do Rumunii.

Pierwsi Polacy, których wojna zaskoczyła w Londynie, zaczęli kierować swe kroki do kościoła na Devonii, który przez cały okres wojenny służył polskim żołnierzom jako ośrodek wsparcia duchowego i materialnego.

Nowa fala emigracji zaczęła napływać do Londynu jeszcze przed końcem 1939 roku; Anglia i Walia roiły się od różnych formacji Wojska Polskiego. Chociaż Polskie Siły Zbrojne miały swoich kapelanów wojskowych, to jednak kościół na Devonii cieszył się ogromną popularnością. Był symbolem tęsknoty za wolnością i żywym punktem odniesienia dla emigracyjnego rządu; dla lotników, marynarzy i żołnierzy walczących o Anglię, Europę i Polskę.

Naród angielski przeżywał z nami tragedię narodu polskiego i niedługo po wybuchu wojny British Broadcasting Corporation (BBC) zaczęło nadawać z Devonii polską Mszę św. która była trans-

Fot. 7
Ks. rektor Władysław Staniszewski wygłasza kazanie nadawane na Kraj przez BBC

mitowana na kraj i miała na celu podtrzymywanie na duchu naszego narodu. Fakt ten tak zgniewał niemieckie władze, iż niemieccy lotnicy otrzymali rozkaz aby zrównać z ziemią polski kościół w Londynie.

24-go marca 1940 roku, w niedzielę Wielkanocną ksiądz Staniszewski odczytał w kościele – nadaną również przez radio – odezwę kardynała Hinsley'a do Narodu Polskiego:

Ludu Polski! Młodzieży Polska!

Zwracam się do Was w ten pogodny dzień Wielkanocny, aby przesłać Wam modlitwę mego serca i w miarę sił natchnąć was wiarą i nadzieją, które Zmartwychwstanie Chrystusa, Zbawiciela Naszego i Króla, rozżarza w duszach chrześcijan.

Polska żyje wiarą zmartwychwstania. W chwili obecnej ukrzyżowana jest między dwoma łotrami. Cierpi bezwzględne i nielitościwe prześladowania z rąk jednego ze złoczyńców, który szydzi z jej wiary i zdaje się dążyć do starcia z powierzchni ziemi jej życia narodowego i jej kultury. Jeśli chodzi o drugiego złoczyńcę, to Polska jest ofiarą zręcznej kampanii walczącego ateizmu oraz systemu niewiele się różniącego od najgorszych form pogańskiego niewolnictwa panującego przed nastaniem chrześcijaństwa. Żarliwe mody zanoszę za robotników i włościan Waszych, którzy uginają się pod jarzmem napadu. Możecie śmiało pozostawić ciemiężycielom Waszym nędzne ich przechwałki o podstępnym i tchórzliwym zwycięstwie, które osiągnęli dzięki przygniatającej masie ludzkiej i przewadze broni mechanicznej. Zwycięstwo to odnieśli zdradzieckim atakiem, dokonanym z dwóch stron na nieprzygotowany naród. W ciągu całych dziejów cieszyć się będziecie sławą dzielnego oporu przeciwko miażdżącej przewadze i sławie bohaterskiego, z męstwem znoszonego cierpienia. Rzadko kiedy świat ten oglądał – o ile w ogóle oglądał – podobną brutalność i podobne okrucieństwo, dyszące nienawiścią, ziejące żądzą wyniszczenia. Do tronu Ojca Wszelkiego Miłosierdzia i Boga Wszelkiego Pocieszenia zanoszę błagalne modły o Wasze zmartwychwstanie do nowego życia.

Nie zapominajmy, że w godzinę śmierci dana została łotrowi łaska wejścia do Królestwa Niebieskiego, kiedy wyraził żal za

Fot. 8
Wielkanoc 1940.
Wierni wypełniają kościół i modlą się na ulicy

grzechy i naprawił krzywdy według swej możności. Niechby podobna wszechobejmująca łaska dana została jednemu czy drugiemu, a nawet obu sprawcom mordu i łupiestwa, którzy wyniszczyli Wasz pełen kultury i pamiątek historycznych kraj. Łaska Boża czeka na nich, jeżeli kiedyś pożałują swoich win i będą gotowi w miarę swych możności do naprawy swoich zbrodni. Siła rezurekcyjna już nieraz w wiekach ubiegłych odradzała hordy barbarzyńców, których pewien pasterz, pisarz starożytny, nazwał mianem "dzikszych od samych nawet Niemców". Ramię boskie, które nieraz już karało barbarzyńców, nie osłabło ...

Modły zanoszę także za Waszych żołnierzy, marynarzy i lotników, którzy aby przysporzyli Wam sił i oby ich ofiary przyczyniły się do zwycięstwa prawa nad przemocą, do zwycięstwa, które przyniesie trwały i sprawiedliwy pokój Polsce, zarówno jak i Europie, i przywróci pomyślność i szczęście.

Wiara nasza w miłość Zmartwychwstałego Chrystusa da Wam odwagę i nieugiętą nadzieję. Miłosierdzie, które jest w sercach Waszych, skłoni Was do przyłączenia modlitw Waszych do modłów moich za tych, co dzisiaj są Waszymi nieubłaganymi wrogami. Polska powstanie na nowo. ...nie lękajcie się tych, co niezdolni są zabić duszy.

Fot. 9
Po Mszy św. stoją przed kościołem i rozmawiają. Jezdni nie ma!

List powyższy nie mógł wpłynąć na losy działań wojennych, ale na pewno pokrzepił Polaków i dał im do zrozumienia, iż naród angielski współczuje im i wspiera ich bohaterską postawę.

Na jesieni 1940 rozpoczęło się bombardowanie Londynu. Okolica kościoła polskiego była wyjątkowo ciężko i gęsto bombardowana, ale nietknięta wieża kościoła dominowała nad horyzontem Islingtonu. Padły jednak pierwsze ofiary bomb wśród kolonii polskiej. Mieszkańcy okolicznych domów – głownie kobiety i dzieci – chronili się w podziemiach kościoła.

A ksiądz Staniszewski, energiczny i zaradny, służył powiększającej się rzeszy wiernych gromadzących się na Devonii. W podziemiach kościoła urządzał wigilie dla żołnierzy, spotkania towarzyskie, akademie, koncerty chóru Wojska Polskiego. Do domu księdza rektora żołnierze mieli wstęp o każdej godzinie dnia i nocy. Gdy staruszek kościelny szedł wieczorem spać, dzwonek od drzwi wejściowych przeprowadzany był do pokoju księdza rektora i nieraz o drugiej czy trzeciej w nocy przyjmował spóźnionego na pociąg marynarza, czy lotnika który właśnie przyjechał do Londynu na urlop. Robił im herbatę i prowadził do przygotowanego na taką ewentualność pokoju.

Nie ograniczał swej pracy duszpasterskiej do wspólnoty na Devonii; poświęcał jednostki wojskowe, odwiedzał marynarzy na polskich okrętach wojennych **Błyskawica** i **Grom**. Otaczał opieką organizujące się na terenie Wielkiej Brytanii polskie lotnictwo, które tak chwalebnie zapisało się w bitwie o Wielką Brytanię.

Skromny Kościół pod wezwaniem Matki Boskiej Częstochowskiej i Świętego Kazimierza nabrał znaczenia jako oficjalny kościół obywateli Rzeczypospolitej Polskiej, gdyż w 1940 roku, po upadku Francji, przeniósł się do Londynu Polski Rząd na Uchodźstwie: rząd, ministrowie i prezydent okupowanej Polski. Skierowali swe kroki na Devonię i kościół nasz stał się oficjalnym miejscem kultu członków Rządu RP i Naczelnego Wodza Sił Zbrojnych. Był w tym czasie jedynym wolnym polskim kościołem na kontynencie europejskim, zastępując warszawską katedrę Świętego Jana. Rolę tą pełnił do zakończenia wojny. W kościele naszym obchodzono wszystkie uroczystości narodowe; ambasadorowie i członkowie korpusów dyplomatycznych również i innych państw Europy oraz dostojnicy kościelni stali się regularnymi gośćmi naszego kościoła.

Idąc za przykładem księdza kardynała Hinsley, który wziął udział w uroczystym nabożeństwie błagalnym w intencji Polski, angielscy katolicy coraz częściej zaglądali do naszego kościoła aby razem z Polakami modlić się o wolną Polskę.

Doceniając ogromne znaczenie tej polskiej placówki marynarze polskich statków **Błyskawica** i **Burza** z wdzięczności za Bożą opiekę w bitwach pod Narwikiem i Dunkierką. ofiarowali kościołowi kamienne figury św. Andrzeja Boboli i św. Stanisława Kostki. Figury te poświęcił JE ks. biskup polowy J.F. Gawlina w 1940 roku. Zafundowali oni również kazielnicę z angielskiego złota oraz kielich mszalny z napisem: *Wdzięczni Bogu za opiekę w bitwach morskich 1939-1940*. Prezydent RP Władysław Raczkiewicz ofiarował

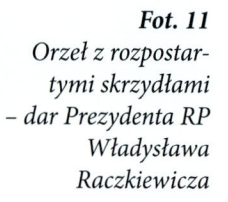

Fot. 10
Kamienna figura św. Stanisława Kostki; dar marynarzy polskich z okrętów **Burza** *i* **Błyskawica**

Fot. 11
Orzeł z rozpostartymi skrzydłami – dar Prezydenta RP Władysława Raczkiewicza

kościołowi wotum w kształcie orła z rozpostartymi skrzydłami, który trzyma w dziobie gałązkę i tabliczkę z napisem: *Bogurodzica Maryjo, nie opuszczaj nas. Prezydent Rzeczypospolitej Polskiej 1941*. Orzeł ten nadal zdobi nasz ołtarz.

W okresie wojennym biskup polowy Józef Gawlina był częstym gościem na Devonii. Podtrzymywał on wiernych na duchu, błogosławił żołnierzy i głosił wzruszające kazania. Doskonale wczuwał się w sytuację polskich żołnierzy modlących się w naszym kościele, gdyż sam przeszedł wojenny szlak bojowy. Po Kampanii Wrześniowej, podczas której został ranny, biskup Gawlina opuścił Polskę i przedostał się do Francji wraz z żołnierzami, którzy stanowili zalążek nowej armii polskiej, walczącej u boku aliantów. Jako Wizytator Apostolski dla Polaków deportowanych do Rosji Sowieckiej, przez dłuższy czas przebywał w Związku Socjalistycznych Republik Radzieckich. Później był Ordynariuszem Polaków, którzy opuściwszy Sowiety rozproszeni byli na Środkowym i Dalekim Wschodzie. Wraz z polskim żołnierzem odbył biskup Gawliana całą drugą wojnę światową i był na froncie we Włoszech, Francji, Belgii, Holandii i w Niemczech. Przetrwał wszystkie bombardowania Londynu. Brał udział w bitwie o Monte Cassino i za niesienie, w ogniu walki, posługi duchowej walczącym i rannym żołnierzom, otrzymał srebrny krzyż wojennego orderu

Fot. 12
Generał Władysław Sikorski modli się w naszym kościele. Nad głową generała lampa wieczysta – dar Dywizjonu 303

Fot. 13
Władysław Raczkiewicz, Prezydent Rządu Polskiego na uchodźstwie

Fot. 14
Biskup polowy Józef Gawlina

Fot. 15
Ks. biskup Józef Gawlina w 1940 roku składa żołnierzom życzenia świąteczne

Virtuti Militari.

W kościele naszym 15-go sierpnia 1940 roku wygłosił płomienne kazanie:

Zebraliśmy się na ziemi angielskiej, by złożyć Bogu ofiarę dziękczynną za dokonany przed dwudziestu laty „Cud nad Wisłą.

...Chwila teraz dziwnie osobliwa, kiedy Biskup Polowy od jedynego w Europie wolnego ołtarza polskiego składa hołd Wam, głównym aktorom tego gigantycznego boju, a duszę zmarłego Wodza Naczelnego, Józefa Piłsudskiego i poległych wówczas żołnierzy poleca miłosierdziu Bożemu.

...Wojna!

Czart czyha na Twoją piętę, Przeczysta Panienko, ale Ty w proch głowę jego zetrzesz.

My, naród Polski, byliśmy zawsze z Tobą. Powiedziałaś,

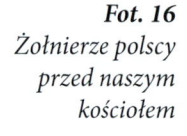

Fot. 16
Żołnierze polscy przed naszym kościołem

Matko, że „zakorzeniłaś się w zacnym narodzie". My, słudzy Maryi!

Toteż moc nasza nie zna ciemności, bo Tyś światłem naszym. Przyjdźże do nas, Matko, i zjednocz nas wszystkich. I tych, co wywiezieni do Niemiec na roboty niewolnicze, i tych, co w głąb Rosji powędrowali. I tych, co polegli, płaszczem żołnierskim spowici, co jeszcze przez sen rękę trzymają na broni.

... Jest Jeden tylko, co wydawać może Boskie rozkazy. Ten, co Łazarza wskrzesił i sam zmartwychwstał: Jezus Chrystus, Syn Bogarodzicy. On to wskrzesi Polskę, Matkę naszą.

... Przyjdź-że, Panie Jezu! Nie zwlekaj!

I życzenia składane wiernym w 1940 r. podczas wigilii na sali pod kościołem zakończył słowami:

...Syna Bożego natomiast, w żłóbku urodzonego, w miłości adoruje całe Chrześcijaństwo, a zwłaszcza nasza najdroższa Polska. Dziś wierzymy święcie, że Nowonarodzony Zbawiciel Świata, Książę Pokoju, zetrze samozwańczych bożków wojny i po mozolnej robocie bojowej zaprowadzi nas do Ojczyzny.

Sursum Corda!

Ksiądz biskup Gawlina modlił się z żołnierzami, i za żołnierzy, a oni darami upiększali nasz kościół. Lotnicy Dywizjonu 303 złożyli w katolickiej katedrze w Westminster srebrny ryngraf Matki Boskiej Ostrobramskiej jako votum – podpisany słowami: *Matko Miłosierdzia pod Twoją obronę uciekamy się*. Kopię tego ryngrafu – wykonaną w brązie - ofiarowano naszemu kościołowi. Dywizjon 303 sprezentował wieczystą lampę, która nadal służy naszemu kościołowi a wszyscy lotnicy razem ofiarowali złoconą monstrancję u której podstawy umieszczono napis: *Bogu na chwałę, Polscy lotnicy walczący o wolność swej Ojczyzny. Anglia 1942.*

Wnet wokół obrazu Matki Boskiej zaczęto wieszać wota od dygnitarzy, okrętów R.P., brygad, pułków, dywizjonów lotniczych i pojedyńczych żołnierzy. Były to ryngrafy, orły, szable i krzyże bojowe, zdjęte z piersi żołnierzy i zawieszone przy ołtarzu jako świadectwo całkowitego Bogu i Ojczyźnie oddania.

Fot. 17
Generał Władysław Sikorski rozmawia z ks. rektorem Władysławem Staniszewskim

Fot. 18
Ołtarz naszego kościoła z obrazem Matki Boskiej Częstochowskiej i Ostatnią Wieczerzą Adama Bunscha

Ponieważ coraz więcej żołnierzy przewijało się przez parafię w 1941 roku postanowiono kupić dom przylegający do obiektu parafialnego, pod numerem cztery Devonia Road. Miał on sześć pokoi, które miały służyć jako dom wypoczynkowy dla polskich żołnierzy na urlopie. Dom nabyto za £800 i generał Władysław Sikorski poważnie się przyczynił do tego zakupu. Tak powstał **Żołnierski Hotel**, przez który do roku 1945 przewinęło się pięć tysięcy polskich żołnierzy.

Fot. 19
Szabla – dar gen. Władysława Sikorskiego - i otaczające ją wota

Fot. 20
JE ks. Bernard Griffin, Arcybiskup Westminsteru w latach 1943-1956

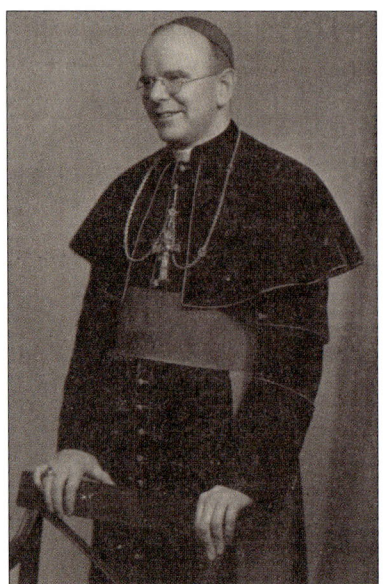

Na życzenie króla Jerzego VI oraz Episkopatu Brytyjskiego dzień 23-go marca 1941 roku został poświęcony modłom o zwycięstwo sprzymierzonych. W katedrze św. Jerzego na Southwark odbyło się nabożeństwo w intencji Polski, a na Devonii ks. bp J. Gawlina odprawił uroczystą Mszę św. w tej samej intencji z udziałem chóru Wojska Polskiego.

Wspólnota parafialna już od 1938 roku zbierała fundusze na zakup obrazu Matki Boskiej Częstochowskiej i w styczniu 1942 roku odbyło się uroczyste poświęcenie nowego obrazu, który umieszczono nad głównym ołtarzem. Jednocześnie zostały poświęcone i umieszczone wokół obrazu liczne wota – wdzięczności i ufności – a między nimi szabla ofiarowana przez Generała Władysława Sikorskiego.

W czerwcu 1943 roku odbył się na Devonii pierwszy

dwudniowy zjazd IPAKu, który zgromadził Polaków nie tylko z Devonii ale również z całego Londynu. Od tej daty, zjazdy weszły w stały kalendarz życia emigracji i po dziś dzień urządzane rotacyjne w różnych polskich parafiach w Anglii gromadzą przedstawicieli polskich wspólnot.

Dosłownie w kilka dni po zakończeniu zjazdu generał Władysław Sikorski zginął śmiercią tragiczną – po dziś dzień w pełni nie wytłumaczoną - w wypadku samolotowym nad Gibraltarem. Śmierć Naczelnego Wodza Wojsk Polskich okryła żałobą społeczność polską, która tłumnie zebrała się w kościele na Devonii aby modlić się za Zmarłego, polecając Jego duszę Bożej opiece i dziękując Bogu za Jego niezłomną postawę patriotyczną i rozeznanie polityczne.

W kwietniu 1944 roku Czołówka Teatralna Lwowska Fala złożyła w naszym kościele votum błagalne w intencji ocalenia miasta Lwowa i jego powrotu do wolnej Polski. Była to reprodukcja plakiety, przedstawiającej herb miasta Lwowa, ofiarowanej wcześniej przez miasto okrętowi podwodnemu **Wilk**.

W 1944 roku z polecenia abp Bernarda Griffin rozpoczęła się we wszystkich angielskich kościołach katolickich nowenna w intencji Polski. Ostatni dzień nowenny zbiegł się z uroczystością 50-lecia Polskiej Misji Katolickiej.

50-LECIE PMK

Ponieważ parafia na Devonii stoi u boku Polskiej Misji Katolickiej, losy tych dwóch placówek są od samego początku bardzo ściśle ze sobą związane; zazębiają się i uzupełniają. Historyk kronikujący wydarzenia parafialne, nie może więc pominąć inicjatyw misyjnych. Nic więc dziwnego, iż w 1944 roku parafia i misja razem obchodziły 50-lecie założenia w Anglii Polskiej Misji Katolickiej. Schemat ten wielokrotnie będzie się powtarzał w dalszej historii naszej parafii.

W obchodach tych uczestniczyli: ks. abp Bernard Griffin biskup Westminsteru, abp William Godfrey Delegat Apostolski, Rząd Polski na Uchodźstwie z premierem Tomaszem Arciszewskim na czele, ambasador RP Edward Raczyński, konsul generalny Karol Poznański i licznie zebrani parafianie. Arcybiskup Bernard Griffin powiedział między innymi:

...Szczęśliwie się zdarzyło, że zebraliśmy się tu na zakończenie Nowenny modlitw do Matki Najświętszej, nowenny, którą odprawiano w całej W. Brytanii a i w wielu innych krajach o pomyślność dla waszej wielkiej Ojczyzny. Polska jest znana ze swego głębokiego i gorącego nabożeństwa do Matki Bożej. Matka Boża Częstochowska jest tym dla waszego kraju i wschodniej Europy, czym jest Lourdes dla zachodu. Wynagrodziła Ona waszą ufność w Jej potężne wstawiennictwo i w przeszłości dopomogła wypędzić najeźdźcę z waszej stolicy...

...Nasza miłość i szacunek dla Waszej Ojczyzny jest dwojakiego

rodzaju: Jest to żywe współczucie i głęboki podziw. ...Żaden kraj nie cierpiał w tej wojnie tyle, co Polska. Jesteście w niej od samego początku a wasz kraj jest nadal w rękach nieprzyjaciół. Wasi mężowie, kobiety i dzieci zostali wywiezieni; zostali zapędzeni do obozów koncentracyjnych; rodziny zostały porozbijane; tysiące waszych najlepszych obywateli było brutalnie torturowanych i masakrowanych. Wasze domy, świątynie, kościoły, pomniki kultury zostały zburzone. Robiono wszelkie próby, by wasz lud sprzeniewierzył się Wierze i Ojczyźnie.

Dzieje Warszawy, jej nieopisane okropności i cierpienia jeszcze nie zostały opisane. Opłakujemy ją z wami.

...Jak krew męczenników jest nasieniem Kościoła, tak i krew polskich męczenników w tej wojnie będzie dobrym nasieniem, z którego wzejdzie zmartwychwstanie Polski.

Zakończył swe płomienne przemówienie z okazji tego jubileuszu słowami:

...Przede wszystkim stawiamy Waszą sprawę przed tronem nieskończonej sprawiedliwości Boga i przed Jego niepokalaną i możną Matką. Gorąco się modlimy i ufamy, że fizyczne i duchowe udręki i cierpienia waszego rządu, waszego narodu i kraju okażą się po tej strasznej wojnie bolesciami zapowiadającymi narodziny nowej i odmłodzonej Polski.

Przez całe lata wojny w polskim kościele przy Devonia Road gromadził się polski rząd, polscy żołnierze, polska ludność cywilna i zaprzyjaźnieni Anglicy i razem modlono się o wolną i niezależną Polskę. Razem przeżywano tragiczne wieści o losach polskich żołnierzy na wszystkich frontach świata, o losach polskiej ludności zesłanej na Sybir, o zamordowanych oficerach w Katyniu, o zdobywcach Monte Cassino, o poległych w Powstaniu Warszawskim i o konferencji w Jałcie. Kiedy w maju 1945 roku zakończyła się wojna, stało się jasne, iż powrót do kraju, ze względów politycznych, jest wręcz niemożliwy dla członków Polskich Sił Zbrojnych. Choć na ulicach Londynu panowała radość kiedy nastał pokój, Polacy nie przeżywali z Anglikami tej euforii. W czerwcu 1946 roku na uroczystej paradzie powojennej władze angielskie dziękowały wszystkim narodom za pomoc w walce z Niemcami; pominięto jednak Polaków aby, jak twierdzą historycy, nie urazić alianckiej Rosji i Stalina. Całą Polonię ogarnął pesymizm, zniechęcenie i rozpacz, że walka, poświęcenie i śmierć milionów Polaków nie przyniosły oczekiwanego zwycięstwa.

W takiej sytuacji wzrosły autorytet i rola polskiego kościoła na Devonii. Jeszcze przez kolejne lata pozostał jedynym polskim kościołem w Anglii. Przybywające tu rodziny polskie potrzebowały opieki duszpasterskiej. Kościół stał się nie tylko przybytkiem Bożym, poświęconym modlitwie i nabożeństwom, ale i przystanią dla wszystkich potrzebujących schronienia, dachu nad głową i po-

EMIGRACJA

karmu, opieki, rady i pociechy. Spełniał ogromnie ważną rolę w życiu społeczności polskiej w Londynie. Stał na warcie chrześcijańskich wartości i chronił kolejne pokolenia przed wynarodowieniem.

Tutaj obchodzono polskie uroczystości narodowe i jubileusze oraz organizowano życie emigracji niepodległościowej, która miała stać się tak istotnym kręgosłupem polonii angielskiej.

W okresie wczesnopowojennym wielu artystów przewijało się przez kościół na Devonii i zostawiło swoje artystyczne piętno. Adam Bunsch zostawił tu swoje witraże, grafiki, obrazy; Jerzy Pietrkiewicz swoje wiersze; Jędrzej Giertych czerpał tu natchnienie do zrozumienia historii. Na Devonii można było się modlić, odnaleźć siebie i zrozumieć innych. Kościół nasz uczył jak być Polakiem, patriotą i dobrym człowiekiem.

Fot. 21
Jędrzej Giertych, pisarz, publicysta, historyk

Fot. 22
Adam Bunsch, malarz i grafik, twórca naszych witraży i Ostatniej Wieczerzy

Po powrocie do kraju pod koniec 1945 roku Adam Bunsch, tak opisał w **Tygodniku Warszawskim** z 1947 r. swoją pracę nad witrażami w naszym kościele:

Jeszcze w 1941 roku powstał w Londynie projekt, aby w kościele polskim przy Devonia Road zostawić jakąś trwałą pamiątkę pobytu Polaków w Wielkiej Brytanii i stworzyć pewnego rodzaju pomnik wojenny. Poproszono mnie wtedy o zbadanie warunków i możliwości artystycznych. Przyjechałem do Londynu na krótki urlop z wojska. Kościół był w rękach Polaków od 1930 roku ale silna potrzeba aby murom dać coś z ducha polskości i katolicyzmu nie była jeszcze zaspokojona. ...Mury kościoła były z ładnego piaskowca i o malowaniu ich nie mogło być mowy. Wchodziła tylko w grę rzeźba i witraże...

...Wróciwszy do mego oddziału w Szkocji zacząłem przemyśliwać realizację tych możliwości. Rozwinąłem karton, zawiesiłem go na ścianie i zacząłem robotę. ... I tak wieczorami i w święta zrobiłem pierwsze cztery kartony niewielkich rozmiarów do kaplicy.

...Dopiero jednak w 1943 roku udało mi się zrealizować pro-

Fot. 23
Ołtarz główny przed gruntownym remontem

jekt i wykonać dwa witraże do kaplicy: „Droga Krzyżowa" i „Przejęcie sztandaru".

Latem 1944 roku - zwolniony z wojska ze względów zdrowotnych – przyjechał na stałe do Londynu i rozpoczął pracę w kościele. Jesienią zaczęły się naloty V2 i ksiądz Staniszewski uprosił artystę aby wyjął witraż św. Kazimierza z kaplicy, spakował i poukładał w pudłach. Jak się okazało, w samą porę gdyż za parę dni był nalot, który wydmuchnął z okien deski i tekturę którymi były zabite okna. Było by po witrażu!

Adam Bunsch kontynuował pracę nad witrażami. Do obrazów w kaplicy znalazł w Ewangelii św. Mateusza odpowiednie za-

Fot. 24
Witraż "Matka Boska Królowa Pokoju"

26

pisy. Chodziło o to aby w obcym kraju obrazy mówiły także polskimi słowami: *"Kto nie bierze krzyża swego i nie naśladuje mnie, nie jest mnie godzien." "Kto by utracił duszę swoją dla mnie, znajdzie ją." "Kto mnie przyjmuje, przyjmuje tego, który mnie posłał."*

W oknie, które stanowi jakby tablicę pamiątkową poległym umieścił napisy: *"Żołnierzom poległym w obronie własnego i cudzego nieba", "Warszawie", "Marynarzom poległym za Polskę na morzach świata", "Męczennikom poległym bez praw za Polski prawa".*

Największy witraż a zarazem ostatni zakończył w dniu zakończenia wojny: *"Matka Boska Królowa Pokoju".* Witraż waży 500 kilogramów i jest rozmiaru 3.6 na 8 metrów.

Wyjeżdżałem z Londynu do Polski pod koniec 1945 roku z lekkim sercem - pisał w **Tygodniku Warszawskim** - *bo moja robota była skończona; największa praca w moim życiu: osiemdziesiąt metrów kwadratowych powierzchni szklanej, ciężki owoc wielkiej lekkomyślności księdza Rektora i mojej własnej.*

Zaraz po wojnie na krótki okres czasu zamknięto główną bramę wejściową do kościoła i wierni musieli wchodzić do świątyni przez boczne, zewnętrzne schody, dolny korytarz, wewnętrzne schody i boczne wejście do kaplicy! Sąsiednia parafia katolicka nie życzyła sobie aby na jej terenie funkcjonowała inna parafia. Tablica umieszczona przed kościołem i podająca informacje o godzinach nabożeństw, zebrań itp. podkreślała fakt, iż *This church is intended solely for the use of the Catholic Poles in London* (kościół ten jest przeznaczony wyłącznie do użytku przez polskich katolików w Londynie).

W lipcu 1947 r. ksiądz Władysław Staniszewski otrzymał z rąk z ks. bp Józefa Gawliny, Złoty Krzyż Biskupa Polowego za szczególną opiekę nad polskimi żołnierzami przebywającymi w Londynie oraz Medal Polskich Sił Zbrojnych z rąk generała brygady pilota M. Iżyckiego w uznaniu zasług jako szczerego, oddanego przyjaciela i opiekuna polskich lotników. W tym samym czasie otrzymał również Srebrny Medal Zasługi od rektora Polskiej Misji Katolickiej w Paryżu za ofiarną współpracę z Duszpasterstwem Polskim Wychodźstwa we Francji. Odznaczenia te były wyraźnym dowodem na patriotyczną i oddaną postawę londyńskiego rektora. Wspólnota parafialna razem z nim przeżywała ten ważny moment.

W 1948 roku zmarł ks. kardynał August Hlond Prymas Polski. Ksiądz infułat Bronisław Michalski w asyście duchowieństwa na Devonii odprawił uroczyste nabożeństwo żałobne. W nabożeństwie uczestniczył Delegat Apostolski JE abp William Godfrey. W kościele obecni byli prezydent RP Władysław Raczkiewicz, przedstawiciele rządu i wojska polskiego, delegaci polskich organizacji i instytucji oraz liczni rodacy. W pożegnalnej homilii ksiądz Staniszewski

*Fot. 25
Kardynał August Hlond, Prymas Polski – Opiekun Duchowy Wychodźstwa Polskiego*

*Fot. 26
J.E. Mgr. William Godfrey, Delegat Apostolski w Wielkiej Brytanii*

powiedział:

Ten wielki opatrznościowy mąż był Prymasem serc katolickiej Polski jak żaden bodaj z Jego poprzedników. Wielki był aż do skonania, aż do ostatniego tchu. I zostawił nam swoje orędzie: **„Bądźcie strażnikami wielkości i świętości narodu; abyście byli jedno i bądźcie zawsze wierni Ojcu Świętemu".**

Zmarły był nie tylko wspaniałym opiekunem narodu polskiego ale również troszczył się o Polaków rozsianych po całym świecie. Doceniając ich potrzebę opieki duszpasterskiej założył Zgromadzenie Księży Chrystusowców, którzy po dziś dzień pracują w polskich parafiach poza granicami kraju.

W 1939 r. rząd Polski w obawie przed jego uwięzieniem i wzięciem za zakładnika, zmusił Prymasa do opuszczenia kraju. Pojechał on do Rzymu aby informować Ojca Świętego o barbarzyńskim traktowaniu Polaków przez niemieckiego najeźdźcę i prosić o pomoc dla narodu polskiego. Osiadł w końcu w Lourdes, gdzie praktycznie biorąc był w areszcie domowym, ale nadal, przy pomocy polskich księży, kierował pracą duchowieństwa, mianując kapelanów wojskowych oraz kierując duszpasterstwem polskim wśród emigracji i wysiedlonych. W 1944 r. Gestapowcy zabrali Prymasa do Paryża, gdzie słuch o nim zaginął. Niemcy próbowali uwięzionego kardynała nakłonić by stał się polskim *quislingiem*, czyli zdrajcą narodu polskiego. Usłyszeli wtedy taką odpowiedź: *Nie udało się wam znaleźć w Polsce choć jednego zdrajcę! Ośmieszacie samych siebie jeśli sądzicie, że pierwszym nim będzie Kardynał Prymas. Jeśli was dręczy sytuacja polityczna, odnieście się do Rządu Polskiego w Londynie. Jeśli zaś sprawa religijna, piszcie do Ojca Świętego.*

Wrócił do Polski w lipcu 1945 r. oświadczając:

Dzieliłem z uchodźcami los wygnania, gdy okupanci niemieccy wzbraniali mi przystępu do kraju. Gdy obecnie powrót staje się możliwy, podążam bez zwłoki do swych wielkopolskich stolic arcybiskupich. Mam bowiem nie tylko kanoniczny obowiązek rezydencji przy Katedrze Prymasowskiej, lecz mam ponadto wielkie i pilne zadanie do spełnienia na starej piastowskiej ziemi – gdzie życie kościelne zostało przez najeźdźców nazistowskich straszliwie spustoszone. Nie chodzi o względy polityczne. Idę w kraj na pracę religijną i kościelną. Po bolesnej rozłące pragnę jako pasterz stanąć znów wśród swego ludu i goić rany, które Polsce i Kościołowi zadała nawałnica. Dziękuję Bogu, że mi pozwolił dożyć tej chwili utęsknionej na mrocznych szlakach tułaczych. Pragnę wywdzięczyć się Opatrzności za opiekę jeszcze głębszym ukochaniem bohaterskiego narodu i ofiarować się na jeszcze wierniejszą służbę dla jego ducha i wartości moralnych.

Dzielnica Islington w Londynie, w której znajdował się nasz kościół, należała do biedniejszych części stolicy. Nic więc dziwnego, że rodziny polskie – zjeżdżające do Anglii z polskich ośrodków

Fot. 27
Wizyta JE William Godfrey w naszej parafii. Przy JE stoi generał Władysław Anders, między nimi ks. Władysław Staniszewski a po prawej stronie ks. Bronisław Michalski.

w Afryce, Indii czy Bliskiego i Dalekiego Wschodu i umieszczane w obozach – najczęściej angielskich barakach powojskowych – po przybyciu do Londynu w poszukiwaniu pracy, osiedlały się w tej części miasta. Parafia nasza zaczęła dramatycznie rosnąć; przybywało wiernych w kościele, rosły potrzeby zarówno na opiekę duszpasterską jak i pomoc materialną. Ksiądz Staniszewski, wspaniały kapłan i organizator, z księdzem Matuszakiem u boku, nie był w stanie sprostać wszystkim wyzwaniom. Opatrzność zesłała mu kapłana, w osobie księdza Narcyza Turulskiego.

Ksiądz Turulski przeszedł szlak syberyjski z ludnością z Ziem Wschodnich i razem z armią Generała Andersa przyjechał

*Fot. 28
Pierwsza Komunia
św. w latach 50-tych.
ks. Turulski w gronie
dzieci*

*Fot. 29
Ks. Narcyz Turulski,
proboszcz naszej
parafii w latach
1950-1965*

do Anglii. W 1950 roku został mianowany proboszczem na Devonii. Odznaczony Krzyżem Walecznym za męstwo podczas walk pod Monte Cassino, doskonale rozumiał mentalność i problemy porzuconych przez aliantów polskich żołnierzy i ich rodzin, którzy w bardzo ciężkich warunkach materialnych i psychicznych organizowli sobie życie na obczyźnie.

Nie ulega wątpliwości, że obecność księdza Turulskiego na Devonii bardzo pozytywnie wpłynęła na rozwój życia parafialnego. Jak dobry ojciec i świetny organizator wyczuwał potrzeby wiernych gromadzących się

*Fot. 30
Ks. Turulski
z Krucjatą
Eucharystyczną. Po
lewej stronie stoi
pani Stefania
Budzianowska*

Fot. 31
Młodzieżowy zespół teatralny, rok 1954

w kościele. Zatroszczył się o los polskich dzieci zakładając pierwszą w powojennym Londynie Polską Szkołę Sobotnią. Zgromadził młodzież polską w Katolickim Stowarzyszeniu Młodzieży Polskiej, angażując ich w ten sposób w kreatywne i pozytywne działanie. Ksiądz Turulski był również współzałożycielem parafialnego chóru im. Feliksa Nowowiejskiego i organizatorem krucjaty szkolnej. Wszędzie go było pełno – zachęcał, namawiał do współpracy, chwalił. I nie ograniczał swej działalności wyłącznie do terenu parafii – choć był jej całym sercem oddany – ale współpracował z organizacjami świeckimi, doceniając ich ogromną wartość wychowawczą. Był sekretarzem PMK, członkiem Zarządu Polskiej Macierzy Szkolnej (PMS) i Polskiego Funduszu Dobroczynności (PBF).

Dekret z 15 września 1948 r. nadający ks. rektorowi Staniszewskiemu władzę nad cywilnymi Polakami i polskimi księżmi prowadzącymi wśród nich duszpasterstwo stworzył de facto personalną diecezję polską na terenie Anglii i Walii. Ponieważ cywilne prawo angielskie, od czasów Henryka VIII, nie przyznaje Kościołowi katolickiemu osobowości prawnej, diecezje angielskie działają jako ukonstytuowane Diecezjalne Powiernictwa. Daje im to możliwość posiadania i zarządzania majątkiem diecezji traktowanych jako organizacje charytatywne. Aby PMK nabrała osobowości prawnej w 1952 r. ks. rektor Staniszewski stworzył Powiernictwo Polskiej Misji Katolickiej na wzór angielskich diecezjalnych powiernictw nadając mu tytuł Polski Fundusz Dobroczynności (PBF). Jak i w przypadku diecezji angielskich PBF jako diecezjalny Trust został właścicielem wszelkich dóbr materialnych Polskiego Kościoła emigracyjnego. Ks. Rektor mianował prezesa PBF. Po dziś dzień prezes zarządza dobrami materialnymi przy pomocy powierników, także wybieranych przez ks. Rektora.

Niedługo po przyjeździe księdza Turulskiego do parafii, nadarzyła się okazja zakupienia parceli z budynkiem na Canvey

Fot. 32
Rok 1958, akademia szkolna. Ks. Staniszewski w towarzystwie młodych aktorów

Island, u ujścia Tamizy. Po dłuższych rozmowach i przy finansowym wsparciu PMK parafia zakupiła parcelę, którą nazwano **Stella Maris**. Przez szesnaście lat obiekt służył parafii, umożliwiając wakacje całej rzeszy polskich rodzin mieszkających na jej terenie.

Życie parafii pod wezwaniem Matki Boskiej Częstochowskiej i św. Kazimierza zaczęło się normalizować. Rodziny polskie, pracowite i przedsiębiorcze, wzbogacały się; coraz częściej angażowały się w różne inicjatywy, które powstawały na terenie parafii. Chórzyści regularnie zbierali się na próbach chóru; młodzież spotykała się na swoich zebraniach, próbach i występach; sekcja teatralna przygotowywała występy; sobotnia szkoła rosła, przybywało dzieci, nauczyciele dokształcali się, regulowano program nauczania, statut i działalność koła rodzicielskiego.

Fot. 33
Rok 1961, ks. Turulski z zespołem teatralnym

Fot. 34
Rok 1960, Pierwsza Komunia św.

Coraz częściej urządzano w parafii spotkania towarzyskie, wieczorki dokształcające, herbatki i zabawy. Ludzie spotkali się nie tylko w kościele ale i w sali pod kościołem. Układ sali nie był wygodny gdyż seria kolumn, podtrzymujących strop, dzieliła salę na sektory, ale mimo to bawiono się wesoło i radośnie. W Polsce panował w tym czasie terror stalinowski. Perspektywa szybkiego powrotu do kraju malała z roku na rok. Trzeba było realnie traktować możliwość pozostania na emigracji na stałe.

Fot. 35
Janina i Henryk Bilscy tańczą na zabawie na sali pod kościołem

Radio Wolna Europa kontynuowało tradycję nadawania z naszego kościoła transmisji Mszy świętej. Chór im. F. Nowowiejskiego uświetniał te audycje pięknym śpiewem, a przyjezdni kapłani: ojciec Józef Warszawski, kapelan AK i uczestnik Powstania Warszawskiego, ks. Tadeusz Kirschke, ks. prałat Stanisław Bełch, ks. prałat Rafał Elston-Gogoliński, ks. Jerzy Mirewicz i inni – głosili płomienne, patriotyczne kazania, które podnosiły na duchu słuchających potajemnie wiernych w Polsce i Polaków rozsianych po całym świecie.

Fot. 36
Ks. prałat Rafał Elston-Gogoliński

Polityka łączenia rodzin pod koniec lat pięćdziesiątych,

Fot. 37
Ks. Paweł Rzonsa z dziećmi pierwszokomunijnymi w małym saloniku

kiedy zaczęli przyjeżdżać z Polski do Anglii członkowie rozdzielonych przez wojnę rodzin, zaowocowała dużym napływem młodych ludzi – głównie kobiet i dziewczyn – którzy również na Devonii znaleźli oparcie duchowe i psychiczne. Zaczęły kojarzyć się małżeństwa; składano śluby małżeńskie przed obrazem Matki Boskiej Częstochowskiej; rodziły się dzieci. I dla wszystkich nasz kościół i wspólnota parafialna po prostu stały się drugim domem i bliską rodziną.

Społeczeństwo polskie w Wielkiej Brytanii zorganizowało w 1957 roku akcję zbiórkową, której celem był zakup samochodu do dyspozycji Prymasa Polski Stefana Kardynała Wyszyńskiego w jego podróżach po całej Polsce. Polacy okazali się tak hojni, iż zakupiono nie tylko elegancki samochód osobowy ale również i półciężarówkę służącą do rozwożenia darów dla najbiedniejszych, napływających do kancelarii Prymasa.

Oba pojazdy wyruszyły spod naszego kościoła i przejechały Europę aby stanąć przed rezydencją Księdza Prymasa, który na ręce księdza infułata Staniszewskiego takie przesłał podziękowanie dla polskiej społeczności w Wielkiej Brytanii:

Drogi księże Prałacie! Korzystam z miłej sposobności powrotu p. J. Andrykiewicza – który zawiózł samochód osobowy do Polski – by przesłać za łaskawym pośrednictwem Księdza Prałata Polonii brytyjskiej słowa serdecznej podzięki za obydwie maszyny samochodowe, które otrzymałem z daru Polonii naszej w Anglii. Dar ten jest świadectwem wspólnoty Polonii z Macierzą; jest też wyrazem gotowości współpracy z Kościołem św. w Polsce. Bo właśnie te maszyny służyć będą tylko sprawie Bożej. Nie mam czasu na podróże dla przyjemności lub wypoczynku. Maszyny te wiozą mnie tylko na pracę.

A jeżdżę bardzo dużo. Od powrotu z więzienia nie miałem ani jednej niedzieli, którą spędziłbym w domu. Jak bardzo ułatwią mi one przenoszenie się z jednego odcinka pracy na drugi. Tym wymiarem pracy codziennej mierzy się wartość użytkową tych maszyn. Proszę aby ks. Prałat raczył być wyrazicielem tych myśli, wobec Polonii Brytyjskiej i by chciał przekazać Jej moją wdzięczność.

Wiem ile osobistego wysiłku włożył ks. Prałat w to, aby ofiarność Polonii była dobrze pokierowana, aby maszyna była dobrze dobrana i wyposażona. Tylko modlitwą wywdzięczę się za to, no i ułatwioną mi pracą.

Proszę przyjąć, Drogi księże Prałacie, wyrazy mej czci i wdzięczności, oraz najmilsze pozdrowienia dla całej Polonii, której z serca braterskim uczuciem błogosławię.

Stefan Kardynał Wyszyński – Warszawa 22-go października 1957

W 1964 parafianie, którzy od jakiegoś czasu zbierali pieniądze na zakup budynku szkolnego, kupili dom przy 20, Devonia Road, przeznaczony na potrzeby szkoły. Oficjalnego poświęcenia i otwarcia budynku dokonał ksiądz proboszcz Marian Walczak. Przez długie lata w podziemiach domu mieściło się przedszkole a na pierwszym piętrze działała biblioteka szkolna.

W sali pod kościołem odbywały się Walne Zjazdy Polskiej Macierzy Szkolnej; zebrania dekanatu; lutowe konferencje Instytutu Polskiego Akcji Katolickiej. Organizowano koncerty, występy chórów i zespołów artystycznych. Zbierano pieniądze na działalność IPAKu na Chrystusa Króla, na Polską Macierz Szkolną na Trzeciego Maja, na inwalidów wojennych, Skarb Narodowy, AK, Katolicki Uniwersytet Lubelski, kościół św. Stanisława w Rzymie, na Fundusz Mazo-

Fot. 38
Uroczystość poświęcenia domu szkolnego przy 20, Devonia Rd; czyta A.Rejman

Fot. 39
25-lecie kapłaństwa ks. Narcyza Turulskiego; śpiewa chór parafialny, dyryguje Piotr Wojciechowicz

wieckiego, na Autobus Miłości i na dotkniętych powodzią, na paczki dla chorych i na tych, którzy ucierpieli na Wybrzeżu Bałtyckim w wydarzeniach grudniowych.

Kiedy parafia wysłała do Polski pieniądze dla stoczniowców, ksiądz Staniszewski otrzymał od Prymasa Stefana Wyszyńskiego następujący liścik:

Fot. 40
25-lecie kapłaństwa ks. Turulskiego; siedzą: Michał Goławski, ks. Kazimierz Sołowiej, ks. Bronisław Michalski, ks. Narcyz Turulski, ks. Władysław Staniszewski

Drogi Księże Infułacie,
Pragnę z całego serca podziękować za dar Rodaków z Anglii dla Braci naszych na Wybrzeżu Bałtyckim, którzy ucierpieli wiele w czasie bolesnych wydarzeń grudniowych. Wrażliwość naszych Rodaków na potrzeby poszkodowanych w Polsce świadczy o tej duchowej

Fot. 41
Przemawia ks. Bronisław Michalski; siedzą od lewej: Olga Żeromska, ks. Turulski, ks. Staniszewski

wspólnocie, która została zachowana dotychczas wśród narodu polskiego.

Drogiemu Księdzu Infułatowi i wszystkim Rodakom przesyłam wyrazy braterskiej czci i podzięki.

Matce Kościoła wszystkich oddaję i z serca błogosławię.

Rzym 27.X.1971

W czasie, gdy w naszym małym kościele urządzano procesje Bożego Ciała, Katolickie Stowarzyszenie Młodzieży Polskiej, Krucjata ze szkołą sobotnią, Sodalicja Mariańska i Koło Różańcowe budowały ołtarze, a dzieci idące przed Najświętszym Sakramentem sypały kwiatki. Organizowano również akademie na Chrystusa Króla z referatem głoszonym przez przedstawiciela IPAKu, na Trzeciego Maja i w Święto Młodzieży w dniu św. Stanisława Kostki, ich patrona. Na zakończenie Tygodnia Miłosierdzia z całego Londynu zwożono chorych (prywatnymi samochodami) na wspólne nabożeństwo i spotkanie towarzyskie.

Parafia wspierała finansowo młodzież wyjeżdżającą na kursy Loreto, prowadzone przez księdza Biskupa Szczepana Wesołego. Celem ich było pogłębianie wiedzy religijnej, poznanie ciekawych miejsc, nawiązanie przyjaźni z młodzieżą polską z innych państw Europy i spędzenie razem trzech tygodni w towarzystwie ks. Biskupa,

Fot. 42
Przemawia Olga Żeromska

Fot. 43
Ołtarz zbudowany w bocznej kaplicy z okazji procesji Bożego Ciała

Fot. 44
Rok 1961 – Jasełka parafialne

Fot. 45
Śniadanie pierwszokomunijne; siedzą od lewej: Barbara Gabrielczyk, ks. Marian Walczak i Stefania Budzianowska

Fot. 46
Rok 1960; św. Mikołaj odwiedza naszą parafię

księży i świeckich instruktorów. Po 1978 roku każdy kurs kończył się spotkaniem w Castel Gandolfo z Ojcem Świętym Janem Pawłem II, który przemawiając do młodych w bardzo bezpośredni i nieformalny sposób, podkreślał potrzebę kultywowania rodzimej kultury i podtrzymywania polskich korzeni.

Parafia wspierała również działalność harcerską w naszej parafii dofinansowując wyjazdy na zloty, obozy i biwaki. Pomagając młodym w ich pracy społecznej parafia inwestowała w przyszłych działaczy. Wspierała również innych parafian – starszych i młodszych – którzy pragnęli brać udział w Kursach Katechetycznych, zapoczątkowanych przez księdza Stanisława Świerczyńskiego i Komisję Katechetyczną – regularnie spotykającą się w sali pod kościołem. Kursy były organizowane przez lata w szkole dla dziewcząt w Pitsford, a później u ojców Marianów w Fawley Court. Te kilkudniowe kursy były wspaniałą okazją do poszerzenia wiedzy, przeżycia

Fot. 47
Jednodniowy kurs katechetyczny w Fawley Court; przerwa na obiad i spacer nad rzekę

Fot. 48
Szkolne Jasełka wystawione podczas opłatku parafialnego

wiary i pogłębienie swoich relacji z Bogiem. Są organizowane po dziś dzień, choć obecnie zostały ograniczone do jednodniowej konferencji.

W kwietniu 1963 roku ksiądz infułat Staniszewski obchodził 25-lecie pracy duszpasterskiej w Anglii. Wśród bardzo licznych gratulacji i życzeń otrzymał on własnoręcznie podpisany list od księdza Prymasa Stefana Kardynała Wyszyńskiego, który między innymi napisał:

Pragnę wziąć udział, przynajmniej duchowo, w pięknym jubileuszu 25-lecia pracy duszpasterskiej na stanowisku Rektora Polskiej Misji Katolickiej w Londynie. Jest to uroczystość nie tylko osobista, ale całej Polonii Angielskiej, która znalazła się na gościnnej ziemi Wielkiej Brytanii już za czasów duszpasterzowania Księdza Infułata.

...Wszyscy doceniamy tę piękną pracę Ks. Infułata. Ocenił

Fot. 49
Rok 1969 – dzieci szkolne deklamują

ją również Ojciec Święty gdy wynosząc Ks. Rektora do godności Protonotariusza Apostolskiego, pisze w swej bulli nominacyjnej z dnia 18.IV.1962 r., że jest Ks. Infułat „zasłużonym duszpasterzem dla swych Rodaków mieszkających na ziemi angielskiej." Oceniają ją Bracia Kapłani, którzy uważają Ks. Rektora za „człowieka sprawiedliwego, roztropnego i działającego w duchu miłości Bożej". Ocenia ją także Lud Boży, który tłumnie garnie się do kościołów polskich, silnie reaguje na apele swego księdza rektora nie szczędząc czasu, pracy i pieniędzy na potrzeby duszpasterskie, i twardo trzyma się katolickiej kultury polskiej wśród obcych narodowo i religijnie.

Jako Prymas Polski dołączam się do tych wszystkich głosów i na uroczystości jubileuszowe ślę Drogiemu Księdzu Infułatowi serdeczne słowa podziękowania, uznania i życzeń."

Równie miłe i wzruszające były życzenia jakie ksiądz infułat otrzymał od generała Władysława Andersa, który napisał:

Zmartwiony jestem, że wśród tak licznego grona osób, które miały możność złożyć osobiście życzenia na uroczystości Jubileuszu Drogiego Księdza Infułata, mnie nie było. Znana nam wszystkim wielka skromność osobista i usuwanie się zawsze w cień ze świecznika, na którym Drogi Jubilat się znajduje – sprawiły, że ta ważna i miła dla Polaków w Londynie uroczystość nadeszła niespodzianie i zapewne bardzo wielu przyjaciół Drogiego księdza Infułata, tak jak ja, nie mogli być obecni.

Chyba mało kto z Polaków wie tak dobrze jak ja, jak znaczne

Fot. 50
Ks. Kardynał Stefan Wyszyński Prymas Polski 1948-1981

Fot. 51
Generał Władysław Anders z żoną Ireną i córką Anną

są zasługi społeczne Drogiego Jubilata, Jego codziennej działalności i pracy duszpasterskiej, polskiej, i niesienia pomocy słowem i duchem tam gdzie jest najpotrzebniejsza. Za to z serca Drogiemu Księdzu Infułatowi dziękuję, szczególnie w imieniu wszystkich dawnych żołnierzy, którzy są chyba najliczniejsi na całym wielkim obszarze

Fot. 52
Grób ks. Turulskiego

Fot. 53
Popiersie ks. Turulskiego

Fot. 54
Ks. Jerzy Mirewicz SJ, wykładowca i kaznodzieja

opieki duszpasterskiej Jubilata...

W 1965 zmarł ksiądz Narcyz Turulski, opłakiwany przez wszystkich parafian dla których był ojcem, opiekunem, przyjacielem. 1-szego lipca funkcję proboszcza przejął ksiądz Marian Walczak, były kapelan polskiej szkoły dla chłopców w Bottisham i Lilford Park.

Od lat sześćdziesiątych regularnie w sali pod kościołem odbywały się wykłady ojca Jerzego Mirewicza SJ. Miał on wierne grono słuchaczy, którzy regularnie wypełniali salę podczas jego wykładów, w dużym skupieniu śledzili rozwój myśli i słuchali przekonywujących argumentów tego doskonałego mówcy.

Prawie od zakończenia wojny wychodziły w parafii

Wiadomości Parafialne, które nie tylko informowały wiernych o nadchodzących świętach czy imprezach, podawały intencje mszalne, szczegóły o ślubach, chrzcinach czy pogrzebach, ale często i wychowywały parafian podając krótkie referaty na aktualne tematy.

Fot. 55
Uroczystość nadania tytułu prałata ks. Walczakowi. Przemawia Andrzej Onyszkiewicz, prezes IPAKu

Fot. 56
Młodzież KSMP wręcza kwiaty ks. Walczakowi

Pod koniec 1968 roku Polska Misja Katolicka zakupiła Laxton Hall, dawną szkołę angielską dla chłopców prowadzoną przez ojców Dominikanów. Posiadłość - obszerny teren i stary dworek – była przepięknie położona w środkowej Anglii, niedaleko Northampton, i została wystawiona na sprzedaż za £20,000. Zakup tego obiektu – zaplanowanego jako Dom Spokojnej Starości dla polskich emerytów – był spełnieniem marzeń księdza Staniszewskiego, który później sam przeniósł się do

Fot. 57
Ks. Marian Walczak

43

Fot. 58
Rok 1971 – opłatek parafialny; ks. Zieliński zabawia uczestników

Laxton, radował się rozwojem tej placówki i w końcu spoczął na tamtejszym cmentarzu. JE ks bp Charles Grant, ordynariusz diecezji Northampton, poświęcił dom i Ośrodek Apostolstwa Maryjnego w duchu Ojca Kolbe, którego opiekunem został ojciec Olaf, przyjaciel ojca Maksymiliana Kolbe.

6-go czerwca 1970 roku zmarł nagle proboszcz ksiądz Marian Walczak, kochany i szanowany duszpasterz. Bardzo licznie zebrani parafianie uczestniczyli w Jego pogrzebie. Ksiądz Staniszewski

Fot. 59
Wizyta ks. Biskupa Władysława Rubina. Przy ołtarzu: ks. K.Zieliński, ks. Prymas, ks. S.Świerczyński. Ks.W.Wyszowadzki z ministrantami a ks. J.Tworek prowadzi śpiew

pożegnał Go tymi słowami:

Był On w oczach naszych wielkim i godnym naśladowania przykładem, bo oceniając siły jakie Mu Bóg wymierzył i uznając stopień jaki Mu opatrzność Boża w kościele i społeczeństwie wyznaczyła, rozumiał swoje służebne posłannictwo kapłana Chrystusowego. Służył chętnie bliźnim jako szafarz tajemnic Chrystusowych; jako podpora

Fot. 60
Rok 1978. Spotkanie delegatów polskich wspólnot z ks. Biskupem Władysławem Rubinem

i pomoc – zawsze jednaki, zawsze pogodny i zrównoważony, zawsze wyrozumiały i uczynny. Czarującym swym uśmiechem chciał wszystkim nieba przychylić. Był jednym słowem kapłanem według serca Bożego.

Żegnam Cię i ja. Żegnam Cię jako swojego najbliższego współpracownika, powiernika, zastępcę i przyjaciela.

W 1974 roku ksiądz Staniszewski zrezygnował z funkcji rektora i jego zastępcą został ksiądz proboszcz Karol Zieliński. Uroczyste pożegnanie księdza Staniszewskiego i podziękowanie mu za ofiarną pracę dla wspólnoty polskiej w Anglii odbyło się podczas pielgrzymki Polaków do Sanktuarium Maryjnego w Walsingham. Tego samego dnia ksiądz Tadeusz Kukla został proboszczem Duszpasterstwa Akademickiego na Kensington a ksiądz Stanisław Świerczyński sekretarzem Polskiej Misji Katolickiej. W czerwcu 1974 roku Komitet Parafialny urządził Księdzu Staniszewskiemu spotkanie towarzyskie w sali pod kościołem, nie żegnając go gdyż nie opuszczał on jeszcze naszej wspólnoty. W 1977 roku w naszym kościele obchodziliśmy

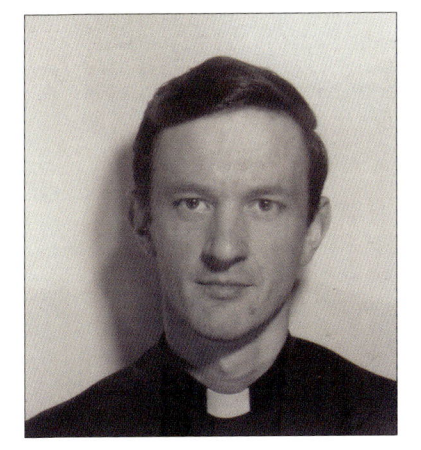

Fot. 61
Ks. Janusz Tworek

Fot. 62
Ks. Władysław Wyszowadzki

Fot. 63
Towarzyska impreza na Devonii; stoją od lewej: Barbara Tarasiuk, Józef Tarasiuk, Ryszard Gabrielczyk, Janina Baranowska Barbara Gabrielczyk i Zdzisław Baranowski

jego 50-lecie kapłaństwa.

W 1975 podczas wizyty na 25-lecie szkoły sobotniej JE ks. biskup Władysław Rubin nadał Medal Exsuli Bene De Ecclesia Merito wielu członkom wspólnoty parafialnej zaangażowanym w działalność szkoły. Dyplom nadany razem z medalem stwierdzał, iż został przyznany *Za pracę dla Kościoła w społeczności polskiej w Londynie, nadany ze słowami gorącej podzięki* przez Delegata Prymasa Polski dla Duszpasterstwa Emigracji bp. Władysława Rubina.

Fot. 64
Pierwsza Komunia św., ks. Krystian Gawron i ks. Karol Zieliński

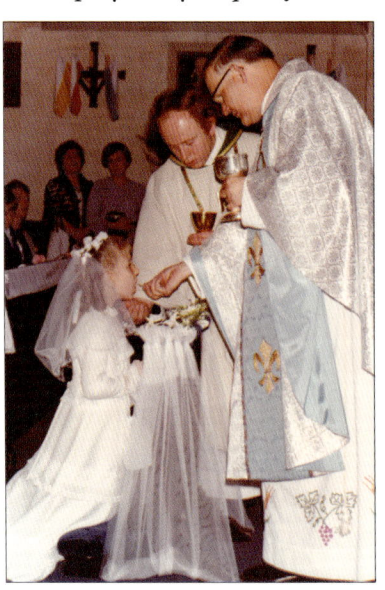

W 1976 roku przyjechali na Devonię księża Janusz Tworek, wikary ze Slough i Władysław Wyszowadzki. Obydwaj byli absolwentami Seminarium Duchowego w Paryżu i zaczęli pracować na Devonii, po odejściu księdza Krystiana Gawrona, który, na odmianę, w roli wykładowcy, wyjechał do Paryża. Ksiądz Krystian bardzo dużo włożył wysiłku w uaktywnienie działalności dzieci i młodzieży w parafii, toteż żegnano go z wielkim żalem. Ksiądz Wyszowadzki z czasem przeszedł do parafii na Balham ale ksiądz Janusz pozostał na Devonii – w roli sekretarza PMK - przez ponad dwadzieścia lat. W tym czasie dał się poznać wspólnocie parafialnej. Urodzony w Swindon, wychowanek tamtejszej parafii i szkoły sobotniej doskonale rozumiał mentalność dzieci i młodzieży polskiej urodzonej w Anglii i wychowującej się z dala od Ojczyzny ale w duchu

Fot. 65
Ks. Janusz Tworek i Stanisław Migelski

polskości. Szybko nawiązywał kontakt z ludźmi i w bardzo krótkim czasie stał się niezbędną prawą ręką najpierw księdza Zielińskiego a później księdza Świerczyńskiego. Przez pewien okres czasu pełnił również funkcję notariusza w Nuncjaturze oraz miał częsty kontakt z hierarchią angielskiego kościoła katolickiego. Po śmierci Jerzego Palmi, prezesa PBF, pełnił jego obowiązki. Jego to było zasługą, iż kościół nasz przeszedł w ręce Polskiego Funduszu Dobroczynności (PBF). Dotychczas należał do Diecezji Westminsterskiej i w razie zamknięcia swojej działalności przechodził w ręce angielskiego episkopatu.

Lubiany, znany i szanowany przez wszystkich ks. Janusz dość nagle opuścił naszą wspólnotę w 2003 roku, motywując swoje odejście problemami zdrowotnymi, które dokuczają mu po dziś dzień. Parafianie bardzo przeżyli Jego odejście, które pozostawiło ranę w życiu wspólnoty, która bardzo powoli się zabliźnia.

W 1980 roku odbył się w Liverpool Kongres Pastoralny – pod hasłem Jezus Chrystus – drogą, prawdą i życiem - w którym wzięła udział spora delegacja polska z Wielkiej Brytanii, również i z Devonii. Wachlarz zagadnień, które miały być poruszone na kongresie, był ogromny i obejmował wszystkie aspekty życia chrześcijańskiego: lud Boży, rodzina i małżeństwo, ewangelizacja, oświata, sprawiedliwość, prasa. Parafia nasza przygotowywała się do kongresu, chcąc choć z daleka, uczestniczyć w jego korzyściach duchowych. Przez wiele tygodni przed kongresem spotykała się liczna grupa wiernych, aby razem przechodzić przez dokumenty przygotowane przez organizatorów kongresu; prowadzono dyskusje, omawiano liturgię, odbywały się specjalne nabożeństwa. A po zakończeniu kongresu odbyło się jeszcze jedno spotkanie aby omówić jego przebieg i zastanowić się nad tym jak wprowadzić zalecenia kongresu w życie. Okres ten był

Fot. 66
Maryla i Stanisław Kafar z Magdą i Andrzejem

Fot. 67
Ks. Bronisław Michalski

Fot. 68
Ks. W. Staniszewski i ks. Karol Zielinski, rektor PMK w latach 1974-1991

dla parafii bardzo ważny.

Różni księża pracowali w tym czasie przy Devonii, choć nie wszyscy byli zaangażowani w pracę duszpasterską w parafii – raczej służyli PMK – to jednak czuli się związani ze wspólnotą i w naszym kościele obchodzili swoje jubileusze.

W 1962 roku ksiądz Jan Brandys obchodził swoje 25-lcie kapłaństwa. Na tę uroczystość przybył Ks Abp Józef Gawlina.

W 1965 ksiądz Bronisław Michalski, Protonotariusz Apostolski, obchodził swoje 25-lecie kapłaństwa. Był on w 1940 r. Wikariuszem Generalnym Polskich Oddziałów w Wielkiej Brytanii. Po wojnie był naczelnym kapelanem obozów dla Polaków w Anglii a od 1964 kapelanem Stowarzyszenia Polskich Kombatantów (SPK). Rezydował jednak na Devonii i u nas obchodził swój jubileusz.

W październiku 1970 przyjechał do Anglii ks. Karol Zieliński i został proboszczem na Devonii. Pochodził z Radzymia Chełmińskiego, w diecezji pelplińskiej. Studia kapłańskie rozpoczął w północnej Anglii ale szybko przeniósł się do Polskiego Seminarium Duchowego w Paryżu. Po otrzymaniu święceń kapłańskich pracował w polskiej parafii w północnej Francji. Pojechał na dalsze studia do

48

Fot. 69
Rok 1970 - wizyta
Abpa Bruno Heim,
Delegata Apostol-
skiego

Fot. 70
Rok 1970 – Pierwsza
Komunia św

Fot. 71
Prymicyjne
błogosławieństwo
ks. Witolda
Jareckiego

Fot. 72
Chrzest w rodzinie Jerzego i Krysi Urbanowskich; chrzci ks.K.Zieliński

Fot. 73
Ks. Marian Sosin, długoletni lokator domu pod 20tką

Fot. 74
Ks. Stanisław Świerczyński, rektor PMK w latach 1991-2002

Rzymu, gdzie pomagał Ojcom Soborowym zgromadzonym na drugim Soborze Watykańskim. Otrzymał tytuł Doktora Kościoła i pod koniec obrad soborowych wrócił do Seminarium w Paryżu, gdzie był wychowawcą w Niższym Seminarium. Podczas wakacji przyjeżdżał do Anglii, aby werbować nowych kandydatów do seminarium, a w 1970 roku przyjechał do Anglii na stałe.

U boku księdza Staniszewskiego nabierał doświadczenia w pracy z polską emigracją w Anglii i 4-go września 1974 roku został mianowany Rektorem Polskiej Misji Katolickiej na Anglię i Walię. Otrzymał w tym czasie tytuł Prałata Honorowego Jego Świątobliwości. Pełnił funkcje rektora i proboszcza przez ponad piętnaście lat. Był troskliwym pasterzem i dobrym gospodarzem naszej wspólnoty.

W 1972 roku z Paryża przyjechał do Anglii ksiądz Stanisław Świerczyński, który miał objąć funkcję kapelana w

Fot. 75
Przy barze parafialnym; siedzą od lewej: Henryk Pakuła, Andrzej Radałowicz, Ryszard Gabrielczyk, Marian Bandosz, Franciszek Kwieciński, Zbyszek Zuterek i Roman Miłoszewski

polskiej szkole dla dziewcząt prowadzonej przez siostry Nazaretanki w Pitsford. Urodzony w diecezji śląskiej skończył Seminarium Katowickie i pierwsze kroki duszpasterskie stawiał w swojej diecezji. W drodze do Pitsford był przejazdem w Londynie i na parę dni zatrzymał się w naszej parafii. Już wtedy zaimponowała mu serdeczna atmosfera panująca w naszej wspólnocie.

Fot. 76
Ks. Tadeusz Kurczewski

Pobyt w Pitsford trwał krótko – choć ksiądz Świerczyński lubi nawiązywać do tego okresu, gdyż wiele się w tym czasie nauczył od dziewcząt, których rodzice przeszli bardzo ciężkie wojenne koleje losu – gdyż już w 1974 roku był z powrotem na Devonii w roli wicerektora Polskiej Misji Katolickiej, wydelegowanego do kontaktów Kościoła z Rządem RP na uchodźstwie. U boku księdza Zielińskiego nabywał doświadczenia rektorskiego, a kontakty z polską wojenną emigracją, ich działaczami politycznymi, wojskowymi i społecznymi pozwoliły mu docenić ogromną siłę wewnętrzną tej

Fot. 77
Edyta i Wojciech Kaczmarscy z Piotrem i Elżunią

51

Fot. 78
Jadwiga i Roman Miłoszewscy z Marylką, Joasią i Rafałem

emigracji. Widząc jej poświęcenie, przywiązanie do wiary, patriotyzm i zrozumienie potrzeby kultywowania polskości w młodym pokoleniu oraz domagania się sprawiedliwości i wolności dla Narodu Polskiego, związał się z losami tej grupy społecznej.

Wprawdzie w 1976 roku ksiądz Świerczyński został mianowany proboszczem polskiej parafii na Balham, pełnił jednak nadal funkcję wicerektora PMK. Rola proboszcza licznej i dobrze zorganizowanej administracyjnie parafii bardzo mu odpowiadała. Jego to było zasługą, iż doprowadzono do kupna własnego kościoła. Kościół pod wezwaniem Chrystusa Króla został poświęcony i oddany wspólnocie, która dotychczas korzystała z angielskiego kościoła na niedzielne nabożeństwa.

W 1979 roku nasza parafia obchodziła bardzo uroczyście 25-lecie kapłaństwa księdza Zielińskiego. Uroczystość tę uświetnił swoją obecnością ksiądz Franciszek Macharski, który był wtedy przejazdem w Londynie w drodze z Irlandii do Polski.

W 1980 święcenia kapłańskie otrzymał w naszym kościele Walerian Kłyz a rok później w lipcu ksiądz Wojciech Giertych - wy-

Fot. 79
Ks. Wojciech Giertych udziela prymicyjnego błogosławieństwa Zygmuntowi Podhorodeckiemu

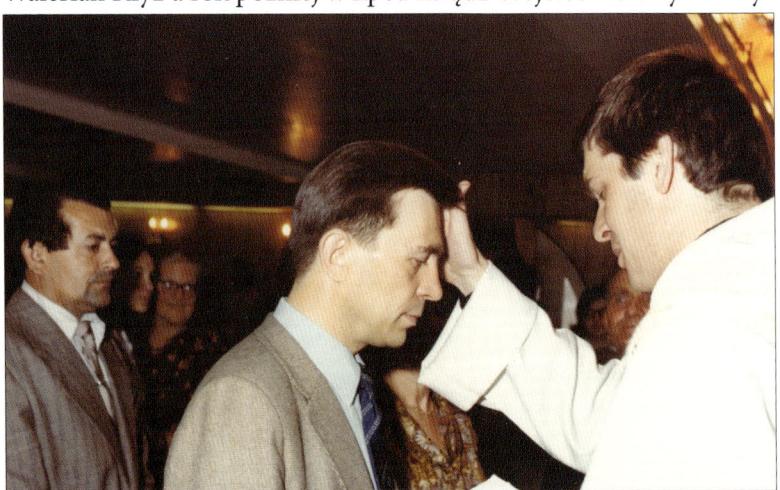

chowanek szkoły sobotniej i były ministrant, dziś Teolog Domu Papieskiego na Watykanie - odprawił tutaj swoją prymicyjną Mszę św. Powołanie kapłańskie z własnej parafii to wielkie błogosławieństwo. Nasza parafia bardzo uroczyście przeżyła ten dzień. Ksiądz Wojciech

Fot. 80
Ks. Wojciech Giertych udziela błogosławieństwa rodzicom Marii i Jędrzejowi Giertych z okazji ich Złotych Godów

połączył swoją osobistą uroczystość ze Złotymi Godami rodziców, Marii i Jędrzeja Giertych, którzy również na Devonii obchodzili swój jubileusz w otoczeniu bardzo licznie zebranej rodziny. Dzieci i wnuki wystawiły wtedy zmodyfikowane „Wesele" Wyspiańskiego, które podobało się także i parafianom.

Święcenia w naszym kościele już wcześniej otrzymali Witold Jarecki i Franciszek Dejnowski.

W 1980 roku nasza parafia obchodziła swoje 50-lecie.

Rok 1981 był mianowany Rokiem Młodzieży Polonijnej. W lutym tego roku dzieci i młodzież polska wzięły udział w marszu do katedry westminsterskiej, gdzie ksiądz biskup Szczepan Wesoły odprawił Mszę św. inauguracyjną.

W lutym 1985 roku ksiądz prymas kardynał Józef Glemp odwiedził Wielką Brytanię. Przybył on do Anglii na zaproszenie arcybiskupa Westminsteru, kardynała Basil Hume, aby wziąć udział w konferencji Episkopatu Europy, w związku z 1100 rocznicą zgonu patronów Europy, Cyryla i Metodego. Przyjazd Prymasa był wielkim wydarzeniem w dziejach emigracyjnego Kościoła. Wierni modlili się z Prymasem w wielu polskich kościołach polecając Bożej opiece Kościół w Polsce, który przeżywał wtedy ciężkie czasy. Ksiądz Prymas zatrzymał się wtedy na Devonii i w naszym kościele również odprawił Mszę św. w intencji Ojczyzny.

Kiedy w 1989 roku upadł komunizm i rok później Prezydent na Uchodźstwie Ryszard Kaczorowski przekazał demokratycznie wybranemu Prezydentowi Lechowi Wałęsie, insygnia rządowe zakończyła się polityczna rola emigracji. Życie wspólnoty płynęło jednak dalej.

31-go grudnia 1989 roku zmarł w Laxton Hall ks. rektor Władysław Staniszewski. Pogrzeb zmarłego odbył się w Laxton,

Fot. 81
Rodzina zgromadzona na Złotych Godach Marii i Jędrzeja Giertych

Fot. 82
Prymicyjna Msza św. ks. Wojciecha Giertycha; po prawej ks. Józef Warszawski

Fot. 83
Rok 1985 - wizyta Prymasa Polski ks. Kardynała Józefa Glempa. W koncelebrze uczestniczy ks. Bp Szczepan Wesoły

Fot. 84
Młodzież KSMP – Helena Podhorodecka, Basia Podhorodecka i Ania Wagstyl – śpiewają psalm podczas uroczystej Mszy św.

Fot. 85
Marysia Protasiewicz czyta lekcję

Fot. 86
Basia i Rysio Pakuła wręczają dary ks. Prymasowi

Fot. 87
Spotkanie towarzyskie z ks. Prymasem

Fot. 88
Wspólnota parafialna

Fot. 89
Zakończenie wieczoru wspólną modlitwą „Idzie noc"; od lewej: ks. K.Zieliński, ks. bp Sz. Wesoły, ks. Prymas J.Glemp i ks. S.Świerczyński

gdyż takie było jego życzenie. Chciał być pochowany tam na cmentarzu. W niedzielę JE ks. biskup Szczepan Wesoły odprawił Mszę św. w naszym kościele w intencji Zmarłego i tak rozpoczął pożegnalne kazanie:

Spotykamy się dzisiaj tu w kościele na Devonii, by naszą modlitwą wyrazić wdzięczność zmarłemu Ks. Infułatowi Staniszewskiemu. Wczoraj był Jego pogrzeb, zgodnie z życzeniem, w Laxton Hall. Nie wszyscy mogli pojechać do Laxton, dlatego dzisiaj, w niedzielę, odprawiamy Mszę św. za Zmarłego, aby ci, którzy nie mogli uczestniczyć w pogrzebie, mogli się złączyć we wspólnej za Niego modlitwie. Można było tę Mszę św. za Zmarłego odprawić w wielkim kościele. Może nawet trzeba było tak zrobić, bo wielu pragnie wyrazić wdzięczność zmarłemu Ks. Infułatowi. Jeśli zdecydowano odprawić Mszę św. tu, na Devonii, to dlatego, że w tym kościele, w tym domu, każdy szczegół mówi o Zmarłym, który spędził tu ponad 30 lat. Kościół na Devonii był ogromnie bliski sercu zmarłego Ks. Infułata. Mimo że ostatnie lata spędził w Domu Spokojnej Starości, z tym kościołem był do końca mocno związany. Tu więc dziś chcemy modlić się za Zmarłego.

Pragniemy jednak aby nasza modlitwa była modlitwą radosnego dziękczynienia, a nie smutku. Dziękczynienia za kapłana, który całym swoim kapłańskim życiem z radością służył Bogu i ludziom.

Zmarły Ks. Infułat ma stałe miejsce w dziejach kościoła na Devonii, w dziejach Polskiej Misji Katolickiej, ale również i w dziejach polskiej emigracji na Wyspach Brytyjskich - zakończył Ks. Biskup. *Jest to rezultatem zrozumienia posłannictwa Kościoła i właściwej posługi duszpasterskiej. Był gorącym patriotą. Umiał jednak zachować właściwe umiłowanie Ojczyzny z szacunkiem i umiłowaniem kultury i kraju zamieszkania. Żyjąc Duchem Bożym, realizował swoje kapłańskie posłannictwo. Tak jak Prorok dzisiejszej liturgii słowa, będąc posłany do polskiego ludu na emigracji, głosił prawdy Boże: umiłowanie Chrystusa w Kościele, przywiązanie do Ojczyzny i szacunek dla każdego człowieka.*

Dziś za dany nam przykład Bogu i Jemu dziękujemy, prosząc, by Bóg przyjął Go do swojej wiecznej szczęśliwości.

W październiku 1991 roku ksiądz Zieliński poprosił Prymasa Polski, kardynała Józefa Glempa o zwolnienie go z obowiązków rektora PMK. Ks. Prymas przyjął jego rezygnację i mianował ks. prałata Stanisława Świerczyńskiego jego następcą. Mieszkał on już w tym czasie na Balham i stamtąd zaczął prowadzić wcale niełatwą działalność rektorską.

W niedzielę 3-go listopada ks. Zieliński obchodził na Devonii swoje imieniny. Parafianie składali mu życzenia, śpiewali *Sto Lat!* a on był w doskonałym humorze – radosny, towarzyski, rozmowny. Jakby zdjęty z jego ramion obowiązek Rektora PMK naprawdę

Fot. 90
Sympatyczne chwile na sali pod kościołem; w tyle obrazy M.Sępniewskiego

przyniósł mu ulgę. Żartował, że *sutanna jeszcze na niego pasuje i nie zamierza jej wieszać na kołku!* Dwa tygodnie później zastano go martwego w łóżku. Zasnął spokojnie i sen naturalny zamienił się na sen wieczny. Śmierć Jego zaskoczyła wszystkich, ale w szczególny sposób dotknęła naszą parafię, której był proboszczem przez dwadzieścia jeden lat.

Fot. 91
Pogrzeb ks. Karola Zielińskiego

W uroczystym pogrzebie uczestniczyło ponad stu księży z księdzem biskupem Szczepanem Wesołym na czele. Kościół był pełniusieńki, bo każdy parafianin chciał towarzyszyć proboszczowi w tej Jego ostatniej wędrówce. Zmarłego pożegnał inżynier Józef Behnke, prezes Rady Parafialnej, który podkreślił zasługi Zmarłego i Jego ogromne przywiązanie do naszej wspólnoty: *Niech Ci ta ziemia życzliwa angielska lekką będzie* - powiedział na zakończenie. Spoczniesz wśród swoich konfratrów, których tak skrzętnie gromadziłeś na tym cmentarzu, by nie byli zapomniani. Dziś spoczniesz wśród nich i wielu Twoich parafian. Ty sam. Ale nie będziesz osamotniony. Nie będziesz sam. Niech Ci się śni niepodległa nasza Ojczyzna. Śpij snem wiecznym w Panu, Drogi Rektorze.

Nad całością liturgii czuwał ksiądz Janusz Tworek, bliski przyjaciel księdza rektora Zielińskiego i jego to zasługa, że wszystko wypadło sprawnie i z godnością.

Zmarłego pochowano na cmentarzu św. Patryka na Leyton a panie z komitetu parafialnego podejmowały obiadem wszystkich, którzy pragnęli gorącej strawy. Okazało się raz jeszcze, że skromne mury sal pod kościołem pomieściły wszystkich i dla nikogo nie zabrakło jedzenia.

Ksiądz Świerczyński, nowy rektor, z początku pełnił również i funkcję proboszcza, ale bardzo szybko zorientował się, iż trzeba oddzielić te dwie funkcje i sprawy parafialne powierzał swoim proboszczom, wyjeżdżając w teren aby doglądać spraw misyjnych.

Pierwszym jego proboszczem został ksiądz Ludwik Czyż. Otrzymał on święcenia kapłańskie w Polsce w 1970 roku i pracę duszpasterską rozpoczął w parafii w Katowicach. Kilka lat później został wysłany do pracy do Anglii, gdzie po księdzu Świerczyńskim objął funkcję kapelana w szkole w Pitsford. Po zamknięciu szkoły ks. Czyż pełnił funkcje proboszcza w Coventry i Leicester i w 1993 roku przyjechał do parafii na Devonię aby objąć po księdzu Świerczyńskim funkcję proboszcza naszej wspólnoty.

Fot. 92
Ks. Ludwik Czyż

Ksiądz Stanisław Świerczyński nie miał łatwych początków w roli rektora. Wprawdzie ksiądz Zieliński sam zrezygnował z tej funkcji ale nadal mieszkał na Devonii i był mocno związany ze wspólnotą, która bardzo głęboko przeżyła jego nagłą śmierć. Ksiądz Stanisław czuł się odosobniony w swej nowej roli i można powiedzieć, że przypadek sprawił iż ksiądz rektor mocno się zaangażował w gruntowny remont naszego kościoła. Kiedy spadł w kościele kawałek sklepienia – na szczęście w momencie kiedy świątynia była pusta – trzeba było sprowadzić specjalistów. Ocenili, iż trzeba założyć siatkę bezpieczeństwa i przygotować obiekt do remontu. O tym jednak później.

Ksiądz Świerczyński – choć pełnił funkcję rektora, która zmuszała go do częstych wyjazdów – miał bardzo dobre relacje z devonijną wspólnotą parafialną. Pierwsze nici przyjaźni zawiązane w latach siedemdziesiątych zaowocowały zacieśnionymi więziami

Fot. 93
Radosne chwile; stoją od lewej: Ignacy Balicki, Edyta Kaczmarska, ks. Jan Zaręba, Staszek Kafar z akordeonem, ks. Stanisław Świerczyński, Anna Victor, Tadeusz Musiał

z naszym środowiskiem. Zawsze widział Devonię jako idealną wspólnotę parafialną, gdzie panuje wzajemny szacunek, gotowość do współpracy i duże zaangażowanie wiernych. W dodatku parafianie tworzą wielką, radosną rodzinę, która wspólnie rozwiązuje problemy, razem się modli i razem spędza czas odpoczynku. Bardzo księdzu rektorowi odpowiadał taki model polskiej parafii na emigracji.

Zaraz po objęciu funkcji rektora ksiądz Świerczyński wprowadził ideę opłatków rektorskich, które miały na celu zgromadzenie działaczy politycznych, społecznych i artystycznych w mu-

Fot. 94
Ks. Biskup Szczepan Wesoły udziela sakramentu bierzmowania; na lewo ks. Zieliński, po prawej W.Lewandowski, sponsor: Zdzisław Mołda

rach Matki Kościołów Polskich, aby podziękować im, wyrazić uznanie za ich dotychczasowe zaangażowanie i zachęcić do dalszej pracy. Ksiądz Stanisław chciał, poprzez łamanie się opłatkiem, śpiewanie kolęd, wspólną biesiadę i towarzyskie spotkanie podziękować tym wszystkim, którzy z oddaniem i rzetelną pracą służą polskim wspólnotom i organizacjom podtrzymując w nich wiarę i polskość. Ksiądz Tadeusz Kukla kontynuuje tę inicjatywę i na opłatkach rektorskich zbiera się w salach pod kościołem bardzo ciekawy przekrój naszego życia emigracyjnego, a panie z komitetu parafialnego przygotowują wspaniałe przyjęcie.

Fot. 95
Obfity i smaczny bufet na opłatku rektorskim, dzieło devonijnych gospodyń

Oto jak honorowy gość, wdowa po generale, Irena Anders, wspomina swoje kontakty z Devonią na przestrzeni minionych 60 lat, które właśnie w ostatnich latach koncentrowały się na spotkaniach opłatkowych: *Mąż był człowiekiem bardzo religijnym i od najwcześniejszych lat pobytu w Anglii uczestniczyliśmy we wszystkich oficjalnych nabożeństwach patriotycznych na Devonii. Czasami reprezentowałam go sama. Później jeździła z nami nasza córka. Pamiętam ją, uczesaną w dwa warkoczyki, obserwującą witraże i słuchającą kazania. Bardzo kochaliśmy ten kościół, choć zaraz po wojnie, był on raczej biedny, szary. Dziś wygląda wspaniale. Jest po prostu śliczny. Bardzo lubię jeździć na Devonię, choć dzisiaj jest mi już raczej ciężko. Opłatki rektorskie są ogromnie miłe, gościnne; stoły uginają się pod ciężarem wspaniałych dań! Devonijne*

Fot. 96
Irena Andersowa na tle portretu jej męża, generała Władysława

61

Fot. 97
Ryszard Kaczorowski, ostatni Prezydent Rządu na Uchodźstwie, honorowy gość opłatków rektorskich

gospodynie są urocze! Atmosfera rodzinna.

Kolejną inicjatywą było sprowadzenie na stałe pod kapelusz PMK i parafii Devonia Konferencji Lutowych, na które zjeżdżają się delegaci i działacze z całej Anglii, aby przy wspólnej modlitwie, wysłuchaniu wiodącego referatu i dyskusji w grupach pogłębiać swoją wiarę i ponieść w swoje wspólnoty przeżycia dnia.

Współpraca devonijnych parafian z Kościołem była imponująca i jak najbardziej po

Fot. 98
Biskup Sz. Wesoły, ks. W. Staniszewski, Czesława Malczyk, Ignacy Balicki, Weronika Balicka i Władysław Malczyk

myśli drugiego Soboru Watykańskiego, który zachęcał wiernych do większego zaangażowania w prace Kościoła. Sytuacja ta bardzo cieszyła księdza Świerczyńskiego, który miał wsparcie wiernych w pracach remontowych, w kontaktach ze szkołą sobotnią, w jego poczynaniach rektorskich i we współpracy z Polish Benevolent Fund. Wspomina z tego okresu rodziny Rozbickich, Gabrielczyk, Kafarów, Malczyków, Balickich, Kaczmarskich, Synowców, które mu szczególnie zostały w pamięci, choć łączyły go więzi przyjaźni z całą wspólnotą parafialną.

Mimo radości jaką mu sprawiała praca z ludźmi, musiał ze względów zdrowotnych poinformować władze kościelne o potrzebie znalezienia nowego człowieka na jego stanowisko. Wybór bardzo szybko padł na księdza Tadeusza Kuklę, który w 2002 roku objął funkcję rektora, mianując Janusza Sikorę-Sikorskiego prezesem PBF. Ksiądz Tadeusz pochodzi z diecezji tarnowskiej. Urodzony w Łukowie, skończył Seminarium Tarnowskie i w 1974 roku przyjechał do Anglii aby objąć funkcję Duszpasterza Akademickiego w Londynie. Pełnił tę funkcję do momentu kiedy Prymas Polski, kardynał Józef Glemp, powołał go na stanowisko rektora.

26-go marca 1995 roku ksiądz Ludwik Czyż obchodził 25-lecie kapłaństwa i znowu parafialna wspólnota urządziła mu piękny jubileusz. Choć był u nas krótko, to dał się poznać jako wspaniały kaznodzieja i miło nam było, iż właśnie w naszej parafii dane mu było obchodzić swój srebrny jubileusz.

We wrześniu 1996 roku wspólnota z wielkim żalem żegnała siostrę Petronię, przełożoną zgromadzenia Sióstr Wspólnej Pracy od Niepokalanej Maryi, która, po 23 latach pobytu na Devonii opuszczała naszą parafię. Siostry ze zgromadzenia pracowały długie lata w naszej parafii i ich zaangażowanie w życie wspólnoty było doceniane przez wszystkich. Siostra Petronia – zwana nieraz siostrą Devonią – dbała o dobrobyt nie tylko księży, którym gotowała, ale i całej wspólnoty. Przygarniała nieraz głodnych podróżnych,

Fot. 99
Barbara i Ryszard Gabrielczyk

Fot. 100
Ks. Tadeusza Kukla, rektor PMK w latach 2002–2010

Fot. 101
Siostra Petronia – siostra Devonia – przełożona zgromadzenia Sióstr Wspólnej Pracy od Niepokalanej Maryi

Fot. 102
Pożegnanie siostry Petronii; od lewej: Wit Czarlinski, sr. Petronia, sr. Albana (stoi), sr. Adriana, Ala Lusarczyk, Stanisław Lusarczyk. W tyle stoją: ks. Zieliński i Paweł Szlosarek

którym nigdy nie żałowała strawy. W kuchni zawsze panował nastrój radosny i gościnny. Żegnana przez księdza rektora, proboszcza i Komitet Parafialny z żalem rozstawała się z Devonią, która była dla niej prawdziwym domem. Dziękowano jej za pogodne usposobienie i troskę o drugiego człowieka, wyrażaną przez konkretną pomoc potrzebującym. Z polecenia przełożonych została przeniesiona do Domu Spokojnej Starości w Laxton Hall, gdzie nadal służyła polskiej wspólnocie.

Rok milenijny był bardzo uroczyście obchodzony we wszystkich polskich parafiach w Anglii.

Fot. 103
Ks. Teodor Poloczek

Przybywało wiernych w naszych kościołach, gdyż coraz więcej Polaków szukało szczęścia w Wielkiej Brytanii. Prawdziwa eksplozja ich obecności na tych Wyspach nastąpiła w 2004 roku, kiedy Polska wstąpiła do Unii Europejskiej. Możliwość swobodnego poruszania się po kontynencie europejskim i prawo do legalnej pracy skłoniło całe rzesze Polaków do opuszczenia kraju i osiedlenia się w Anglii. Głównymi motywami były chęć poznania innego świata, poszerzenia życiowych doświadczeń, szansa na lepsze zarobki oraz możliwość opanowania języka angielskiego.

Przyjazd tak ogromnej ilości Polaków do Anglii zupełnie zmienił oblicze naszych polskich parafii. Wzrosło zapotrzebowanie na opiekę duszpasterską. Ksiądz rektor Tadeusz Kukla cieszył się tak liczną obecnością wiernych w kościele, ale musiał zakładać dla nich nowe parafie i punkty duszpasterskie; musiał sprowadzać księży z Polski; musiał rozwiązywać problemy administracyjne i coraz częściej jeździć w teren aby spotykać się z wiernymi i ich duszpasterzami. Równocześnie trzeba było wprowadzać w życie różne rozporządzenia angielskie, które narzucały i polskim parafiom swoje przepisy. Nie był to dla rektora okres łatwy, tym bardziej, iż polskie wspólnoty, przyzwyczajone do pewnego sposobu funkcjonowania niechętnie przyjmowały narzucane im zmiany.

Nasza parafia również musiała się dostosować do tych zmian, a ilość wiernych w kościele wzrosła wielokrotnie. Trzeba było wprowadzić dodatkowe Msze święte; przedłużyć godziny funkcjonowania kawiarni; zmienić struktury Komitetu Parafialnego, który przez dziesiątki lat wspierał księży w ich działaniach; zakładać nowe organizacje i grupy modlitewne, które zaspakajałyby potrzeby młodych świeżo przybyłych z Polski z zupełnie innymi oczekiwaniami pod adresem parafii.

WAŻNE UROCZYSTOŚCI

W życiu naszej parafii – ogólnie rzecz biorąc spokojnym i normalnym - były jednak pewne wydarzenia dotyczące Anglii, Europy i Polski, które wpłynęły również i na życie naszej wspólnoty.

W 1966 r. Polska – i Polacy rozsiani po całym świecie – obchodziła 1000-lecie chrztu i istnienia jako chrześcijańskie państwo europejskie. Polacy mieszkający w Wielkiej Brytanii czcili tę rocznicę na różne sposoby w swoich lokalnych wspólnotach. Szczytową uroczystością było jednak manifestacyjne spotkanie na stadionie White City, 22-go maja, gdzie tysiące Polaków z całej Anglii celebrowało razem tę wspaniałą rocznicę.

Devonijna wspólnota oczywiście też wzięła udział w tym spotkaniu, podczas którego wystawiono w żywych obrazach historię tysiąclecia państwa polskiego, w reżyserii Leopolda Kielanowskiego, z udziałem artystów scen polskich, zespołów tanecznych, chórów zrzeszonych i harcerstwa. Płomienne kazanie wygłosił ojciec Józef Warszawski SJ, były kapelan Armii Krajowej i uczestnik Powstania Warszawskiego. Cała impreza bardzo zaimponowała Anglikom, którzy naprawdę wiedzieli bardzo niewiele o historii i losach naszego kraju.

Fot. 104
Ojciec Józef Warszawski

Obecny na stadionie arcybiskup Westminsteru, kardynał John Heenan miał krótkie przemówienie do zgromadzonych Polaków, które rozpoczął słowami:

Polski biskup celebrował Mszę św., polski ksiądz wygłosił kaza-

Fot. 105
Kardynał John Heenan, Arcybiskup Westminsteru w latach 1963-1975

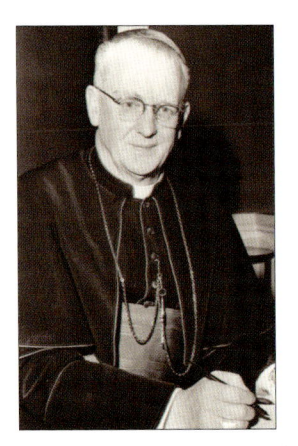

nie. To jest polska uroczystość i dlatego moje do was przemówienie będzie krótkie. Niech mi wolno będzie najpierw w imieniu biskupów, duchowieństwa i wiernych tego kraju złożyć wam gratulacje z okazji tysiąclecia chrześcijaństwa Polski.

Smutno jest wam, że jesteście uchodźcami, ale Kościół Katolicki i całe społeczeństwo angielskie zostało wzmocnione i wzbogacone waszą w tym kraju obecnością.

Choć jesteście uchodźcami nie jesteście tutaj obcy. Z długiego doświadczenia wiecie jak bardzo staram się podnosić na duchu moją najukochańszą polską trzodę.

I zakończył:

Modlę się dzisiaj aby Polska była znowu wolna. Niech Bóg błogosławi Polsce i jej bohaterom narodowym.

Niech Maria Królowa, Matka Boża opiekuje się swoimi dziećmi.

Fot. 106
JP II

Historycznym momentem dla wszystkich Polaków na świecie było drugie konklawe w Rzymie w 1978 roku i wybór JE kardynała Karola Wojtyłę na Stolicę Papieską. Wierni okazali swą radość śpiesząc do kościoła 16-go października aby razem z całym narodem polskim podziękować Bogu za wybór Papieża-Polaka i polecić Jego pontyfikat szczególnej opiece Matki Boskiej Częstochowskiej. Przez cały długi i owocny pontyfikat Jana Pawła II wspierano Go modlitwą, spieszono do Rzymu na pielgrzymkowe spotkania z papieżem, śledzono Jego działalność i cieszono się szacunkiem jakim świat darzył polskiego papieża.

Niedługo po wizycie Jana Pawła II do Ojczyzny, w czerwcu 1979 roku, został w Polsce nakręcony film pt. **Pielgrzym**. Przedstawiał on pierwszą pielgrzymkę Papieża Polaka do kraju. Do Anglii film ten dotarł trochę później ale szybko stał się bardzo popularny – był bowiem na bardzo wysokim poziomie technicznym i artystycznym i pokazywał, iż wizyta ta miała nie tylko doniosłe historyczne i polityczne znaczenie, ale że też była ogromnym, osobistym przeżyciem dla

Papieża-Polaka. Pokaz tego filmu na Devonii odbył się w listopadzie 1979 roku a Zygmunt Podhorodecki objechał z nim później bardzo wiele ośrodków polskich w Anglii. Podobny objazd zrobił później z filmem o całunie turyńskim.

Ogromnie ważnym wydarzeniem w życiu wspólnoty parafialnej było 50-lecie konsekracji naszego kościoła, które obchodzono uroczyście w niedzielę 19-go października 1980 roku. Przez cały tydzień – od 12-go do 19-go – trwały uroczystości jubileuszowe i w tej właśnie oktawie mieściła się cała treść i sens jubileuszu. Bo Złote Gody wspólnoty parafialnej były okazją do zrobienia pewnego rachunku sumienia, bilansu z minionych lat oraz okazją do wyrażenia wdzięczności Bogu oraz tym wszystkim, którzy się przyczynili do rozwoju parafii przez minionych pięćdziesiąt lat.

Ponieważ duchowe życie parafii objawia się przez uczestnictwo w sakramentach świętych to właśnie wszystkim siedmiu sakramentom poświęcono oktawę nabożeństw w naszym kościele. Rozpoczął ją ks. bp Szczepan Wesoły – mianowany wtedy właśnie do opieki nad polską emigracją – koncelebrowaną Mszą świętą w intencji Złotego Jubileuszu. A od poniedziałku do soboty parafianie przeżywali ponownie sakramenty, które dane im już było w życiu otrzymać. Były to nabożeństwa bardzo piękne, oparte na Mszy św., modlitwie różańcowej i wystawieniu Najświętszego Sakramentu.

Fot. 107
Oleńka i Ryszard Bieliccy z Anią i Robertem

Jako, że przez minionych 50 lat bardzo wielu duszpasterzy pracowało w naszej parafii i przyczynili się do jej rozwoju, to postarano się o to aby w ciągu tygodnia oktawy jubileuszu codziennie inny ksiądz odprawiał Mszę św. i prowadził rozważania, wykazując w ten sposób łączność innych parafii z Matką Polskich Kościołów w Anglii.

Kulminacyjnym dniem uroczystości jubileuszowych była niedziela 19-go października, kiedy parafia zakończyła oktawę dziękczynienia z okazji 50-tej rocznicy istnienia kościoła uroczystą Mszą św. w intencji jubileuszu i parafian. Koncelebrze przewodniczył JE ks. Władysław Kardynał Rubin, Prefekt Kongregacji Kościołów

Fot. 108
Spotkanie z papieżem Janem Pawłem II na Crystal Palace. Dary niosą od lewej: Pola Kowalkowska, Piotr Kaczmarski i Helena Podhorodecka

Fot. 109
Jan Paweł II schodzi do ludzi

Fot. 110
Spotyka się z chorymi

Wschodnich, w obecności JE abp Stroby, metropolity poznańskiego, który na uroczystościach na Devonii reprezentował biskupów polskich, z Prymasem Polski na czele. W koncelebrze uczestniczyli również, ks. rektor Karol Zieliński, ks. wicerektor Stanisław Świerczyński oraz księża, którzy z różnych stron przybyli na Devonię aby razem z całą parafią Bogu zaśpiewać dziękczynne Te Deum.

Papież Jan Paweł II zapowiedział wizytę duszpasterską do Anglii w maju 1982 roku. Ponieważ wiadomo było iż Ojciec Święty – podczas swoich podróży – spotyka się również z Polonią danego kraju, trzeba było zaplanować takie spotkanie i z polonią brytyjską, tym bardziej, że Ojciec Święty darzył emigrację polityczną w Anglii specjalnym szacunkiem. Pertraktacje w tej sprawie z władzami an-

Fot. 111
Błogosławi tłumnie zebranym rodakom

gielskimi trwały dość długo, ale w końcu ustalono termin spotkania na niedzielę 30 maja, święto Zesłania Ducha Świętego, o godzinie 7.45 rano. Dzień wybrano piękny; ten sam, który Ojciec Święty trzy lata wcześniej przeżywał w Polsce podczas Jego pierwszej pielgrzymki do kraju. Godzina, jaką wyznaczono Polakom nie była bardzo wygodna, ale kalendarz Ojca Świętego był tak pełny, że i tak wdzięczni byliśmy za możność spotkania się z Nim, a pielgrzymkowy charakter tego spotkania na stadionie Crystal Palace w Londynie nadawał mu wiele uroku.

Gdy wyznaczono datę i miejsce spotkania cała machina organizacyjna poszła w ruch i dla devonijnej parafii zaczął się okres intensywnej pracy, bo właśnie u nas koncentrowała się cała akcja przygotowawcza. Przewidywano iż Polacy z Anglii, Walii i Szkocji zapełnią stadion, który mógł pomieścić 24,000 osób. Trzeba było zaplanować podium i ołtarz; rozplanować cały problem transportu na stadion; przygotować program liturgii i wydrukować książeczki pamiątkowe; udzielić przepustki tym wszystkim którzy mieli prawo poruszania się po stadionie; zająć się rozprowadzaniem biletów i odznak, bez których, ze względu na bezpieczeństwo, wstęp na stadion miał być wzbroniony. Księża Janusz Tworek i Władysław Wyszowadzki czuwali nad całością organizacji a wspierała ich mała ale intensywnie zaangażowana grupa wolontariuszy.

Wizyta Ojca Świętego w Anglii zbiegła się z jubileuszowym rokiem 600-lecia obecności obrazu Matki Boskiej Częstochowskiej na Jasnej Górze. Spotkanie na Crystal Palace było więc też i centralną pielgrzymką Maryjną Polaków mieszkających w Wielkiej Brytanii.

Fot. 112
Ołtarz polowy zbudowany na stadionie

Fot. 113
Dzieci w strojach ludowych czekają aby zanieść dary do ołtarza

Skoro nie mogli Polacy stanąć u stóp klasztoru na Jasnej Górze i razem z całym narodem obchodzić tego jubileuszu, to przynajmniej mogli się zjednoczyć z narodem w modlitwie właśnie podczas spotkania na Crystal Palace. W taki sposób zostało zaplanowane to spotkanie – połączono wizytę duszpasterską Jana Pawła II z pielgrzymką Maryjną.

Spotkanie na stadionie Crystal Palace było okazją do okazania Papieżowi czci i oddania, które z taką radością objawiały się po otrzymaniu nowiny, iż właśnie Polaka wybrano na Stolicę Apostolską. Dało to rodakom szansę przeżycia razem z Nim wielkiego święta kościelnego, jakim jest Zesłanie Ducha Świętego, kiedy to apostołowie otrzymali od Ducha Świętego łaskę i siły do wielkiego dzieła do jakiego zostali powołani.

Musimy być obecni na stadionie - napisał ks. Bp Szczepan Wesoły zachęcając Polaków do przyjazdu do Londynu, - *aby znaleźć się w zasięgu promieni Jego charyzmatu*. I przyjechali bardzo tłumnie, nocą, pustymi ulicami stolicy, która jeszcze spała. I z radością wyczekiwali przylotu białego helikopteru i *papamobile*, które przywiozły ukochanego Papieża na spotkanie z Polakami. Słowa Jana Pawła II wypowiedziane do nas na stadionie – ale przecież skierowane do wszystkich Polaków mieszkających na wyspach angielskich – ... *jesteście dla mnie żywą częścią Polski, która nawet wyrwana z ojczystej gleby, nie przestaje być sobą* - wynagrodziły wszelkie trudy, całą pracę ekipy devonijnej, ogromny wysiłek wszystkich pielgrzymów i nadały sens naszemu życiu na emigracji. Trzeba tu odnotować, że ministranci, młodzież w strojach ludowych, chór im. Feliksa Nowowiejskiego i chorzy z naszej parafii brali szczególny udział w przebiegu tego spotkania, a Edyta Kaczmarska deklamowała wiersz Jana Lechonia pt. **Matka Boska Częstochowska**. Specjalnie na tę okazję parafianie nauczyli się pieśni **Sześćset lat Maryjo z nami jesteś**, którą potem śpiewano u nas w kościele przez cały rok.

Aby uczcić sześćset letni jubileusz obecności obrazu na Jasnej Górze, ksiądz Stanisław Milewski zapoczątkował peregrynację obrazu Matki Boskiej Częstochowskiej w naszej parafii. Polskie rodziny mieszkające blisko siebie spotykały się na wspólnej modlitwie przed obrazem, który wędrował z domu do domu. Wszyscy bardzo głęboko przeżyli ten okres, który na pewno bardzo wzbogacił duchowość wspólnoty.

W 1992 roku Polish Benevolent Fund (Polski Fundusz Dobroczynności) obchodził 40-lecie swego istnienia i w naszej parafii świętowano ten jubileusz przy udziale przedstawicieli z polskiego świata emigracyjnego. Ówczesny prezes organizacji, inżynier Jerzy Palmi, dziękował wszystkim za współpracę i prosił o dalsze wsparcie. Nawiązał też do początków Funduszu i zasług swego poprzednika,

Fot. 114
Wizyta ks. Prymasa na Devonii; od lewej Jan Bienek, Stanisław Kafar, ks. Prymas Józef Glemp, Czesława Malczyk i siostra Gracja

Fot. 115
Ks. prymas kardynał Józef Glemp

architekta Andrzeja Szczanieckiego oraz pierwszego prezesa Stefana Rolskiego.

Kolejnym, bardzo ważnym wydarzeniem w życiu naszej wspólnoty było świętowanie 100-lecia Polskiej Misji Katolickiej, która 12-go i 13-go listopada 1994 roku bardzo uroczyście obchodziła ten jubileusz. Głównym nabożeństwem była Msza św. dziękczynna, która została odprawiona w katedrze Westminster. Koncelebrze przewodniczył Prymas Polski ks.

Fot. 116
Dziatwa szkolna – w oryginalnym ujęciu – składa prymasowi symboliczny bukiet kwiatów

kardynał Józef Glemp w obecności ks. kardynała Hume, arcybiskupa Metropolii Westminsterskiej i ks. abp L. Barbarito, Nuncjusza Apostolskiego. Oryginalna, w bizantyjskim stylu, katolicka katedra Westminster, wypełniona była po brzegi rodakami, którzy zjechali do stolicy z najdalszych zakątków Anglii i Walii. Była to wspaniała demonstracja polskiej solidarności duchowej i narodowej, która zachwyciła przyjezdnych gości.

Po południu, na stadionie piłkarskim na Wembley odbył się wspaniały koncert na bardzo wysokim poziomie artystycznym. Tak się potem o tym wyraziła jedna z uczestniczek, która przyjechała z Polski na tę uroczystość:

Fot. 117
Uroczysta Msza św. której przewodniczy JE ks. Prymas Józef Glemp w asyście ks. Bp Szczepana Wesołego

Stanęłam zdumiona wobec faktu, że tak wielu jest emigrantów i tak żywa w nich polskość, że trwają przy Kościele i nie wstydzą się swej wiary, tradycji, kultury.

Choć księża z Devonii zaangażowani byli w organizację całego pobytu ks. Prymasa Józefa Glempa w Anglii, to wspólnota parafialna w szczególny sposób przeżyła jubileusz misji w niedzielę 13-go listopada, kiedy Prymas odprawił sumę w naszym kościele. W uroczystej koncelebrze uczestniczyli: JE ks Abp Szczepan Wesoły, rektor PMK w Anglii i Walii ks. prałat Stanisław Świerczyński, rektor PMK w Francji ksiądz Stanisław Jeż, sekretarz PMK ks. prałat Janusz Tworek, ks. Dziuba i proboszcz parafii ks. Ludwik Czyż. Wierni – którzy do ostatniego stojącego miejsca wypełnili nasz kościół - otrzymali pamiątkowe książeczki z liturgią Mszy św. Dzieci szkolne, młodzież, chór im. F. Nowowiejskiego i członkowie Komitetu Parafialnego brali czynny udział w liturgii śpiewając, czytając i pilnują porządku i bezpieczeństwa zebranych.

Na uroczystościach jubileuszowych były również obecne siostry Nazaretanki. Matka Generalna miała w tym dniu złożyć na

Fot. 118
Ks. Prymas przyjmuje z rąk Matki Generalnej Teresy Jasionowicz relikwie bł. Matki Marii Siedliskiej, patronki PMK

ręce księdza prymasa Relikwiarz Bł. Marii Franciszki Siedliskiej, ogłoszonej w tym dniu Patronką Misji. Oto jak opisuje ten moment siostra Gracja:

Niewielki kościołek, wtulony bezpiecznie między inne budynki. Dom Boga przytulony do domów ludzkich, jakby na potwierdzenie słów Pisma: „Któryż naród wielki ma bogów tak bliskich, jak Pan, Bóg nasz, ilekroć Go wzywamy?" (Pwt. 4.7)

Stajemy w progu. Oto my, Panie, zaproszeni na ucztę, nie musisz dziś nikogo szukać po opłotkach – nikt nie zawiódł. Przybyliśmy odświętnie gotowi, bo świętem jest stać w progach domu Twego, Panie.

Już na nas czekają (miło być oczekiwanym!), stajemy na wska-

Fot. 119
Ks. Prymas poświęca również i wiernych: ks. Janusza Tworka, Stasię Pilipczuk, siostrę Petronię, Zuzannę Mołda i siostrę Albanę

zanym miejscu. Widać stąd obraz Ostatniej Wieczerzy w głównym ołtarzu, a w bocznej kaplicy – kopię beatyfikacyjnego portretu Matki Marii. Przyglądam się twarzom zgromadzonych osób: niektóre noszą ślady różnych życiowych blizn, ale w oczach tyle pogody, blasku – wymieniają uśmiechy, dobre słowa – tu walutą jest życzliwość.

Matko, czy to Twoja zasługa, że ci ludzie tworzą coś więcej niż wspólnotę, że ich radości i troski są wspólne, że każdy jest tu niezbędny, jak w DOMU?

...Jako przedstawicielka naszego Zgromadzenia, Matka Generalna Teresa Jasionowicz, ofiarowała PMK relikwię Matki założycielki wraz ze słowami: „... by Ta, która stała u początków Misji, pozostała jej opiekunką na zawsze".

I siostra Kazimiera:

Po Mszy św. jeszcze spotkanie z Księdzem Prymasem, z przybyłymi gośćmi. Wytworzyła się cudownie rodzinna atmosfera. Taki jest przecież nasz dom – Nazaret – pełen modlitwy, zamyślenia, dziękczynienia, a zarazem prawdziwej radości, którą daje Jezus.

Po Mszy św. w sali pod kościołem odbyło się spotkanie ks. Prymasa z parafianami, a o godzinie piątej po południu ks. Prymas odprawił kolejną koncelebrowaną Mszę św. dla delegatów polskich parafii z całej Anglii z udziałem ks. abp. Szczepana Wesołego i 40 polskich księży. Chór parafialny ponownie zaśpiewał Mszę Lachmana. Wspaniałe przyjęcie w sali przygotowały parafianki z koła pań, które dwoiły się i troiły aby nakarmić tłum gości. Zimny bufet, wystawiony wzdłuż całej kawiarni rzeczywiście wyglądał imponująco!

Z okazji jubileuszu wielu zasłużonych działaczy – nie tylko z terenu Devonii – otrzymało z rąk księdza rektora Złote i Srebrne Medale Zasługi. Byli również tacy parafianie, którzy wciągu 80 lat historii parafii otrzymali odznaczenia papieskie, a między nimi Józef Behnke, Ryszard Gabrielczyk, Edward Gryko, Władysław Malczyk, Stefan Rozbicki i Stanisław Kafar.

Trzeba tu dodać, że wszystkie ważniejsze imprezy na Devonii, na przestrzeni 60 powojennych lat, odbywały się w serdecznej, rodzinnej atmosferze, przy suto zastawionych stołach. Nasza parafia słynęła zawsze z prawdziwie polskiej gościnności i smacznego jedzenia – nie-

Fot. 120
Czesława i Władysław Malczyk

Fot. 121
Irena i Stefan Rozbiccy

wątpliwa zasługa kolejnych ekip parafianek, które dbały o to aby nikt nie odszedł od stołu głodny. To one prowadziły niedzielną kawiarnię, przygotowywały posiłki na opłatki parafialne i rektorskie, wigilie dla samotnych, święcone, spotkania księży z dekanatu, konferencje świeckich. Do kolejnych przewodniczących tych ekip, wspieranych przez całą rzeszę pomocników, trzeba zaliczyć pp. Rozbickich, Balickich, Malczyków, Kaczmarskich i obecnie Danutę Ponitka i Jadwigę Rożkiewicz.

Księża pracujący na Devonii zmieniali się dość często. Po śmierci księdza Zielińskiego funkcję administratora parafii przejął ksiądz Ludwik Czyż; po nim pracowali księża: Teodor Poloczek, Dariusz Kuwaczka, Andrzej Marcak, Włodzimierz Skoczeń, Krzysztof Kawczyński i Janusz Paciorek. Obecnie funkcję tą pełni ksiądz Krzysztof Ciebień.

Osobnym etapem w życiu parafii były pielgrzymki do miejsc świętych oraz wycieczki krajoznawcze organizowane przez Instytut Polski Akcji Katolickiej oraz osoby świeckie. Parafianie uczestniczyli w polskich pielgrzymkach do Lourdes, Ziemi Świętej i Rzymu, zwłaszcza w okresie pontyfikatu Jana Pawła II, kiedy siedem kolejnych grup wyjechało do Wiecznego Miasta aby uczestniczyć w au-

Fot. 122
Pielgrzymi na dziedzińcu Sorbonne w Paryżu

Fot. 123
Pielgrzymi na dachu św. Piotra w Rzymie

Fot. 124
Pielgrzymi z ks. Janem Zarębą w bazylice Bożego Grobu w Jerozolimie

diencjach ogólnych na placu Św. Piotra oraz w auli Pawła VI. Późniejsze wyprawy do Turcji śladami św. Pawła, do Grecji śladami Apostołów, Chorwacji, Egiptu, Petersburga, na Krym, do Rumunii i do południowych Włoch zostały poszerzone o uczestników z innych

Fot. 125
U Matki Boskiej Ostrobramskiej w Wilnie

77

polskich parafii, którzy chętnie dołączyli do naszej zżytej grupy devonijnej. Wyprawa do Bawarii w roku milenijnym na Pasję Pana Jezusa w Oberammergau była szczególnie głębokim przeżyciem. W wyprawach tych najczęściej towarzyszył nam ks. Ludwik Czyż, który wnosił bardzo wiele w atmosferę każdej wyprawy i pomagał wszystkim głęboko przeżywać każdy moment wycieczki.

REMONTY

Kościół, kupiony w 1930 roku i wtedy dostosowany do potrzeb polskiej wspólnoty, przechodził w okresie 80-letnim kilka poważnych remontów. Choć bomby padały wokoło w czasie nalotów na Londyn podczas wojny, kościół nie został zbombardowany a podziemie służyło jako schron dla okolicznej ludności podczas najniebezpieczniejszych chwil. Przetrwał tak do pierwszych lat powojennych. W 1952 roku ks. Staniszewski podjął odważną decyzję finansową – bo oczywiście brak było funduszy - i zabrano się do gruntowniejszego remontu, koniecznego tym bardziej, iż zewnętrzna ściana kościoła miała poważne pęknięcie, które zagrażało całej strukturze. W tym czasie założono w kościele pierwsze centralne ogrzewanie na ropę. Sala pod kościołem została odnowiona, za naradą profesora Romana Wajdy usunięto kolumny, które podtrzymywały strop i dostosowano ją bardziej do potrzeb stale rosnącej wspólnoty polskiej. Ofiarni parafianie – głównie mężczyźni - reperowali usterki na bieżąco, malowali, dbali o stan kościoła i pomieszczeń na dole.

Fot. 126
Remont kościoła w 1972 roku

Fot. 127
Remont ołtarza

Drugi gruntowny remont kościoła został zorganizowany również przez księdza Staniszewskiego, który, odchodząc do Laxton Hall na emeryturę chciał zostawić powierzony mu przed laty Dom Boży w jak najlepszym stanie. W 1971 odnowiono obraz Matki Boskiej Częstochowskiej a do poważnych prac remontowych, nad którymi czuwał proboszcz ksiądz Karol Zieliński, zabrano się nieco później. Aby zdobyć fundusze na ten remont ksiądz rektor rozesłał apel do wszystkich polskich parafii i organizacji świeckich. Napisał wtedy w 1972 roku:

Drodzy Rodacy!

Zapewne wielu z Was pamięta koszmarne dnie i noce bombardowań Londynu w czasie ostatniej wojny. Gdy tyle świątyń zamieniało się w gruzy, my patrząc na to z drżeniem wielkim modliliśmy się, aby Opatrzność Boża zachowała nam jedyny wówczas wolny kościół polski w Europie, przy Devonia Road w Londynie, poświęcony naszej Częstochowskiej Pani i św. Kazimierzowi. Nie tylko w legalnych władzach państwowych, w osobie Prezydenta R.P., w Rządzie R. P. i Naczelnym Wodzu P.S.Z., ale i w tym kościele, przy którym miał wówczas swą siedzibę Biskup Polowy P.S.Z., widzieliśmy, po zajęciu przez wroga kraju – nieprzerwaną ciągłość istnienia Rzeczypospolitej Polskiej. Kościół ten nazywano w czasie wojny Katedrą Polski Walczącej. Przez swe wspaniałe witraże prof. Adama Bunscha, przez swe oryginalne stacje drogi krzyżowej prof. Józefa Henelta i liczne pamiątki i wota stał się on naszym narodowym pomnikiem...

Gdy wybuchła wojna, a społeczeństwo polskie uświadomiło sobie wartość duchową tej starej świątyni, jako jedynego wolnego kościoła polskiego w Europie, była poważna obawa, że jak tyle innych świątyń w Londynie, tak i nasz kościół na Devonii padnie ofiarą bombardowań, zwłaszcza, gdy zaczęły spadać na jego dach pociski zapalające; a gdy bomba zburzyła doszczętnie trzy domy opodal i uszkodziła kilka domów w najbliższym sąsiedztwie, wstrząs był tak silny, że wypadły wtedy wszystkie okna kościoła, spadło kilka kamieni ze szczytu, a dach i kominy bardzo się obluźniły.

Mimo wiadomości radiowej z Niemiec, że „kościół polski w Londynie został zburzony", Opatrzność Boża zachowała go nam i służba Boża trwała i trwa w nim nieustannie. Ileż w jego wstrząśniętych murach podczas wojny popłynęło modłów i suplikacji za Ojczyznę naszą i za naszych najbliższych walczących i poległych w obronie!

Wszystkie uszkodzenia wyrządzone kościołowi przez wybuch wspomnianej bomby zostały dzięki ofiarności Polaków... ...naprawione w roku 1953, ale kościół, którego mury kamienne wewnątrz i zewnątrz nigdy nie były oczyszczone, pozostał brudny... Nadszedł więc czas, aby po tylu latach pomyśleć o odnowie naszego kościoła polskiego w Londynie.

Trzeba naprawdę wielkiej odwagi, aby przy tylu innych potrzebach Emigracji polskiej... ...zwracać się jeszcze z jednym apelem o pomoc finansową.

Będąc jednak u schyłku swego pasterzowania, ufam, że Rodacy moi zrozumieją, że chciałbym odejść ze spokojnym sumieniem, iż zrobiłem wszystko, co w mojej mocy, aby nie pozostawić po sobie, po 33-latach duszpasterzowania – kościoła brudnego z rysami w murach i z zaciekami na ścianach.

Warunki i okoliczności tak się złożyły, że jedyna niegdyś parafia polska i jedyny kościół polski w Londynie zubożały przez to, że powstało w tym olbrzymim mieście jedenaście parafii polskich i że „stara Devonia" należy odtąd do parafii mniejszych i biedniejszych...

I tylko dlatego ośmielam się zwrócić do wszystkich siedemdziesięciu parafii polskich, aby nam przyszły z pomocą: Niechby „młode kościoły polskie" w tym kraju sprawiły starej swej Matce nową szatę!

Fot. 128
Ks. S. Świerczyński i Ryszard Gabrielczyk sprawdzają jak się posuwają roboty remontowe w 1992r.

Fot. 129
Rusztowanie przy frontowej ścianie kościoła

Przy robotach remontowych pracowali nie tylko zaangażowani przez księdza fachowcy, ale również i ofiarni parafianie – fakt ten obniżył poważnie koszta remontu.

Trzeci solidny remont kościoła przeprowadził ksiądz prałat Stanisław Świerczyński, ówczesny rektor PMK, który chciał przygotować kościół i cały obiekt parafialny na stulecie Polskiej Misji Katolickiej, którą to uroczystość parafia miała obchodzić w 1994 roku. I ks. Świerczyński również - drogą polskiej prasy i listów do polskich parafii – zaapelował do Polaków z prośbą o finansowe wsparcie dla prac remontowych, które miały kosztować ponad pół miliona funtów. Dwie tablice umieszczone w tyle kościoła są najlepszym dowodem na to, jak skuteczne były te apele i jak emigracja polska – mimo wydatków na własnym podwórku i kurczącej się liczby darczyńców – poparła apel księdza rektora. Kościół został pięknie odnowiony, kamień wyczyszczony od zewnątrz i wewnątrz, dach i witraże zabezpieczone; nowe elektryczne przewody zainstalowane. I uroczystości stulecia misji mogły się odbyć we wspaniałych warunkach.

Warto tu odnotować, iż inżynier Ryszard Gabrielczyk współpracował z księżmi zawodowo przy wszystkich pracach remontowych.

Czwarty etap remontów – które nie dotyczyły już kościoła – rozpoczął się w roku 2000, kiedy sale pod kościołem zostały gruntownie odnowione, rozjaśnione i dostosowane do potrzeb dwudziestego pierwszego wieku. Zainstalowano nowoczesne centralne ogrzewanie, które objęło salę i kościół; położono nową, dębową podłogę w sali i przeprowadzono gruntowny remont domu pod czwórką. Ten remont, który trwał blisko dwa lata został zorganizowany przez księdza rektora Tadeusza Kuklę, z ogromnym poparciem prezesa Polskiego Funduszu Dobroczynności Janusza Sikorę-Sikorskiego. Trafił na bardzo wzmożone życie wspólnoty, która po przystąpieniu Polski do Unii Europejskiej w 2004 roku wzrosła liczebnie i bardzo poszerzyła swoją działalność.

Fot. 130
Janusz Sikorski (po prawej) z konsulem Robertem Rusieckim

Przy tej okazji ks. Jerzy Tyc, archiwista PMK, w artykule do krajowego wydawnictwa **Niedziela** tak określił sytuację najnowszej emigracji, która zaczęła wypełniać nasz kościół:

Wejście Polski do grona narodów Zjednoczonej Europy otworzyło drogę na Zachód dla wielu młodych i przedsiębiorczych Polaków. Adaptacja nowej emigracji jest jednak skomplikowana. Nowe warunki pracy i bytowania nie zawsze są takie jak w marzeniach; rodzą psychiczną potrzebę wypowiedzenia się przed Bogiem. Większość emigrantów „za chlebem" pragnie trwać w wartościach swojej rodziny i środowiska.

Z wielu wypowiedzi widać, że odczuwają oni głód głębszego życia duchowego i ten głód prowadzi ich do drzwi kościołów, a między innymi i do kościoła na Devonii. Ciągną tu rzesze Polaków z peryferii Londynu, aby uczestniczyć w nabożeństwach, spotkaniach i towarzyskich pogawędkach. Ten nasz kościół jest miejscem ich przeobrażeń, mocnych postanowień i żarliwych wspomnień wywoływanych tęsknotą za domem rodzinnym i wartościami z niego wyniesionymi. Tu często

Fot. 131
Ks. Krzysztof Kawczynski

Fot. 132
Abp Józef Michalik z siostrami: Danutą McBride, Aleksandrą Podhorodecką, Małgorzatą Zajączkowską i Barbarą O'Driscoll

szukają akceptacji i wartości jakimi żyją na co dzień.

5-go lutego 2005 roku parafia uroczyście obchodziła 75-lecie konsekracji kościoła. Ks. Krzysztof Kawczyński zadbał o to aby wszystko wypadło godnie i uroczyście. Koncelebrowanej Mszy św. przewodniczył ks. abp. Józef Michalik, przewodniczący Episkopatu Polski, w asyście ks. abp Szczepana Wesołego i ks. rektora Taduesza Kukli. Apb Michalik, we wzruszającej homilii powiedział m.in. *Trzeba abyśmy tu dziś przywołali wiarę i trud, wysiłek i sukces ludzi, którzy w sposób twórczy przed 75 laty potrafili zapatrzyć się w Boga, aby zanieść do Niego troskę o innych, o tych, których kochali miłością Chrystusową, zbawczą. Chcieli tym naszym rodakom, często wygnańcom z ojczystego kraju, przebywającym nad Tamizą, ukazać głębszy sens życia, ułatwić spotkanie z Bogiem i modlitwę w ojczystym języku. Postanowili stworzyć parafię, zdobyć kościół, jakieś miejsce polskich spotkań. Byli to niewątpliwie ludzie o dużej, twórczej wyobraźni, ale i ludzie szerokich, gorących serc. Zaufali najbiedniejszym, potrzebującym pomocy i dlatego także, oni sami biedni i potrzebujący, tej pomocy doznali. Stworzyli dzieło wielkie i trwałe.*

Godzi się ich dzisiaj przypomnieć, trzeba za nich na modlitwie i modlitwą dziękować. Uczynimy to z potrzeby szczerego serca...

Również w 2005 roku cały świat obchodził 70-lecie zakończenia drugiej wojny światowej. Polska wspólnota w Anglii i Walii także bardzo uroczyście obchodziła ten jubileusz. Ksiądz

CORMAC MURPHY-O'CONNOR
OF THE TITULAR CHURCH OF
SANTA MARIA SOPRA MINERVA
BY THE GRACE OF GOD
AND FAVOUR OF THE APOSTOLIC SEE
ARCHBISHOP OF WESTMINSTER

Recalling the historic arrangements made by my illustrious predecessor, Cardinal Bernard Griffin in 1948, whereby he appointed Monsignor Ladislaus Staniszewski as Vicar Delegate for the care of the Polish Catholic Community, and the powers given on that occasion which were extended the same year to the whole of England and Wales, I hereby confirm the appointment of our beloved Monsignor Tadeusz Kukla as Vicar Delegate for all Polish Priests and Polish lay persons in England and Wales, with the powers already given to him in spiritual matters, as well as the administration of the sacramental and ordinary concerns of the Polish Catholic Mission which cares for the needs of all the Polish Community in England and Wales, and to grant the necessary faculties to appropriate Polish Priests to further the care of the Polish Community in England and Wales, including the power to dispense from marriage impediments and to empower Polish Chaplains to celebrate the marriage of members where at least one of the partners belongs to the Polish Catholic Community in England and Wales. This appointment with these powers is made and signed on behalf of all the Diocesan Bishops of England and Wales.

Given at Westminster
The first day of October in the year 2006

President of the Bishops' Conference of England and Wales

Notary

Prymas kardynał Józef Glemp przyjechał z tej okazji do Londynu aby spotkać się z władzami katolickiego kościoła angielskiego. Przewodniczył również koncelebrowanej Mszy św., która została odprawiona dla Polaków w londyńskim Brompton Oratory.

Szykując się na przyjazd Prymasa oraz odpowiadając na prośbę księdza kardynała Cormac Murphy O'Connor, który wyraził troskę, iż zbyt mało wie o sytuacji polskich wspólnot w Anglii i Walii oraz roli jaką spełnia Polska Misja Katolicka, ksiądz rektor pragnął doprowadzić do końca prace nad statutem Polskiej Misji Katolickiej – statutem, który precyzował rolę PMK w Anglii i Walii oraz sytuację polskich duszpasterzy pracujących dla Misji. Polscy duszpasterze pracujący w Anglii i Walii jurysdykcyjnie podlegają księdzu rektorowi ale są odpowiedzialni za poszczególne wspólnoty. Jedyną parafią personalną jest parafia na Devonii, której proboszczem jest każdorazowy rektor. Mianuje on administratora, który jest odpowiedzialny za codzienne życie wspólnoty parafialnej.

Dodatkowym owocem rozmów i prac nad statutem była bardzo ważna broszura **Polish Catholic Mission in England and Wales** (Polska Misja Katolicka w Anglii i Walii) wydana przez Polski Fundusz Dobroczynności (PBF) w 2005 roku oraz list, który ksiądz rektor otrzymał od Cormac Cardinal Murphy O'Connor, w którym Arcybiskup Westminsteru wyszczególnił rolę i zadania rektora prałata Tadeusza Kukli, bardzo poszerzając zakres jego obowiązków i kompetencji. Treść listu brzmi następująco:

Nawiązując do historycznej umowy ustalonej przez mojego wybitnego poprzednika, kardynała Bernarda Griffin w 1948 roku, który mianował prałata Władysława Staniszewskiego Delegatem odpowiedzialnym za opiekę nad polską wspólnotą katolicką, oraz do władzy Jemu udzielonej, poszerzonej później na całą Angilię i Walię, potwierdzam nominację naszego umiłowanego prałata Tadeusza Kuklę Wikariuszem Delagatem dla Polaków w Anglii i Walii. Powierzam Mu opiekę nad polskimi duszpasterzami i osobami świeckimi, z mocą otrzymaną wcześniej nad sprawami duchowymi, jak również nad administracją sakramentalnych i codziennych potrzeb Polskiej Misji Katolickiej, która troszczy się o losy wszystkich polskich wspólnot w Anglii i Walii. Udzielam Mu potrzebnych praw do angażowania polskich duszpasterzy aby mogli sprawować opiekę nad polskimi wspólnotami w Anglii i Walii, łącznie z mocą dyspensy w przeszkodach małżeńskich. Ma on również prawo upoważniania polskich duszpasterzy do błogosławienia związków małżeńskich, tam gdzie choć jedno z partnerów należy do polskiej wspólnoty katolickiej w Anglii i Walii. Ta nominacja z powyższymi upoważnieniami została ustalona i podpisana w imieniu wszystkich diecezjalnych biskupów w Anglii i Walii.

Podpisane w Westminster   Pierwszego października 2006 roku.

W ostatnich latach dwa wydarzenia zainicjowane i organizowane przez parafię na Devonii zasługują na szczególną wzmiankę: Wesoły Dzień Polskiego Dziecka w Laxton Hall, urządzany przez Polską Misję Katolicką z prezes Januszem Sikora-Sikorskim na czele i we współpracy z Polską Macierzą Szkolna i jej prezesem Aleksandrą

Fot. 133
Ognisko harcerskie; zakończenie zajęć na Wesołym Dniu Polskiego Dziecka, 2007

Podhorodecką oraz „angielska" Lednica, również w Laxton Hall z udziałem księdza Jana Góry, twórcy lednickich spotkań. Obie te imprezy nabierają rozmachu i angażują coraz to większą ilość wolontariuszy – głównie z Devonii – bez których młodzieńczego entuzjazmu były by niemożliwe do zrealizowania. W 2005 roku Wesoły Dzień Dziecka zgromadził blisko 400 uczestników; w 2009 roku było ich blisko 4000! Pierwsze spotkanie lednickie – z udziałem ks. Jana Góry – w 2008 roku zgromadziło koło 600 uczestników; w 2009 było już ich ponad tysiąc.

Fot. 134
Ks. Jan Góra odprawia wieczorną Mszę św. rekolekcyjną

Fot. 135
Ks. Krzysztof Ciebień święci pokarmy w sobotę wielkanocną

Przykładem innych różnorodnych inicjatyw edukacyjnych, charytatywnych i kulturalnych inicjowanych przez Polską Misję Katolicką może być również zorganizowany na wiosnę 2009 roku cykl pięciu „Warsztatów emigranta". Sesje warsztatów, które odbywały się w siedzibie Polskiej Misji Katolickiej w Londynie, prowadzili zaproszeni przedstawiciele polskich władz konsularnych, lokalnych władz administracyjnych, policji, związków zawodowych, lekarze i eksperci prawa pracy oraz specjaliści od przepisów podatkowych obowiązujących w Wielkiej Brytanii. Jedna sesja poświęcona była w całości systemowi edukacyjnemu istniejącemu w Wielkiej Brytanii - począwszy od przedszkoli, aż po uniwersytety - a także polskim szkołom sobotnim. Koszt bezpłatnych warsztatów poniosła w całości Polska Misja Katolicka. Cieszyły się one wielkim powodzeniem, a także uświadomiły wagę rzetelnej informacji i jej oczywisty

Fot. 136
Spotkanie w kawiarni parafialnej. Siedzą od lewej:
Irena Giusta,
Teresa Rafaląt,
Maryla Kafar,
Czesława Malczyk,
Barbara Kuźmicka,
Aleksandra Podhorodecka
i Weronika Balicka

niedobór wśród wszystkich wymienionych grup emigrantów.

W ciągu minionych osiemdziesięciu lat księża, zakonnice oraz rodzice, we współpracy ze szkołą sobotnią, przygotowywali dzieci do pierwszej Komunii świętej i młodzież do Bierzmowania. Księża chrzcili niemowlęta, przygotowywali młodych do sakramentów i błogosławili związki małżeńskie, chowali umarłych. Obchodzono srebrne i złote jubileusze. Szkolono ministrantów i lektorów, którzy na regularnych spotkaniach czytali Pismo Święte i omawiali problemy wiary. Co roku odwiedzano lokalne cmentarze na Zaduszki, modląc się nad grobami zmarłych księży i parafian. Biskupi angielscy i polscy bierzmowali i uczestniczyli w różnych uroczystościach parafialnych. Odwiedzali nas księża i biskupi z Polski, którzy z pewnym zdziwieniem i poczuciem dumy obserwowali nasze życie parafialne, zaskoczeni znajomością języka polskiego i przywiązaniem do wiary katolickiej. Odwiedzały nas chóry, śpiewacy operowi, artyści scen polskich, wysokiej klasy muzycy oraz takie osobistości jak Prezydent Ryszard Kaczorowski; wykłady głosili naukowcy rangi Normana Daviesa czy księdza profesora Michała Hellera.

Zabawy w naszej sali parafialnej od lat cieszą się całkiem zasłużoną popularnością.

Fot. 137
Ks. Tadeusz Kukla bierzmuje, ks. Krzysztof Tyliszczak asystuje

Fot. 138
Ślub w naszym kościele

Fot. 139
Św. Mikołaj odwiedza dzieci na Devonii; przychodzi specjalnie do tych, które nie chodzą do polskiej szkoły sobotniej

Fot. 140
Przemawia profesor Michał Heller

Fot. 141
Historyk Norman Davies podpisuje swoje książki

Przez lata mieliśmy swoje parafialne orkiestry: Domino, Karo, Fiesta, Polskie Kwiaty, Tico Tico, Tango, które umilały tancerzom wieczory a parafii przynosiły dobrą reklamę.

Co wtorek spotykają się w sali pod kościołem matki z dziećmi, a spotkania Koła Seniorów odbywają się co dwa tygodnie.

W 2006 roku zorganizowano pierwszy recital fortepianowy muzyki Fryderyka Chopina. Wykonawcą był Ryszard Bielicki, znany pianista i kompozytor, a nasz organista od czterdziestu lat. Koncert ten, urządzony w kościele, zgromadził bardzo liczne grono słuchaczy i zapoczątkował cały cykl wydarzeń artystycznych, które dzisiaj należą do stałego kalendarza życia wspólnoty.

W 2005 roku, kiedy nad parafią ciążył poważny dług po odbytych remontach, z pomysłem przygotowywania regularnych imprez artystycznych przy parafii wyszedł Marek Tomas. Pierwszy koncert był tak udany, że zaczęto urządzać kolejne. Nasza skromna sala pod kościołem zamienia się wtedy w salę koncertową, scenę teatralną, kącik literacki czy estradę kabaretową i gromadzi wiernych słuchaczy czy widzów nie tylko z terenu naszej parafii ale również i z innych części Londynu, dla których wspólnota parafialna w Islington stała się miejscem przeżywania różnych form wydarzeń kulturowych. Z czasem wykonawcy koncertów zaczęli zgłaszać się sami, z początku występując całkiem charytatywnie aby pomóc parafii uporać się z zobowiązaniami finansowymi. Może takim przełomowym momentem w ten nowej koncepcji organizowania życia kulturalnego przy parafii był wieczór poetycki **Usłyszeć szept anioła**, który wykazał, że taka forma imprezy – kameralna i prawie rodzinna – odpowiada słuchaczom. I tak parafia powoli stawała się miejscem integrującym Polaków z różnych środowisk. Takie było założenie grupy zapaleńców, której przewodniczył Marek Tomas i prezes Ryszard Protasiewicz. Ściślejsza współpraca w ostatnim czasie

Fot. 142
Zespół muzyczny Volkmanna

Fot. 143
Orkiestra "Karo" - grają bracia Miziniak, Józef Tarasiuk, Staszek Kafar, Adam Gorzała

Fot. 144
Ryszard Bielicki występuje z koncertem fortepianowym

Fot. 145
"Białe Noce"
Dostoyevskiego

Fot. 146
Warsztaty jazzowe

Fot. 147
Koncert zespołu
"Piwnica Norberta"

Fot. 148
Występ muzyki kameralnej

z panią Ireną Delmar i Grzegorzem Stachurskim ze Związku Artystów Scen Polskich Zagranicą zaowocowała jeszcze ciekawszymi wydarzeniami artystycznymi. Każda impreza przygotowywana jest przez całe grono młodych, chętnych pomocników, którzy dwoją się i troją aby wszystkie zapotrzebowania artystów zostały zaspokojone.

Przez całe osiemdziesiąt lat istnienia Devonii finanse parafii opierały się na ofiarności społeczeństwa. Niedzielne tace opłacały utrzymanie księży, kościoła i ośrodka parafialnego. Dodatkowe imprezy jak sklepik, prowadzony przez Pawła Szlosarka, zabawy, bardzo popularne Sylwestry, bazary, bar i kawiarnia wspierały budżet parafialny. Od 1969 roku wprowadzano powoli kowenanty, dziś zwane Gift Aid, które za pomocą deklaracji ofiarodawcy pozwalały parafii uzyskać zwrot podatku za złożoną ofiarę.

Fot. 149
Żona burmistrza Stefana Kasprzyka, Magdalena, przygląda się polskiemu orzełkowi w jego regaliach. Ks. Tadeusz Kukla cieszy się z tej niecodziennej uroczystości

W ostatnich latach nastąpiły zmiany w strukturach parafialnych. PBF połączyło się z PMK; zniknęły Komitety Parafialne a na ich miejsce powołano Rady Administracyjne i Rady Duszpasterskie.

W maju 2009 roku w siedzibie burmistrza gminy Islington odbyła się uroczystość wręczenia Medalionu Orła Białego burmistrzowi dzielnicy Islington, Stefanowi Kasprzyk. Z inicjatywą tą wyszła nasza parafialna wspólnota, a medalion wręczył ksiądz prałat Tadeusz Kukla, rektor Polskiej Misji Katolickiej. Przemówienie wygłosił również prezes naszej parafii Ryszard Protasiewicz. Medalion na zawsze pozostanie już w regaliach kolejnych burmistrzów naszej dzielnicy.

- *Jestem niezwykle zaszczycony, to dla mnie wielki honor i wzruszenie* - powiedział Stefan Kasprzyk, wychowanek naszej szkoły sobotniej, dawny członek zespołu **Iskra** i były prezes KSMP. - *Jestem mieszkańcem Islington, wychowałem się w tej dzielnicy, chodziłem do szkoły, tu także jest moja parafia. Mogę dziś powiedzieć, że jestem tak samo dumny z bycia Polakiem co Brytyjczykiem.*

PO 2004 ROKU

O ostatnich latach życia na Devonii niech też opowiedzą Ci, którzy dzisiaj w większości tworzą tę wspólnotę współpracując z księdzem Krzysztofem Ciebieniem, administratorem parafii. A jest ich rzeczywiście bardzo dużo. Są młodzi, entuzjastyczni, rozmodleni i mają masę świetnych pomysłów na życie we wspólnocie.

- *Pokolenie moich rówieśników* - mówi Marta – *nie w pełni identyfikuje się z nazwą „emigracja". Bo rzeczywiście, trudno byłoby dziś, w czasach swobodnego przekraczania granic, tanich i częstych lotów, jak również w dobie błyskawicznego przepływu informacji określać nas tym samym słowem, co starsze generacje Polaków mieszkających w Anglii. Nasz status jest tak bardzo różny od emigrantów wcześniejszych pokoleń. Zgoła inne były nasze drogi, motywacje i losy. Zgoła inne proporcje w zakresie możliwości podejmowania własnych, niezdeterminowanych decyzji. Rzecz jasna, nie można generalizować. Choćbym znała historie wielu moich znajomych i przyjaciół, z całą pewnością nie znam losów wszystkich moich równolatków*

*Fot. 150
Czyszczenie kościoła*

mieszkających w kraju Szekspira. Myślę też, że jakiekolwiek próby uogólniania są tematem do bardzo szerokich rozmyślań i nie miejsce na nie na tych kilku stronach.

Wezwana przez przyjaciół do pomocy przy organizacji spotkania Lednicy w Laxton Hall odpowiedziała na to wezwanie: Świadoma, że na słowa Boga odpowiada się bez zwłoki - kontynuuje swą opowieść - pojechałam do kościoła na Devonii. Właśnie przeprowadziłam się do Londynu i owszem, na Devonii zdążyłam kilka razy już być na niedzielnych mszach. Ku pewnej, jak sądzę, niekonsekwencji mojej opowieści, muszę powiedzieć, że owe pobyty nie były związane ze strumieniami łez wzruszenia na widok polskiego kościoła, polskiej mszy i śpiewania polskich pieśni przez młodą scholę. Nic takiego się nie pojawiło. Scholi słuchałam z uwagą, z jakiegoś przyzwyczajenia dawnej pasjonatki muzyki kościelnej. Ale bez trzepotania serca. Myślę dzisiaj, że zaspany prawie dwuletnim marazmem, duch wspólnotowy nie zbudził się od razu. I kościół, i msza były zresztą dość znacznie różne od jedynego kościoła i mszy, jakie znałam i do których byłam przyzwyczajona, czyli kościoła Dominikanów. Cieszyłam się z możliwości uczestnictwa w polskiej mszy, ale na tym koniec.

Ale gdy przyszedł ten e-mail... ...Kiedyś usłyszałam podczas jednego z dominikańskich kazań, że Duch Święty może czasem mówić przez komórkę. Maila więc też zapewne nie należało ignorować...

A tak zupełnie serio, tych kilka zdań – zabrzmiało jak dom. I zadzwoniło jak budzik.

Księdza oraz grupę poznałam następnego dnia. Zbyszek otworzył mi drzwi. Ktoś przysunął krzesło, nalał herbaty. Siedzieli wszyscy przy dużym stole. Dziewczyny i chłopaki. Na ścianach były duże obrazy świętych, pod ścianą pianino, pod drugą kredens. Było wesoło i gwarnie. Wszyscy mówili na raz. A jednocześnie czuło się

Fot. 151
Próba scholi

atmosferę szacunku, widać było, że się wzajemnie słuchają. Że znają się i są zgraną grupą. Herbata się skończyła, ktoś bez zastanowienia poszedł dorobić. Ksiądz przerywał każdemu w połowie wypowiedzi, domagając się „konkretów", co spowodowało natychmiastowe nabranie przeze mnie do niego respektu. Obowiązki zostały przydzielone. Moje imię i nazwisko zlądowały na kartce przy którychś z zadań. Wszystko było na swoim miejscu. Byłam w domu.

Bóg musiał być zadowolony. Ale dopełnił jeszcze zadania przemawiając tym razem ustami Marysi: „to będziesz w niedzielę na próbie, tak?". Nie byłam pewna, o czym mówiła. „W niedzielę? Na próbie?". „No przecież mówiłam Ci, w niedzielę, o 17:30 jest próba scholi, ty śpiewasz, prawda?". Potwierdziłam dość niepewnie. Nie śpiewałam od wyjazdu z Polski... Ale miałam niedzielę wolną, a w głębi serca jakieś dobre przeczucia... „To będziesz tak?" – nie dała za wygraną Marysia. „To będę" – stwierdziłam nagle ku rozfrunięciu się motyli radości w żołądku.

Przyszłam na próbę i nie mogłam zliczyć zaskoczeń, które następowały jedno po drugim. Zespół nie miał szefa, a jednak istniał już od 5 lat. Próba wydała mi się nadzwyczaj chaotyczna i zdecydowanie zbyt mało wypełniona... próbowaniem, a jednak śpiew na mszy był piękny w swej żywiołowości i autentyczności. W taką modlitwę nie sposób było nie uwierzyć. Mile zaskoczył szacunek, z jakim zostałam potraktowana i sympatia, którą zostałam natychmiast otoczona.

Zespół, schola, był wtedy czymś innym, niż jest dziś, czymś różnym od tego, czym był rok wcześniej, na pewno nie tym samym, czym będzie za rok... Ale istniał od pięciu lat nieprzerwanie. Jest, i schola, i cała wspólnota zgromadzona wokół Devonii, jak całe nasze londyńskie życie, zdeterminowany wieloma sprawami. Setkami stacji kolejowych i tysiącami przystanków autobusowych. Nieustannym

Fot. 152
Weronika ociera twarz Jezusowi; Misterium Męki Pańskiej

wyścigiem z czasem, pewną prowizorycznością, tymczasowością wszystkiego. Niewiadomą przyszłości. Powrotami jego członków do Polski, czyli – odejściami. Może właśnie dlatego przy każdym spotkaniu, w kościele, czy poza nim, tak odczuwalna jest radosna atmosfera. Może stąd tyle wzajemnego szacunku i radości z przebywania razem. Bo nie ma czasu do zmarnowania.

Rola, którą kościół spełnia w naszym życiu w Londynie i w Anglii jest ogromna, a jednocześnie tak trudna do ujęcia w słowa. Nie kończy się ona bynajmniej na wyżej opisanej dobrej atmosferze i umożliwianiu nawiązania przyjacielskich relacji.

Przede wszystkim trzeba wspomnieć o tym, że stanowi „drugi dom" dla wielu już pokoleń Polaków mieszkających w Londynie. Jest dzięki temu łącznikiem pokoleń. Przez swą niezwykłą historię i rolę, jaką odgrywała w życiu Polaków przybyłych do Anglii długo przed obecną generacją, my, którzy przychodzimy dzisiaj do kościoła na Devonii, wpisujemy się w ciąg wydarzeń, w historię, kontynuujemy tradycję. Ci z nas, którym ta historia jest znana, jak i ci, którzy o niej nie wiedzą. Pewnie jednak przeczuwają. Bycie częścią pewnej całości jest natomiast tym, co daje nam zakotwiczenie, to niezbędne do życia poczucie stałości, przynależności, nie przychodzenia znikąd. Sensu.

Sens rodzi się z przynależności, z bycia elementem wspólnoty i z bezinteresownego daru z siebie dla innego. Ludzie, którzy tu przychodzą, nie poprzestają na biernym uczestnictwie w niedzielnej mszy. Chcą się formować, chcą coś wspólnie robić. Dzięki temu – ich inicjatywom i wspólnej pracy, w kościele tak wiele się dzieje. Odbywają się imprezy kulturalne, jak koncerty, wystawy, wykłady czy konferencje, spotkania z autorytetami w różnych dziedzinach. Niektóre z nich z czasem przeradzają się w wydarzenia regularne, tworząc tym samym kolejny element tradycji. Tak stało się z koncertami muzyki dawnej, wykonywanej przez wytrawnych muzyków i śpiewaków, którzy zdobyli sobie ogromną sympatię polskiej publiczności.

Wydarzeniem regularnym organizowanym przez wspólnotę z Devonii stał się także „Wesoły Dzień Dziecka". Gromadząca tysiące polskich dzieci mieszkających w Wielkiej Brytanii, wraz z ich rodzicami i nauczycielami, całodniowa impreza w Laxton Hall. Zupełnie bezprecedensowe, niezwykłe zaangażowanie dziesiątek wolon-

Fot. 153
Prezes Ryszard Protasiewicz podczas rozgrywek sportowych w Laxton Hall 2009

tariuszy różnych pokoleń entuzjastycznie łączących siły, by razem zrobić coś dla dzieciaków. Ten coroczny Dzień Dziecka wydaje się wspaniale odzwierciedlać nakaz niezakopywania talentów: do pracy zgłaszają się ludzie reprezentujący rozmaite dziedziny, by imprezę uczynić jak najatrakcyjniejszą, różnorodną i kolorową. Są więc artyści plastycy, muzycy, eksperci w różnych dziedzinach sportu czy nauki. Są ci, których domeną jest scena, by razem z dziećmi (i ich rodzicami) tańczyć i śpiewać. Jest też cały sztab ludzi odpowiedzialnych za sprawy logistyczne, których dopilnowanie z roku na rok staje się większym

Fot. 154
Marek Tomas prowadzi zajęcia artystyczne w Laxton Hall 2009

zadaniem ze względu na rosnącą popularność imprezy. Ich wspólna bezinteresowna praca w całości umożliwia to wydarzenie. Dzięki imprezom takim jak ta, polskie dzieci mają szansę nie tylko wziąć udział w atrakcyjnym programie, ale, chyba przede wszystkim, poznać się wzajemnie, spędzić ten dzień razem, nawiązać przyjaźnie, kto wie, jak trwałe. Dla organizujących jest to okazja do tego samego. Niewiele jest rzeczy, które tak przybliżają ludzi do siebie wzajemnie, jak wspólna praca na jakiś cel bez oczekiwania wynagrodzenia, praca, aby sprawić komuś innemu radość. Każdego roku do pomocy zgłasza się więcej młodych ludzi, niezmiennie trwają w tym dziele jego inicjatorzy ze starszej generacji emigrantów. Ta łączność nawiązująca się pomiędzy nimi jest czymś nie do przecenienia.

Od niedawna na regularne wydarzenie zdaje się również wyrastać brytyjska „Lednica", czyli spotkanie modlitewne młodych na wzór polskiej Lednicy, to, które dokładnie rok temu przywiodło mnie do kościoła na Devonii. Już drugi raz kilkanaście osób uruchamia wszelkie środki, aby zaprosić wszystkich młodych (i tych czujących się młodo) na pola Laxton Hall, by spędzić dzień na celebrowaniu Bożej Miłości oraz wzajemnej przyjaźni.

Wiele jeszcze innych wydarzeń dzieje się wciąż na Devonii.

Rekolekcje, spotkania z autorytetami w dziedzinach wiary i teologii oraz życia społecznego, spotkania rozmaitych grup, jak choćby „przedszkole", cotygodniowe spotkania młodych mam i ojców z małymi dziećmi, grupy neokatechumenalnej, wspólnoty Światło-Życie, Schola i innych.

Devonia więc to nie tylko kościół, parafia. To przede wszystkim ludzie. Szansa na spotkanie. Coś do zapamiętania. Dobre chwile świadczenia sobie wzajemnie dobra bez oczekiwania wynagrodzenia.

Niezwykłe jest to, że ludzie przychodzący z najróżniejszych miejsc, pochodzący z różnych części kraju i świata, różnych środowisk, spotkawszy się tutaj, wykazują tyle pokory w budowaniu nowej wspólnoty. Niektórzy się zmieniają. Otwierają się na innych, „zarażają" od siebie wzajemnie... dobrem. Nabierają chęci dania czegoś od siebie. Jak i formacji. Pracy nad sobą.

Fot. 155
Matki z dziećmi spotykają się co wtorek na sali pod kościołem

Gdy myślę o kościele na Devonii, pojawiają się w mojej głowie obrazy z minionego roku. Ten pierwszy, otwartych przez kolegę drzwi i wejścia do domu. Niekończących się śpiewów na chórze dawno po zakończeniu mszy... Uśmiechniętych twarzy niesfornej grupki stłoczonej wokół mikrofonu kilka chwil wcześniej. Długiego stołu w Sali pod kościołem, składanego zwykle na prędce z małych stolików, przy którym co i rusz zasiadali inni goście: Ojciec Jan Góra i Siewcy Lednicy, chór moich przyjaciół z Poznania, który przyjechał dać koncert Wielkopostny i odbyć z Devoniowym zespołem wspólne warsztaty muzyczne, Prowadzący i uczestnicy rekolekcji Światło-Życie, uczestnicy warsztatów gospel i tylu innych.

Koncert charytatywny dla małej dziewczynki chorej na nowotwór, w którym grała chyba większość polskich muzyków mieszkających w Londynie, jak i goście z Polski. Zapełniona co niedzielę po brzegi kawiarenka pod kościołem, miejsce spotkań Polaków wszystkich

Fot. 156
Ks. Jan Góra prowadzi modlitwę na angielskiej Lednicy w Laxton Hall

pokoleń. Wioska namiotów pod Tryfanem w Walii podczas wspólnego wyjazdu pod przewodnictwem Księdza Krzysztofa. Msza w namiocie (z powodu wiatru). Namioty suszące się po powrocie we wspomnianej wcześniej sali.

I ten obraz, który kiedyś, kilka lat wcześniej, zachwycił mnie, kiedy dopiero zaczęłam chodzić do kościoła. Niedziela, po mszy. Grupki ludzi stojących przed kościołem, rozmawiających, uśmiechniętych. Widok zwyczajny i odświętny jednocześnie. Chyba bardzo polski. Piękny.

Fot. 157
Ks. Krzysztof Ciebień

Dla wielu ludzi mojego pokolenia Londyn jest miejscem, w którym są z wyboru. Są tutaj, bo chcieli. Jednak nawet i dla nich, nie jest miejscem łatwym. Londyn, nawet dla największych jego miłośników, bywa okrutny. Wiele daje nam co dzień powodów, dla których chcielibyśmy stąd uciec. Devonia staje się powodem, żeby zostać.

W marcu 2010r. ksiądz Tadeusz Kukla, zrezygnował z funkcji rektora. Jego następcą został ks. prałat Stefan Wylężek, przewodniczący Sekretariatu Fundacji Jana Pawła II w Rzymie.

Rozdział 2
KALENDARIUM

12.10.1930 Konsekracja kościoła p.w. Matki Boskiej Częstochowskiej i św. Kazimierza.
04.01.1935 Śmierć arcybiskupa Kardynała Franciszka Bourne. Prymas Polski, Kardynał August Hlond uczestniczy w pogrzebie zmarłego i odprawia na Devonii Mszę św. w jego intencji.
18.07.1938 Przyjazd księdza Władysława Staniszewskiego na Devonię.
28.08.1938 Powrót do kraju księdza Teodora Cichosa. Ksiądz Władysław Staniszewski obejmuje po nim stanowisko rektora PMK. Ksiądz kardynał Artur Hinsley odwiedza Devonie.
01.09.1939 Wybuch Drugiej Wojny Światowej.
17.09.1939 Rosja zdradziecko napada na wschodnią granicę Polski.
19.09.1939 Generał Władysław Sikorski, w otoczeniu osób wojskowych i w obecności ambasadora RP uczestniczy we Mszy św. na Devonii.
23.06.1940 Prezydent W. Raczkiewicz i generał W. Sikorski uczestniczą w sumie.
25.06.1940 Bp polowy Józef Gawlina przyjeżdża do Londynu i zatrzymuje się na Devonii.
05.07.1941 Nabożeństwo żałobne na Devonii za śp. Ignacego Paderewskiego.
04.01.1942 Poświęcenie nowego obrazu Matki Boskiej Częstochowskiej i szabli ofiarowanej przez gen. Sikorskiego.

23.03.1943	Msza św. za duszę zmarłego kardynała Artura Hinsley.
28.06.1943	Pierwszy dwudniowy zjazd Instytutu Polskiego Akcji Katolickiej (IPAK).
08.12.1944	50-lecie Polskiej Misji Katolickiej.
17.12.1944	Nabożeństwo żałobne za abpa Andrzeja Szeptyckiego Metropolitę Lwowskiego
08.12.1945	Akademia ku czci kardynała Newmana w 100-lecie Jego przejścia do kościoła katolickiego urządzona przez Stowarzyszenie Polsko-Katolickie.
22.10.1948	Śmierć ks. kardynała Augusta Hlonda Prymasa Polski.
06.11.1948	Uroczyste nabożeństwo żałobne za duszę zmarłego ks. kardynała Augusta Hlonda Prymasa Polski. Ks. S.Wyszyński zostaje jego następcą.
1950	Zakup parceli z budynkiem na Canvey Island.
1950	Powstanie przy parafii polskiej szkoły p.w. Matki Boskiej Częstochowskiej.
08.1950	Pielgrzymka polska do Rzymu z okazji Roku Świętego.
16.09.1955	25-lecie kapłaństwa księdza Narcyza Turulskiego.
11.12.1960	Przyjęcie pierwszych kandydatów do Sodalicji Mariańskiej.
1962	25-lecie kapłaństwa księdza Jana Brandysa.
02.04.1963	25-lecie rektoratu ks. Władysława Staniszewskiego.
1964	Ksiądz Bronisław Michalski otrzymuje tytuł Tajnego Szambelana Papieskiego.
09.1964	Zakup przez parafian domu przy 20, Devonia Road na potrzeby szkoły.
06.03.1965	Weekendowy zjazd Akcji Katolickiej na Devonii.
20.06.1965	25-lecie kapłaństwa księdza Bronisława Michalskiego. W obchodach uczestniczy ks. apb Józef Gawlina.
08.01.1965	Śmierć księdza Narcyza Turulskiego.
01.07.1965	Ksiądz Marian Walczak obejmuje funkcję proboszcza..
11.1965	Zaczynają wychodzić **Telegramy z Devonii**.
01.01.1966	Msza św. na Devonii z okazji rozpoczęcia Roku Jubileuszowego Chrztu Polski.
01.1966	Ojciec Św. Paweł VI mianuje ks. J.Brandysa swoim Prałatem Domowym.
01.1966	Ojciec Św. Paweł VI mianuje ks. M. Walczaka Tajnym Szambelanem Papieskim.
22.05.1966	Ogólnopolskie obchody Millenium na stadionie White City.
13.11.1966	Poświęcenie sztandaru KSMP.
07.01.1968	Powstanie Klubu Przyjaciół na Devonii.
1968	PMK i parafia Devonia kupują Laxton Hall jako przyszły Dom Spokojnej Starości.

28.11.1968	Pogrzeb ks. Bronisława Michalskiego.
09.04.1969	50-lecie organizacji Stowarzyszenie Polskiej Młodzieży Katolickiej (KSMP).
21.11.1969	30-lecie rektoratu ks.Władysława Staniszewskiego.
21.12.1969	75-lecie Polskiej Misji Katolickiej.
27.02.1970	Śmierć ks. Jana Brandysa.
06.06.1970	Śmierć ks. Mariana Walczaka.
21.10.1970	Przyjazd z Paryża ks. Karola Zielińskiego i objęcie przez niego funkcji proboszcza.
04.07.1971	Msza Święta transmitowana na kraj w intencji ks. bpa Władysława Rubina z okazji jego 25-lecia kapłaństwa. Spotkanie z Polonią londyńską w hotelu Rembrandt a z parafianami na Devonii.
26.01.1972	25-lecie kapłaństwa ks. Tadeusza Kurczewskiego.
04.09.1974	Objęcie przez ks. proboszcza Karola Zielinskiego funkcji rektora.
03.05.1975	25-lecie szkoły sobotniej.
12.06.1977	50-lecie kapłaństwa ks. rektora Władysława Staniszewskiego.
1978	25-lecie chóru im. F. Nowowiejskiego.
16.10.1978	Wybranie kardynała Karola Wojtyły na papieża i przyjęcie przez niego imienia Jan Paweł II. Parafianie tłumnie gromadzą się w kościele na Mszy Świętej.
04.03.1979	Wizytacja abpa Bruno Heim Delegata Apostolskiego w Londynie.
13.06.1979	25-lecie kapłaństwa ks. Karola Zielińskiego.
05.03.1980	Śmierć ks. Mariana Sosin.
22.06.1980	Ks. bp Szczepan Wesoły udziela na Devonii święceń kapłańskich Walerianowi Kłyz.
19.10.1980	Złoty Jubileusz parafii.
27.11.1980	Śmierć ks. prałata Franciszka Dziduszko.
1981	Międzynarodowy Rok Młodzieży Polonijnej. Prymas Glemp odwiedza Anglię i spotyka się z młodzieżą polonijną.
28.05.1981	Śmierć Prymasa Polski Kardynała Stefana Wyszyńskiego. Kard. J.Glemp mianowany Jego następcą.
11.07.1981	Prymicyjna Msza św. księdza Wojciecha Giertycha.
13.12.1981	Wprowadzenie stanu wojennego w Polsce.
30.05.1982	Spotkanie Jana Pawła II z Polakami na Crystal Palace i 600-lecie obecności obrazu Matki Boskiej w Częstochowie.
17.02.1985	Wizyta Księdza Prymasa kardynał Józef Glemp na Devonii podczas Jego wizyty duszpasterskiej w Anglii.
31.12.1989	Śmierć ks. infułata Władysława Staniszewskiego.

04.06.1989	Upadek komunizmu w Polsce. I-sze wolne wybory.
14.10.1991	Objęcie przez ks. Stanisława Świerczyńskiego funkcji rektora PMK. Sekretarzem PMK zostaje ks. Janusz Tworek.
18.11.1991	Śmierć ks. Karola Zielińskiego.
12.03.1993	40-lecie chóru im. Feliksa Nowowiejskiego.
12.13.1994	100-lecie Polskiej Misji Katolickiej.
26.03.1995	25-lecie święceń kapłańskich księdza proboszcza Ludwika Czyża.
02.10.1996	Pożegnanie siostry Petronii.
30.01.1999	30-lecie sakry biskupiej Księdza Arcybiskupa Szczepana Wesołego.
2000	Rok Milenijny.
02.02.2000	Zamknięcie działalności chóru parafialnego im. Feliksa Nowowiejskiego.
15.02.2000	Ks. kardynał Cormac Murphy-O'Connor zostaje Arcybiskupem Westminsteru
2002	Rezygnacja ks. Świerczyńskiego z funkcji rektora PMK. Nowym rektorem zostaje ks. Tadeusz Kukla.
04.07.2003	Msza św. w katedrze Westminsterskiej w 60-tą rocznicę śmierci gen. Władysława Sikorskiego. Ks. biskup polowy Sławoj Głódź przewodniczył koncelebrze.
18.10.2003	Msza św. w katedrze Westminsterskiej z okazji 25-lecia pontyfikatu Jana Pawła II. Ks. biskup Ryszard Karpiński, delegat Konferencji Episkopatu Polski ds. Duszpasterstwa Emigracyjnego przewodniczył koncelebrze.
02.05.2004	Wejście Polski do Unii Europejskiej.
26.06.2004	40-lecie kapłaństwa ks. rektora Tadeusza Kukli, obchodzone w kościele Chrystusa Króla na Balham (ze względu na remont sali pod kościołem na Devonii) z udziałem ks. arcybiskupa Józefa Życińskiego
05.02.2005	75-lecie naszej parafii. Przyjazd ks. abp Józefa Michalika.
02.04.2005	Śmierć Papieża Jana Pawła II.
07.04.2005	Spontanicznie zorganizowany wieczorny pochód ze świecami z katedry Westminster do Trafalgar Square aby uczcić pamięć Papieża Jana Pawla II, w którym uczestniczyło ponad 15,000 Polaków.
11.04.2005	Msza św. za Jana Pawła II w Brompton Oratory.
19.04.2005	Wybór Kardynała Ratzingera – Benedykta XVI - na papieża.
02.05.2005	Msza św. w Brompton Oratory z okazji 60-lecia zakończenia II wojny światowej z udziałem ks. kardynała Józefa Glempa i arcybiskupa Szczepana Wesołego

17.06.2005	Pierwsza edycja Wesołego DniaDziecka w Laxton Hall organizowana przez Polską Misję Katolicką i Polską Macierz Szkolną z udziałem 450 uczestników.
19.11.2006	Parafia otrzymuje relikwie błogosławionej Karoliny Kózka.
18.03.2007	Wizyta na Devonii Arcybiskupa Westminsteru Cormac Murphy O'Connor.
06.04.2007	Wystawienie przygotowanego przez młodzież Misterium Męki Pańskiej.
02.09.2007	Wizyta w naszej parafii pani ambasador Barbary Tuge-Erecińskiej.
13.10.2007	Msza św. w katedrze Westminsterskiej w intencji generała Władysława Andersa i Żołnierzy Polskich Sił Zbrojnych z udziałem ks. arcybiskupa Szczepana Wesołego i ks. biskupa Tadeusz Płoskiego
08.11.2008	Msza Św. w katedrze Westminster. Pochód Polaków i wiec na Trafalgar Sq.
11.11.2008	90-lecie odzyskania przez Polskę niepodległości
24.01.2009	Obchody 60-lecia Towarzystwa Przyjaciół Polaków (TPP) na Devonii.
03.04.2009	Ks kardynał Cormac Murphy O'Connor rezygnuje z funkcji Arcybiskupa Westminster. Jego następcą zostaje arcybiskup Vincent Nichols.
28.05.2009	Burmistrz Islington, Stefan Kasprzyk, otrzymuje z rąk księdza Rektora Tadeusza Kukli medalion Orła Białego do umieszczenia w regaliach urzędu
20.06.2009	5-ta edycja Wesołego Dnia Dziecka w Laxton Hall z udziałem blisko 4000 uczestników
10.12.2009	Ks. Arcybiskup Henryk Muszyński przejmuje funkcję Prymasem Polski
01.01.2010	Ks. bp Wojciech Polak zostaje Delegatem Prymasa Polski dla Duszpasterstwa Emigracji. Obejmuje tę funkcję po Biskupie Zygmuncie Zimowskim
01.03.2010	Ks. Tadeusz Kukla rezygnuje z funkcji rektora. Jego następcą zostaje ks. prałat Stefan Wylężek.
15-16. 05.2010	Planowane jubileuszowe uroczystości z racji 80-lecia konsekracji naszego kościoła

Fot. 159
Ks. S. Wylężek
i Ks. Bp. W. Polak

Fot. 160
Wernisaż obrazów
Grzegorza Kota
(po środku)

Fot. 158
Jacek Bernasiński
przemawia
na Konferencji
lutowej

Rozdział 3

SPACERKIEM PO KOŚCIELE

Mury naszego kościoła przesiąknięte są historią polskiej emigracji. Przemawiają do nas obrazy, Droga Krzyżowa, witraże i wota, które wszystkie świadczą o trudnych losach Polski i bohaterstwie narodu; jego niezłomnej postawie politycznej i zaangażowaniu religijnemu.

Wchodzimy do kościoła i stajemy przed głównym ołtarzem. Spogląda na nas dobrotliwa twarz Matki Boskiej z Częstochowskiego obrazu. A poniżej ciekawie ujęty obraz Ostatniej Wieczerzy oparty na arcydziele Leonarda da Vinci. Obraz, na całą szerokość mensy ołtarzowej, został namalowany przez Adama Bunscha, który tworząc go zaraz po wojnie, wkomponował w obraz znane postacie z życia polskiej emigracji. Między innymi można tam odszukać podobiznę ówczesnego rektora Polskiej Misji Katolickiej księdza Władysława Staniszewskiego i Mariana Nowakowskiego, śpiewaka angielskiej opery Covent Garden. Wokół obrazu Matki Boskiej wiszą vota - medale, ordery, odznaczenia, ryngrafy – zdjęte z piersi żołnierzy i zawieszone nad ołtarzem jako świadectwo całkowitego Bogu i Ojczyźnie oddania.

Fot. 161
Ołtarz główny

105

Na specjalną uwagę zasługują srebrny orzeł rozpościerający swe skrzydła nad obrazem Matki Boskiej, votum Władysława Raczkiewicza, prezydenta polskiego rządu na uchodźstwie i karabela generała Władysława Sikorskiego.

Wysoko ponad ołtarzem, stoi figura Chrystusa, w stylu duńskiego rzeźbiarza Bertela Thordwaldsen, która jest częścią oryginalnego ołtarza kościoła Swedenborgianów.

Fot. 162
Stacja IX Drogi Krzyżowej, dłuta J.Z.Henelta

Fot. 163
Stacja X i niemiecki hełm rzymskiego żołnierza

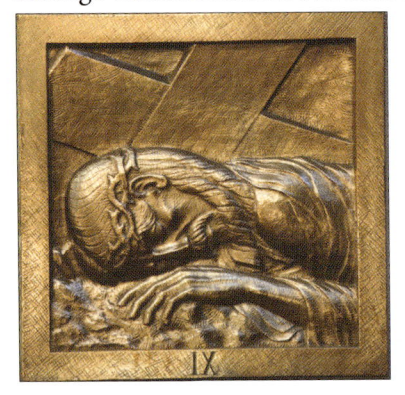

Fot. 164
Kamienna figura św. Andrzeja Boboli

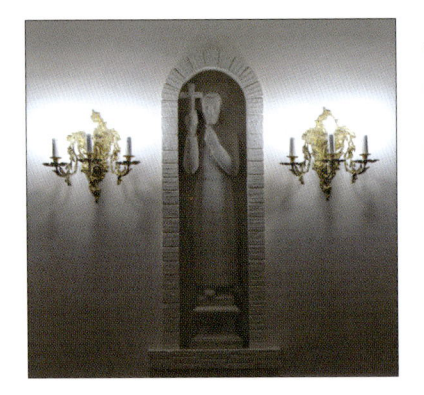

Ponad bocznymi nawami, wykutą w kamieniu, pomalowaną metalową farbą, mamy Drogę Krzyżową, dłuta J.Z. Henelta, który wykonując swe dzieło w 1945 roku, po tragicznym dla Polski układzie pokojowym, wplótł w historię zbawienia również i dramat narodu polskiego, ubierając rzymskich żołnierzy w hitlerowskie hełmy.

Fot. 165
Ostatnia Wieczerza – podstawa ołtarza

Żołnierze Polskich Sił Zbrojnych pozostawili swoje pamiątki w naszym kościele. Wieczną lampę, ozdobioną złotymi orłami, wiszącą na lewo od ołtarza, podarowali lotnicy polscy z Dywizjon 303, a marynarze okrętów wojennych **Błyskawica** i **Burza** podarowali kamienne statuy św. Andrzeja Boboli i św. Stanisława Kostki.

Ołtarz ma pięknie rzeźbioną podstawę przedstawiającą Ostatnią Wieczerzę.

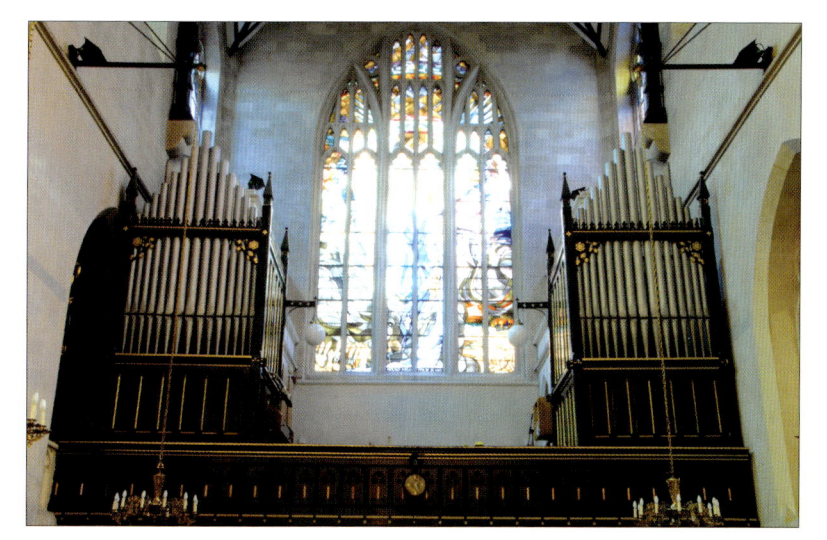

Fot. 166
Witraż Matki Boskiej Królowej Pokoju

Wspaniałe witraże, które są prawdziwą ozdobą naszego kościoła, zasługują na szczególne omówienie. Cytuję za Zbigniewem Fleszar, architektem i wielkim przyjacielem Devonii:

Fot. 167
Fragment witraża św. Andrzeja Boboli, na lewo od ołtarza

Profesor Adam Bunsch zaprojektował, wykonał i zamontował witraże w latach 1941-1945 za rektoratu księdza Władysława Staniszewskiego i na jego prośbę i zamówienie. Nad głównym wejściem jest najpiękniejszy witraż, wagi 500 kilogramów, Matki Boskiej, Królowej Polski, ufundowany ze składek w 1944 roku, jako pamiątka jubileuszu 50-lecia Polskiej Misji Katolickiej. Nosi on napis: „Mario, Królowo Pokoju – módl się za nami".

Matka Boża trzyma w dłoni trzy złamane strzały, a stopą depcze węża. Błękitnym swym płaszczem otacza postacie uchodźców, którzy u Niej szukają pociechy i ratunku. Nad Nią dwaj aniołowie unoszą złotą koronę, a po prawej i lewej stronie dwaj inni wyciągają ręce do góry w przedłużeniu tęczy formującej łuk ze szkła, wkomponowany w łuk kamienny.

Na szczycie okna widnieje jedna tęcza, zamykająca kompozycje. Poniżej, z zadymionej przestrzeni wyłania się tłum uchodźców z wzniesionymi rękami, błagają o pomoc Maryi. Wśród postaci uchodźców widać głowę ks. Władysława Staniszewskiego, a w lewym rogu profil Józefa Małowieckiego, który przez 50 lat wiernie służył kościołowi polskiemu.

Witraż po lewej stronie kościoła poświęcony jest Ziemiom Utraconym. Centralną figurą jest św. Andrzej Bobola (1591-1657), kanonizowany dopiero w 1950 roku. Tematem witraża jest objawienie jakie miał w Wilnie dominikanin, ojciec Korzeniowski w 1819 roku. Objawił mu się św. Andrzej Bobola. Po prawej stronie witraża zakonnik stoi przy oknie. Na wezwanie św. Andrzeja Boboli otworzył on okno i zobaczył wielkie pole, wypełnione walczącym wojskiem. Święty powiedział zakonnikowi, że jest to okolica Pińska, gdzie święty poniósł śmierć męczeńską. I wyjaśnił mu dalej: „Gdy ludzie doczekają się takiej wojny, po przywróceniu pokoju nastąpi wskrzeszenie Polski, a ja będę jej patronem." Nad świętym stoi anioł, który odsłania oczy świętemu, który nie chce patrzeć na tragedię rozgrywającą się na polu bitwy.

Fot. 168
Witraż św. Czesława, na prawo od ołtarza

Komponując ten piękny witraż Adam Bunsch nie pokazał zakończenia tego objawienia. Święty Andrzej dalej powiedział zakonnikowi, że na dowód iż widzenie to nie było snem, zostawi na jego stole odbicie swej dłoni. I rzeczywiście rano zakonnik znalazł na stole ślad tego odbicia.

Po prawej stronie kościoła widnieje witraż błogosławionego Czesława (1175-1242), poświęcony Ziemiom Odzyskanym. Według legendy, kapłan ten, dominikanin, modlitwą swą uratował Wrocław przed zdobyciem go przez Tatarów w XIII wieku. W modlitwie, wyciąga on ręce do nieba, a poniżej Tatarzy wspinają się na drabinach na mury miasta a nad świętym aniołowie rzucają pioruny na atakującą dzicz.

Witraż po lewej stronie, nad amboną, poświęcony jest św. Barbarze, patronce górników, artylerzystów i ludzi w niebezpieczeństwie. Bunsch kończył już pracę nad tym witrażem, gdy wybuchło Powstanie Warszawskie. W hołdzie Armii Krajowej dodał on w górnym prawym

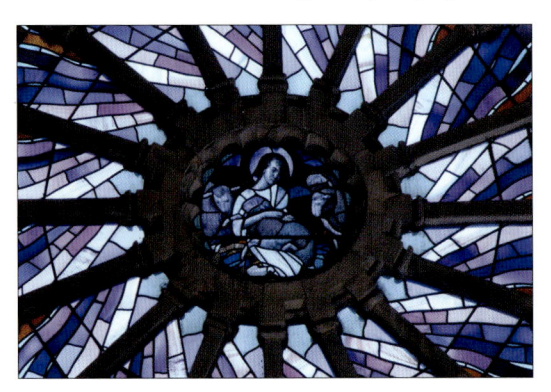

Fot. 169
Rozeta Jezusa, Dobrego Pasterza

rogu obrazu kotwicę Polski Walczącej, polecając św. Barbarze żołnierzy Powstania, znajdujących się w śmiertelnym niebezpieczeństwie.

We wspaniałej rozecie nad ołtarzem głównym znajduje się dobry Pasterz z owieczkami. Przy szczególnych warunkach świetlnych promienie tej rozety wykonane ekscentrycznie, czyli nie z centralnego punktu obrazu, nabierają dynamiki i rozeta robi wrażenie jakby się obracała.

Fot. 170
Witraż
św. Kazimierza

W bocznej kaplicy, zwanej Kaplicą Oręża Polskiego, nad ołtarzem widzimy Matkę Boską trzymającą na rękach Jezusa, który krzyżem błogosławi św. Kazimierza, trzymającego sztandar narodowy z Orłem. Witraż ten przypomina nam, iż kościół został również poświęcony św. Kazimierzowi.

Następne witraże symbolizują walkę w Kraju. Na pierwszym anioł odbiera sztandar z Orłem od umierającego żołnierza i wręcza go następnemu, który idzie prowadzić dalszą walkę. Obaj żołnierze są w mundurach z 1939 roku. I tak to nasza historia splata się z historią Kościoła.

Witraż poświęcony Polskim Siłom Zbrojnym ma na środku napis: PRZED TWE OŁTARZE ZANOSIM BŁAGANIE i datę

Fot. 171
Witraż umierającego żołnierza

109

Fot. 172
Witraż Polskich Sił Zbrojnych

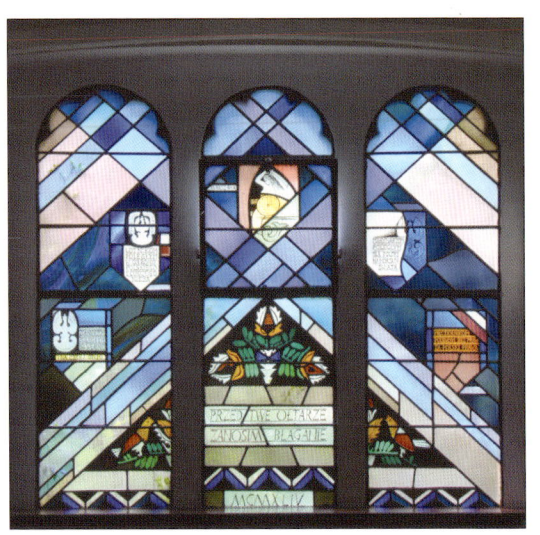

Fot. 173
Witraż Matki Polki

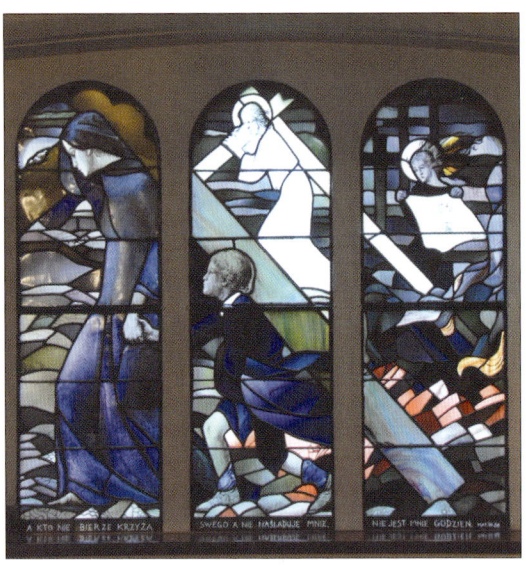

MCMXLIV. Dalej widnieje Orzeł Wojsk Lotniczych z napisem: „Lotnikom poległym w obronie własnego i cudzego nieba". Powyżej Syrena Warszawska z napisem „Warszawa". Na prawo Orzeł Marynarki Wojennej z napisem: „Poległym marynarzom dla Polski na morzach świata".

Poniżej, na prawo, tarcza z kratą, z wstążką biało-czerwoną z napisem: "Męczennikom poległym bez praw za Polski prawa."

Kolory wszystkich witraży zachowały się po dziś dzień w znakomitym stanie.

Na innym witrażu na pierwszym planie Matka Polka dźwiga krzyż i prowadzi za rękę dziecko. Za kobietą, w pełnym świetle, Chrystus, z krzyżem na ramionach. Artystyczna interpretacja losów Polski, wplecionych w mękę Chrystusa, jest przejmująca i trafia prosto do serca, zwłaszcza tych, którzy przeżyli martyrologię naszego Narodu.

W bocznej kaplicy po obu stronach ołtarza św. Kazimierza, który po dziś dzień wskazuje na łączność Polski z Litwą, są dwa piękne obrazy – pędzla śląskiego malarza Juliana Wójcika – które są względnie nowym dodatkiem do wystroju naszego kościoła. Po prawej stronie znajduje się obraz przedstawiający Jezusa Miłosiernego, z obrazu św. Faustyny – dar Reginy Krzeczkowskiej aby upamiętnić Jej męża, bardzo oddanego parafianina. Po lewej obraz błogosławionej Matki Marii od Pana Jezusa Franciszki Siedliskiej, patronki Polskiej Misji Katolickiej i założycielki zgromadzenia sióstr Nazaretanek,

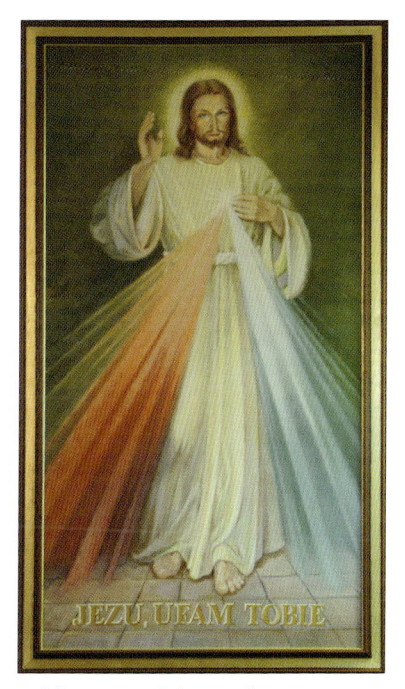

Fot. 174
Obraz Jezu Ufam Tobie

Fot. 175
Obraz Rodziny św. i założycielki sióstr Nazaretanek, Matki Marii Siedliskiej, patronki PMK

oddającą polską rodzinę w ręce Rodziny Świętej. Dar księdza Ludwika Czyża.

W prawym rogu kaplicy stoi znicz, który ma bardzo ciekawą historię. 2-go grudnia 1950 roku, na zakończenie Roku Świętego, Papież Pius XII zapalił ten znicz na cześć narodów które zostały po wojnie opanowane przez komunizm i nie mogły być obecne na uroczystościach Roku Świętego. Na zniczu zostały wygrawerowane nazwy nieobecnych narodów, aby przypominały światu o ich zniewolniu.

Niedługo potem została w Watykanie zorganizowana wystawa europejskiej sztuki sakralnej. Ponieważ Polska, ze względów politycznych, nie mogła przysłać eksponatów na tę wystawę, wysłano z Devonii kartony, prototypy witraży Adama Bunscha, które zdobią naszą świątynię. Ponieważ bardzo się spodobały papieżowi, po zamknięciu wystawy przekazał on znicz biskupowi Józefowi Gawlina, z prośbą o ofiarowanie go kościołowi na Devonii. Uroczystego przekazania zniczu dokonano w naszym kościele i wtedy wyryto na nim słowa: *Papież Pius XII w Roku Świętym 1950, dnia 2-go grudnia*

Fot. 176
Znicz, dar papieża Piusa XII

Fot. 177
Papież Pius XII zapala znicz w bazylice św Piotra podczas obchodów Roku Świętego 1950

poświęcił i zapalił przy grobie św. Piotra tę lampę symbolizującą **"Wielkich nieobecnych"**. Dziś wyczyszczony i odnowiony znicz przypomina wiernym o ciężkiej sytuacji narodu polskiego i innych państw, które znalazły się pod wpływem komunizmu po zakończeniu drugiej wojny światowej.

Również w kaplicy znajdował się wykonany w brązie ryngraf Matki Boskiej Ostrobramskiej, kopia srebrnego ryngrafu ofiarowanego angielskiemu kościołowi katolickiemu, który po dziś dzień wisi w katedrze w Westminster. Oba ryngrafy zostały ofiarowane przez lotników Dywizjonu 303.

Fot. 178
Kopia ryngrafu Matki Boskiej Ostrobramskiej, dar lotników Dywizjony 303; oryginał wisi w katedrze Westminsterskiej

Warto w naszym kościele zwrócić również uwagę na tablice pamiątkowe:
Tablica 1
WŁADYSŁAW RACZKIEWICZ, ur. 29.0I.1885 zm. 6.VI.1947
PREZYDENT RZECZYPOSPOLITEJ 1939 – 1947

Fot. 179
Tablica poświęcona Władysławowi Raczkiewiczowi, Prezydentowi Polski

112

Tablica 2
WŁADYSŁAW SIKORSKI GENERAŁ BRONI,
PREZES RADY MINISTRÓW,
NACZELNY WÓDZ
URODZONY 20.V.1881
ZGINĄŁ ŚMIERCIĄ ŻOŁNIERZA
VII.1943 W GIBRALTARZE

Fot. 180
Tablica poświęcona generałowi Władysławowi Sikorskiemu

Tablica 3
Z FUNDUSZÓW ZEBRANYCH OFIARNĄ PRACĄ
ZOFII Z ANDRZEJEWSKICH PACE,
PRZY POMOCY AMBASADORA RP. KONSTANTEGO SKIR-
MUNTA
I POPARCIU J. EM. FRANCISZKA KARDYNAŁA BURNE'A
ARCYBISKUPA WESTMINSTERU, ZA REKTORATU
KSIĘDZA TEODORA CICHOSA
KOŚCIÓŁ TEN NABYTY ZOSTAŁ DLA POLAKÓW I DNIA 12
PAŹDZIERNIKA 1930 RP POŚWIĘCONY PRZEZ
PRYMASA POLSKI J. EM. AUGUSTA KARD. HLONDA
ARCYBISKUPA GNIEŹDZIEŃSKIEGO I POZNAŃSKIEGO
BOGU NA CHWAŁĘ – OJCZYŹNIE NA POŻYTEK

Tablica 4
W ROCZNICĘ OBCHODU STULECIA
POLSKIEJ MISJI KATOLICKIEJ W ANGLII I WALII
12-13 LISTOPADA 1994
W 17. ROKU PONTYFIKATU PAPIEŻA JANA PAWŁA II
Z UDZIAŁEM
J.EKS. KS. KARD. JÓZEFA GLEMPA, PRYMASA POLSKI
J. EKS. KS. ABPA SZCZEPANA WESOŁEGO
DELEGATA KS. PRYMASA DS. DUSZPASTERSTWA EMI-
GRACJI
ZA REKTORATU KS. PRAŁ. STANISŁAWA ŚWIERCZYŃ-

SKIEGO
KOŚCIÓŁ TEN DZIĘKI OFIARNOŚCI SPOŁECZEŃSTWA
ZUPEŁNIE ODNOWIONO I JAKO WOTUM WDZIĘCZNOŚCI
ODDANO BOGU NA CHWAŁĘ
A RODAKOM NA DALSZY UŻYTEK
POTOMNYM, KU PAMIĘCI!

Tablica 5
POLSKA MISJA KATOLICKA W ANGLII I WALII
WYRAŻA WDZIĘCZNOŚĆ
I UTRWALA DLA HISTORII IMIONA TYCH
KTÓRZY Z OKAZJI STULECIA PMK
WNIEŚLI SZCZEGÓLNY WKŁAD
W ODNOWĘ TEGO KOŚCIOŁA

Następnie wymienionych zostało 253 nazwisk oraz nazwy indywidualnych organizacji i parafii polskich w Anglii i Walii.

Tablica 6
Świetlanej Pamięci Księży
Rektora Inf. Władysława STANISZEWSKIEGO 1901 – 1989
Proboszcza Prałata Narcyza TURULSKIEGO 1907 – 1965
Wice - Rektora Prałata Mariana WALCZAKA 1907 – 1970
Rektora Prałata Karola ZIELIŃSKIEGO 1923 – 1991
w dowód uznania Ich wysiłków w umacnianiu wiary
i pielęgnowaniu ducha polskości na emigracji
oraz za pracę włożoną w utrzymanie tego kościoła,
- wdzięczni parafianie i inni ludzie dobrej woli
A.D. 1998

Rozdział 4

SZKOŁA SOBOTNIA

Pierwsza polska szkoła została założona u boku Polskiej Misji Katolickiej przez siostry Nazaretanki w 1905 roku. Nie wiele wiemy o jej działalności, poza tym, że została zamknięta z chwilą wybuchu pierwszej wojny światowej.

Działalność szkoły wznowiono 27-go maja 1935 roku, kiedy Polacy mieli już swój kościół przy Devonia Road i lekcje mogły się odbywać w sali pod kościołem. Zajęcia odbywały się dwa razy w tygodniu – po dwie godziny – w poniedziałki i soboty. Według zapisków w szkolnej kronice 24-go czerwca 1938 r. do szkoły uczęszczało 16 dzieci, podzielonych na dwie grupy; ks. Rektor Staniszewski uczył starsze dzieci a panna Jordanówna młodsze. Gdy wybuchła druga wojna światowa szkołę ponownie zamknięto.

W roku 1950, nowy proboszcz parafii Matki Boskiej

Fot. 181
Dzieci z założycielem szkoły, księdzem Turulskim

Częstochowskiej, ks. Narcyz Turulski, kierowany troską o los polskich dzieci, których zawierucha wojenna rzuciła na ziemię angielską założył pierwszą w Londynie polską szkołę. Przy otwarciu była zaledwie garstka dzieci, ale już po roku liczba wzrosła do 36. Pierwszą nauczycielką była pani Julia Masłoń, a ks. proboszcz uczył religii. Lekcje odbywały się w sali pod kościołem w sobotni poranek od 10-13 i szkoła została potocznie nazwana Szkołą Sobotnią na Devonii, choć jej oficjalna nazwa brzmiała Polska Szkoła Przedmiotów Ojczystych im. Matki Boskiej Częstochowskiej.

Przez pierwsze dwa lata szkoła była utrzymywana przez założyciela, ks. Turulskiego i mieściła się w salach parafialnych pod kościołem. W styczniu 1953 zawiązało się Koło Rodzicielskie. Przejęło ono odpowiedzialność materialną za szkołę. Pierwszym jej prezesem został Mieczysław Radoń. Z chwilą powstania Polskiej Macierzy Szkolnej za Granicą, Koło Rodzicielskie na Walnym Zebraniu przyjęło uchwałę przystąpienia do niej.

Fot. 182
Klasa pani Malinowskiej - - rok 1954

Szkoła rozwijała się bardzo szybko. Z końcem 1953 roku w zajęciach uczestniczyło 126 dzieci. Podzieleni byli na cztery klasy i przedszkole. Część lekcji odbywała się w sali pod kościołem. Pozostałe, w związku z tym że dzieci nie mieściły się w salach parafialnych, prowadzone były w pobliskiej angielskiej szkole katolickiej St. John's. Z czasem wszystkie lekcje przeniesiono do szkoły angielskiej. Uczono religii, języka polskiego, podstawowych wiadomości z historii i geografii Polski, śpiewu i tańców.

Na przerwie dzieci otrzymywały herbatę i pączki, które szkoła przez wiele lat otrzymywała za darmo od właściciela Hoxton Bakery.

W kwietniu odbyła się pierwsza konferencja nauczycieli szkół sobotnich, zwołana przez Komisję Nauczania Przedmiotów Ojczystych przy Komitecie Oświaty Polaków w Wielkiej Brytanii.

Na Devonię przyjechało ponad 75 osób z 30 polskich ośrodków i omawiano różne problemy – jak zapewnić powszechne nauczanie, jak zachęcać dzieci do mówienia po polsku w domu itd. Zastanawiano się nad nauczaniem korespondencyjnym. Odbyła się lekcja pokazowa z udziałem dzieci.

Fot. 183
Grono nauczycielskie z lat 1958 - 59

Podobne konferencje odbywały się na Devonii przez wiele lat. Organizowane były na początku każdego roku szkolnego i przeważnie trwały cały dzień. Organizatorami ich były PMS i SPK. Na konferencje przyjeżdżali rodzice i nauczyciele z wielu szkół londyńskich. Najważniejszym tematem każdej konferencji były pytania stawiane bardzo regularnie: Jak zapobiec wynarodowieniu się dzieci? Co zrobić, aby utrzymać dzieci przy polskości, jak zachować w nich zainteresowanie i miłość do Ojczyzny? Nadmienić należy, że w **Dzienniku Polskim** stale ukazywały się artykuły na ten temat pełne rad, pomysłów i sugestii.

Uczniów w szkole wciąż przybywało. Były już klasy przedszkolne, podstawowe i gimnazjalne, a w roku 1956 otwarto specjalną klasę dla dzieci niemówiących po polsku.

W 1955 roku koło rodzicielskie zdecydowało, że trzeba kupić lub zbudować szkołę gdzieś w pobliżu kościoła. Wszyscy chcieli, aby szkoła miała własne pomieszczenie i były nawet plany na prowadzenie całotygodniowego przedszkola.

Zaczęto intensywnie zbierać pieniądze na ten cel. Organizowano zabawy, akademie, bazary i koncerty, nieraz w pobliskim St. Pancras Hall. W podziemiach kościoła założono sklepik spożywczy, od samego początku prowadzony bezinteresownie przez Pawła Szlosarka. Dochód ze sklepiku dzielono na potrzeby kościoła i szkoły.

Po dziewięciu latach intensywnego zbierania funduszy uzbierano £4,800. Koło Rodzicielskie zaczęło rozglądać się za różnymi

Fot. 184
Szkoła - rok 1961

posiadłościami w okolicy i wreszcie w 1964 zakupiono za £6,000 dom pod numerem 20, Devonia Road. Pierwszym kierownikiem domu został Antoni Synowiec. W domu zlokalizowano bibliotekę szkolną, dwie klasy szkolne, pokój młodzieżowy i przedszkole. W pozostałych pokojach mieszkali lokatorzy.

W latach 50-tych szkoła stała się największą szkołą sobotnią w Anglii i do szkoły przyjeżdżały dzieci z różnych dzielnic Londynu (później, gdy otworzyły się szkoły w innych ośrodkach, ilość uczniów spadła).

Szkoła była bardzo aktywna i w **Dzienniku Polskim** wciąż ukazywały się artykuły na jej temat. Pisano o tym, że nauczyciele brali udział w różnych konferencjach i konkursach (np. w tygodniowym kursie nauczycielskim w Fawley Court.) Na wystawach prac polskich dzieci z Wielkiej Brytanii w Instytucie gen. Sikorskiego zawsze było dużo zeszytów, gazetek i rysunków dzieci devonijnych. W 1958 roku powstał w Londynie teatr dla dzieci **Syrena**. Szkoła popierała jego

Fot. 185
Pierwsza Komunia
Święta - rok 1961,
Maria Giertych
i ks. N. Turulski

działalność a uczniowie chętnie w nim występowali.

Po szkole odbywały się zajęcia w różnych organizacjach: Pan Magiera prowadził Koło Ministrantów. Pani Budzianowska prowadziła Koło Krucjaty Eucharystycznej. Było też Koło Różańcowe Dzieci, chór, orkiestra, zuchy i harcerstwo. Rok rocznie szkoła brała udział w akademiach 3-cio Majowych urządzanych przez PMS w salach Westminster Hall. Dla przykładu w **Dzienniku Polskim** z 1963 roku podano, że chór 50 devonijnych dzieci wystąpił na takiej Akademii: *Devonia najliczniej wystąpiła jak zawsze.*

Fot. 186
klasa pana Magiery - lata 1964 - 65

Na przełomie lat 50 i 60 szkoła istotnie *kwitła*. Wiele osób swoją ofiarną i bezinteresowną pracą przyczyniło się do tego rozkwitu. Wiele nazwisk zostało na zawsze związanych ze szkołą. W roku 1964, po 13 latach pracy dla szkoły, ze względu na zły stan zdrowia odszedł z Koła Rodzicielskiego Mieczysław Radoń. Na jego miejsce prezesem został wybrany Józef Behnke, który również przez wiele lat ofiarnie pracował dla szkoły. W latach 1940 – 1958 pani Zofia Coughlan była organistką w kościele. Pomagała w szkole przy nauce śpiewu. Wszyscy nauczyciele łącznie z ks. Turulskim pracowali bez wynagrodzenia otrzymując tylko zwrot poniesionych kosztów (w roku 1959 drobna suma jaką dostawali nauczyciele została zmniejszona na skutek małych wpływów a rosnących kosztów; żaden z nauczycieli nie zrezygnował z pracy z tego powodu).

Hasłem szkoły było: *Mowa polska w domu, w polskiej szkole i w kościele.* W tym czasie zaczęto przygotowywać uczniów do egzaminów państwowych z języka polskiego. Pierwszą uczennicą, która zdała egzamin z języka polskiego „O" level była Grażyna Post. Był to rok 1958. Po niej posypali się inni: Maria Radoń, Andrzej Małecki, Jerzy Mela, Franek Niesiołowski, Marysia Jażykówna, Urszula

Sypniewska. Od roku 1965 zaczęto również przygotowywać uczniów do egzaminu „A" level z języka polskiego.

W styczniu 1965 zmarł nagle, po krótkiej chorobie, ks. proboszcz Turulski. Był to wielki cios dla szkoły, bo straciła swego założyciela, opiekuna i przyjaciela.

Trzeba było kontynuować pracę tak bliską sercu zmarłego proboszcza. Kierowniczką szkoły została Stefania Budzianowska, wieloletnia nauczycielka i kronikarka szkoły. Do parafii przybył nowy proboszcz, ks. prałat Marian Walczak, który prowadził lekcje religii w szkole. Ks. infułat Staniszewski będąc rektorem Misji Katolickiej zawsze bardzo się szkołą i jej działalnością interesował.

Rok 1965, który zaczął się tak smutnie śmiercią ks.Turulskiego, stał się bardzo trudnym rokiem dla szkoły. Układy w szkole angielskiej, które od samego początku były nienajlepsze, znacznie się pogorszyły. Kierowniczka szkoły prawie co sobotę wznosiła zażalenia narzekając, że dzieci coś zbroiły. I oto, niedługo po śmierci księdza proboszcza, polska szkoła dostała dwutygodniowe wymówienie. Bramy angielskiej szkoły zostały zamknięte i szkoła została bez dachu nad głową. Nie pomogły żadne prośby i protesty. Decyzja była nieodwołalna.

Szkoła powróciła do sal pod kościołem i wszystkich wolnych pomieszczeń w nowym budynku szkolnym przy 20 Devonia Road. Uczniów w tym okresie było w szkole prawie 300 i rozwiązanie to nie było zadawalające. Prezes Koła Rodzicielskiego, Józef Behnke, po długich poszukiwaniach otrzymał pozwolenie od szkoły Islington Green, aby polska szkoła korzystała z sześciu ich klas. Część szkoły przeniosła się więc do nowego lokalu, a reszta została przy kościele i pod 20-stką.

Szkoła mogła więc spokojnie kontynuować swoją działalność. Z czasem została przez władze angielskie uznana jako szkoła języków ojczystych i wobec tego mogła z budynku korzystać bezpłatnie. Wszyscy energicznie zabrali się do pracy. Poza nauką przedmiotów ojczystych szkoła brała czynny udział w życiu kościoła i parafii. Uczniowie często szykowali inscenizacje na różne imprezy parafialne. Co roku szkoła obchodziła Święto Chrystusa Króla i Św. Mikołaja, szykowano Jasełka, obchody 3 Majowe, procesje Bożego Ciała i zakończenia roku szkolnego. Obchodzono też imieniny ks. proboszcza i kierowniczki. Gdy do Misji przyjeżdżali jacyś ważni goście, dzieci szkolne zawsze występowały, deklamowały wiersze, wręczały kwiaty. Szkoła nadal brała udział w międzyszkolnych konkursach i akademiach. W roku 1966 szkoła uczestniczyła w wielkich uroczystościach milenijnych - na akademii 3 Majowej w Hammersmith Town Hall oraz na stadionie w White City, gdzie brała udział w żywym obrazie **Chrzest Polski**.

Jako część akcji charytatywnej w szkole, regularnie zbierano pieniądze na zakład dla ociemniałych w Laskach pod Warszawą. Zbierano też na różne inne cele, jak na Autobus Miłości, który przewoził chorych pielgrzymów do Lourdes, na powodzian w Polsce, na dzieci polskie w innych krajach, na Dom Spokojnej Starości, na odnowę kościoła na Devonii, na Polską Macierz Szkolną.

W roku 1970 zmarł nagle ks. Walczak, który podczas pięciu lat pobytu na Devonii zdobył sobie ogromną sympatię dzieci i młodzieży. Na jego miejsce przyszedł ks. dr Karol Zieliński, który stał się opiekunem i katechetą szkoły a zarazem rektorem Polskiej Misji Katolickiej.

W 1972 ze względu na podeszły wiek i stan zdrowia Stefania Budzianowska zrezygnowała z kierownictwa szkoły. Nie zrezygnowała jednak z kontaktów ze szkołą. Nadal prowadziła bibliotekę szkolną.

Po odejściu pani Budzianowskiej kierownikiem został wieloletni nauczyciel - Józef Kuklinski. Za jego kadencji szkoła obchodziła 25-lecie swego istnienia. Podczas obchodów i uroczystości był też

Fot. 187
Grono nauczycielskie w 1975 roku

czas na zastanowienie się nad tym jakie są cele polskiej szkoły i jaka jest jej przyszłość. To, nad czym pracowali nauczyciele, było nadal istotne. Nie chciano, aby młodzież polska się wynarodowiła. - *Celem naszym* - pisał pan Kuklinski w gazetce wydanej specjalnie na 25-lecie – *jest przekazanie dóbr Tysiącletniej Polski Chrześcijańskiej. Chcemy w każdym dziecku polskim widzieć dobrego człowieka i rzetelnego Polaka katolika.*

W 1976 z powodu złego stanu zdrowia z funkcji kierownika zrezygnował pan Kukliński. Stanowisko to zostało objęte przez panią Barbarę Gabrielczykową, żonę prezesa Polskiej Macierzy Szkolnej, która w szkole uczyła od lat 50-tych. W owym czasie szkoła nadal korzystała z trzech pomieszczeń - niektóre pokoje przy kościele, pokoje pod 20-stką i sale w angielskiej szkole. Zadaniem kierownika było koordynowanie wszystkiego. Najczęściej panią Gabrielczykową można było spotkać na ulicy jak spieszyła pomiędzy budynkami, załatwiając różne sprawy.

Szkoła pozostała w dobrych rękach i nadal się rozwijała. Niektórzy nauczyciele się zmieniali, inni niezawodnie pozostawali szkole wierni. Z czasem w szkole zaczęli uczyć dawni jej uczniowie. Pokolenia dzieci rosły. W szkole zaczęły się pokazywać dzieci dawnych uczniów. Ilość uczniów czasem się zmniejszała, a czasem rosła. Zaczęło przychodzić dużo dzieci nowych emigrantów. W klasach znalazły się dzieci, które mówiły słabiutko po polsku i takie które niedawno z Polski przyjechały i mówiły wspaniale. Nauczycielom trudno było uczyć dzieci o tak nierównym poziomie znajomości

Fot. 188
Szkolna impreza; ks. Karol Zieliński w towarzystwie nauczycieli i dzieci

języka polskiego. Na zebraniach szkolnych omawiano różne problemy i dzielono się doświadczeniami.

W roku 1978 Kardynał Karol Wojtyła został wybrany na papieża. Radość i euforia Polonii była nie do opisania. Raptem wszystkie dzieci były dumne z tego, że są Polakami. Ogólne zainteresowanie Polską przez społeczeństwo angielskie ogromnie się zwiększyło. Uczniowie szkoły zaczęli pisać wypracowania na temat papieża, zbierać obrazki i wycinki z gazet. Mogli w swoich szkołach angielskich chwalić się swoją wiedzą na Jego temat. Niektórzy brali udział w różnych wystawach i imprezach w angielskich środowiskach, aby informować innych o Polsce i życiu polskiego papieża. Wybór papieża Polaka w jakiś niesamowity sposób podniósł ważność polskiej szkoły, dając jej nowy sens życia. Gdy w roku 1982 papież przybył do Anglii, parafianie i uczniowie szkoły gorąco witali papieża wraz z resztą Polonii na Crystal Palace w południowym Londynie.

Z nowym więc zapałem szkoła powróciła do dawnych celów.

W 1980 r. kościół na Devonii obchodził swoje 50-lecie. Cała szkoła uczestniczyła w uroczystościach, w których brał również udział ks. arcybiskup Jerzy Stroba Metropolita Poznański.

Rok 1981 był ogłoszony Rokiem Młodzieży Polonijnej. W lutym tego roku liczna młodzież szkolna i grono nauczycielskie brało udział w marszu ulicami Londynu do katedry Westminsterskiej, gdzie ks. Biskup Szczepan Wesoły odprawił Mszę Św. inauguracyjną.

Ponieważ coraz więcej dzieci z mieszanych małżeństw chodziło do szkoły, kierowniczka zorganizowała lekcje języka polskiego dla dorosłych. Jej zasługą było, że lekcje te dofinansowywane były przez Anglików - przez lnner London Education Authority. Przez kilka lat wielu rodziców korzystało z tych lekcji. Dzieci, które mówiły bardzo słabo po polsku miały specjalną klasę. Aleksandra Halińska prowadziła ją przez ponad 20 lat.

W roku 1988 nauczyciele i uczniowie energicznie przygotowali się do nowych egzaminów z języka polskiego. Dawny „O"

Fot. 189
Przedszkolaki - rok 1991, Maria Olszewska z dziećmi

level został zamieniony na GCSE. Przygotowanie uczniów do zdania jego wymagało o wiele więcej pracy.

W roku 1990 pani Gabrielczykowa zrezygnowała z kierownictwa szkoły, ze względu na zły stan zdrowia. Nowym kierownikiem została pani Barbara O'Driscoll, dawna uczennica i wieloletnia nauczycielka szkoły, autorka szeregu podręczników szkolnych.

Z nowym więc kierownictwem, szkoła weszła w 40 rok swego istnienia. Wszystko toczyło się jak dawniej: te same przedmioty, te same problemy, te same zagrożenia. Szkoła brała udział w różnych wydarzeniach. Organizowane były wyprawy do teatru **Syrena** na przedstawienia dla dzieci, wizyty do instytutu generała Sikorskiego

Fot. 190
Wycieczka szkolna do Laxton Hall

oraz całodniowe wycieczki do ciekawych miejsc poza Londynem, często do Domu Spokojnej Starości w Laxton Hall czy do ojców Marianów w Fawley Court. Uczniowie brali udział w konkursach czytania organizowanych przez Zrzeszenie Nauczycielskie, w konferencjach na uniwersytecie Londyńskim w School of Slavonic and East European Studies i w akademiach 3 Majowych organizowanych przez Polską Macierz Szkolną. Dla dzieci była organizowana coroczna zabawa. Szkołę odwiedzał Teatr Małych Form z różnymi sztukami i przedstawieniami kukiełkowymi. Szkołę odwiedzały również osoby z Polski badające dzieci dwujęzyczne, które pisały prace na ten temat, i reporterzy z angielskich pism i gazet, których historia szkoły bardzo interesowała. Część prac naszych uczniów była wystawiona w Muzeum Londyńskim jako część wystawy: **The people of London**. Co roku odbywały się kolacje dla absolwentów szkoły; z każdym rokiem coraz to większa grupa dzieci przygotowywała się do l-szej Komunii świętej. Co kilka lat młodzież była przygotowywana do Bierzmowania. Co roku w okresie Wielkanocnym odbywały się rekolekcje szkolne.

W roku 1994 szkoła brała udział w uroczystościach związanych ze 100-leciem Polskiej Misji Katolickiej. Uczniowie wraz z rodzicami pojechali do katedry Westminsterskiej na uroczystą Mszę św. dziękczynną odprawioną przez Prymasa Polski kardynała Józefa Glempa i angielskiego kardynała Basil Hume.

W maju 1995 dzieci szkolne, wraz z parafianami, brały udział w pochodzie zorganizowanym przez gminę Islington z okazji pięćdziesiątej rocznicy zakończenia II Wojny Światowej. Kolorowe stroje ludowe dzieci wywołały ogólny podziw Anglików.

W roku 1996 skarbnik Koła Rodzicielskiego, Henryk Ilków,

Fot. 191
Św. Mikołaj i Aniołki
- rok 2008

zgłosił podanie do nowej Loterii Państwowej i otrzymał pokaźną sumę pieniędzy na remont domu szkolnego pod 20 Devonia Road i na różne pomoce naukowe. Dom został gruntownie odnowiony i atrakcyjnie wyposażony, po czym nastąpiło uroczyste jego otwarcie. Choć klasy dawno przeniosły się do budynku angielskiej szkoły, dom służył nadal dwóm grupom przedszkola. Pozostała tam też biblioteka szkolna i został założony pokój telewizyjny, gdzie uczniowie mogli oglądać polskie filmy.

W latach 1997 i 1998 odeszły od szkoły dwie bardzo zasłużone i popularne nauczycielki: Albina Synowiec, która przez 38 lat prowadziła klasy początkujące i Wanda Wielebnowska, która uczyła klasy średnie przez 32 lata. Na ich miejsce przyszły młode nauczycielki, nowo przybyłe z Polski.

Rok 2000, jubileuszowy, zastał szkołę dobrze zorganizowaną, kontynuującą dawną prace i dawne idee. Prężne Koło Rodzicielskie, z prezesem Ryszardem Protasiewiczem (byłym uczniem i nauczycielem szkoły) opiekowało się szkołą. Zgrane grono nauczycielskie pracowało harmonijnie. Było 240 uczniów i stale ich przybywało. Duże grupy uczniów zdawały egzaminy GCSE i „A"level, duże grupy dzieci były przygotowywane do Pierwszej Komunii. W roku tym odeszła ze szkoły Aleksandra Podhorodecka, która przez 30 lat przygotowywała młodzież do państwowych egzaminów.

Obchody 50-lecia szkoły odbyły się w lipcu. Księża Teodor Poloczek, Ludwik Czyż, Dariusz Kuwaczka i Wojciech Giertych (dawny uczeń szkoły) koncelebrowali Mszę św. po której była inscenizacja przedstawienia **Mapa Polski**. Potem był obiad dla zaproszonych gości a wieczorem spotkanie dla absolwentów szkoły.

Wydana została Jednodniówka jubileuszowa.

Rok potem szkoła otrzymała niespodziewany cios. 9-go czerwca 2001, po 35 latach, kierowniczka szkoły Islington Green wypowiedziała szkole umowę. Powodem wymówienia było zagospodarowanie budynku na zajęcia dramatyczne i artystyczne angielskiej

Fot. 192
Pierwsza Komunia Święta - rok 1999

szkoły. Znów szkoła polska znalazła się w trudnej sytuacji. Prezes Koła Rodzicielskiego Maria Gabrielczyk i kierowniczka szkoły szukały intensywnie nowego pomieszczenia, stosunkowo blisko kościoła. Żadna szkoła nie była w stanie nam pomóc. W końcu Gmina Islington pozwoliła szkole korzystać z budynku Islington Arts and Media School w dzielnicy Finsbury Park, niestety, na drugim końcu gminy, daleko od kościoła. Szkoła otrzymała pozwolenie tylko na rok, bo po jego upływie angielska szkoła miała swoje plany na wykorzystanie budynku podczas weekendu.

Polska Szkoła spędziła więc rok w nowym budynku. W międzyczasie intensywnie szukano pomieszczenia bliżej kościoła. Niestety nie udało się czegokolwiek znaleźć. Na jesieni 2002 szkoła przeniosła się jeszcze dalej, bo aż na Finchley, do szkoły Finchley Catholic High. W szkole tej pracowali Janusz Kukliński, dawny uczeń polskiej szkoły, syn dawnego kierownika a zarazem nauczyciel polskiej szkoły, Czesław Mołyń, wicekierownik i pan Stefanicki. Finchley Catholic dała szkole bardzo dogodne warunki, choć teraz szkoła musiała płacić duże opłaty za wynajem budynku, czego nie musiała robić gdy była na Islington. Ponieważ przestano wykorzystywać budynek przy 20, Devonia Road na klasy, przedszkole i bibliotekę to wynajęto dom i dochód z wynajmu przeznaczono na pokrycie tych kosztów.

W roku 2002 odeszła ze szkoły Maria Olszewska, która prowadziła przedszkole przez 27 lat.

Szkoła zadomowiła się dobrze na Finchley, teren szkoły był

pełen zieleni, do dyspozycji była duża jadalnia i schowek na szkolne rzeczy. Ponieważ była to katolicka szkoła, można było korzystać z jej kaplicy i pracowało się tam bardzo przyjemnie.

Po wstąpieniu Polski do Unii ilość uczniów w szkole bardzo wzrosła. Postanowiono, iż młodsze klasy będą mieć po dwie nauczycielki, aby sprawniej zajmować się większą ilością dzieci. Z powodu dużej liczby polskich dzieci w Londynie, w roku 2008 została założona nowa polska szkoła na Finchley. Szkoła „Devonijna"

Fot. 193
Uczniowie szkoły brali udział w pochodzie z katedry Westminsterskiej do Trafargal Square z okazji 90-lecia odzyskania przez Polskę niepodległości

postanowiła odstąpić swoje pomieszczenie i przeniosła się do Grieg City Academy, w gminie Haringey – nieco bliżej kościoła, do szkoły w której od lat pracuje Ryszard Protasiewicz, dawny uczeń szkoły a obecnie prezes Rady Parafialnej. Część uczniów pozostała w szkole na Finchley, ale większość przeniosła się do Grieg City.

We wrześniu 2008, gdy szkoła rozpoczęła rok szkolny w nowym pomieszczeniu, do szkoły przyszło ponad 150 nowych rodzin, chcąc zapisać swoje dzieci do szkoły. Szkoła była zupełnie nie przygotowana na taką ilość nowych uczniów i po raz pierwszy w swej historii musiała odmówić miejsca uczniom.

Po roku otworzono kilka równoległych klas, aby móc przyjąć więcej dzieci. Do szkoły zostało zapisanych 350 uczniów, z tym że duża ilość z nich to dzieci urodzone w Polsce i mówiące dobrze po polsku, co stwarza sytuację całkowicie inną niż w przeszłości.

W szkole uczy obecnie 28 nauczycieli, z kierowniczką Barbarą O'Driscoll na czele. Niektórzy nauczyciele pracują w szkole już od wielu, wielu lat. Prężne Koło Rodzicielskie zajmuje się administracją; jego aktywni członkowie mają znaczny wkład we wspaniałą atmosferę panującą w szkole. Poza nauką, szkoła jest miej-

Fot. 194
Grono nauczycielskie - rok 2008

scem spotkań rodziców i dziadków, którzy mogą spędzać ranek przy kawie w miłym towarzystwie. Jest też okazja na naukę języka angielskiego dla rodziców, można kupować polskie pieczywo, korzystać z biblioteki i po prostu cieszyć się towarzystwem rodaków. Po godzinach lekcyjnych odbywają się zbiórki zuchów, harcerzy i harcerek. Jest to sobotni polski kącik w północnym Londynie. Woźny angielskiej szkoły Grieg City Academy nazywa szkołę **Kraków railway station**. Istotnie, dzieje się w szkole bardzo wiele.

Rozdział 5

CHÓR im. FELIKSA NOWOWIEJSKIEGO

Jednym z bardzo ważnych elementów życia parafii było sprawne funkcjonowanie chóru, który przez prawie 50 lat służył wspólnocie, upiększając swym śpiewem zarówno liturgię jak i uroczystości świeckie. Wiadomo, kto śpiewa, dwa razy się modli!

Wzmożone życie parafialne nastąpiło po zakończeniu drugiej wojny światowej, kiedy rodziny zdemobilizowanych członków polskich sił zbrojnych, służących w wojskach alianckich, zaczęły zjeżdżać do Anglii w nadziei urządzenia sobie wspólnego życia.

Wielu z nich osiadło w okolicy Islington, wówczas dosyć biednej i zaniedbanej dzielnicy Londynu. Pierwsze kroki, oczywiście, kierowano do jedynego w Londynie polskiego kościoła przy Devonia Road, który stał się dla nich ostoją i psychicznym oparciem w bardzo ciężkim okresie ich życia.

Bardzo szybko zauważono w kościele brak oprawy muzycznej, choć organistka, Zofia Coughlan-Grynkiewicz regularnie grała na organach podczas nabożeństw; grała na tych samych organach, które po dziś dzień służą naszej parafii.

Fot. 195
Zofia Coughlan-Grynkiewicz organistka

Bolesław Śnieżka pierwszy wystąpił z inicjatywą zorganizowania przy parafii kościelnego chóru. Ówczesny proboszcz, ksiądz Narcyz Turulski, gorąco poparł ten pomysł i stał on się siłą napędową, która uruchomiła pomysł i wprowadziła w życie istnienie chóru parafialnego na Devonii. Na pierwszym zebraniu organizacyjnym pan Rzepus został dyrygentem chóru a Zofia Coughlan-Grynkiewicz jego akompaniatorką. Zachęcani z ambony przez księdza Turulskiego zaczęli się zgłaszać pierwsi chórzyści i zespół przyjął nazwę Chór im. Feliksa Nowowiejskiego, polskiego kompozytora z 19 wieku, pochodzącego z Warmii. Nowowiejski większość życia spędził w Poznaniu i tam skomponował większość swoich utworów. Polska muzyka chóralna wiele mu zawdzięcza.

Początki chóru nie były łatwe, mimo ogromnej rzeszy Polaków gromadzących się na niedzielnych Mszach świętych. Były trudności finansowe, organizacyjne i praktyczne, gdyż nawet brak było nut! Jednak optymistyczna postawa księdza Turulskiego i ofiarna praca pani Zofii pokonywały trudności i chór powoli się rozwijał, ucząc się coraz to nowych kompozycji. Jedną z pierwszych – Gaude Mater Poloniae – śpiewał do końca swego istnienia.

Fot. 196
Program koncertu z okazji Srebrnego Jubileuszu królowej Elżbiety II z udziałem naszego chóru

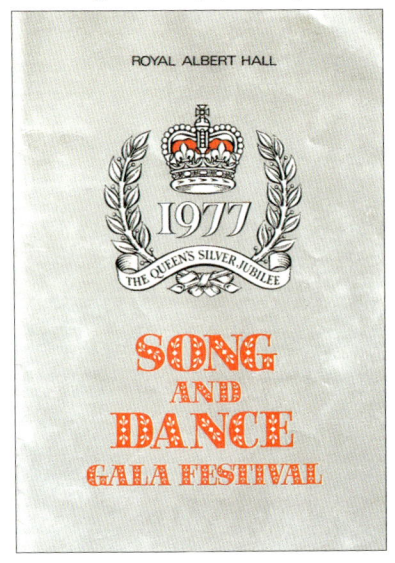

W 1954 r. dyrygent, pan Rzepus wyemigrował do Kanady – z żalem żegnając się ze wspólnotą chóru – i jego zastępcą w roli dyrygenta został Piotr Wojciechowicz. Chór liczył już wtedy 30 członków i na jednym z zebrań postanowiono nadać mu charakter prawny. Na prezesa chóru wybrano A. Iwaszkiewicza, który z czasem opracował statut chóru, przyjęty przez Walne Zebranie.

W 1955 r. chór po raz pierwszy zaśpiewał na Mszy Świętej nadawanej do kraju przez radio Wolna Europa. Te regularnie nadawane Msze Święte – z udziałem naszego chóru – weszły w stały kalendarz życia naszej parafii i podtrzymywały na duchu nie tylko Polaków rozsianych po całym świecie ale również i rodaków w kraju, którzy potajemnie słuchali tych audycji BBC z płomiennymi, patriotycznymi kazaniami.

Chór coraz częściej występował na imprezach, które nie ograniczały się do nabożeństw w naszym kościele. Stale poszerzając swój repertuar śpiewał na koncertach Zrzeszonych Chórów w Albert Hall (Święto Niepodległości), na Trafalgar Square (koncerty polskich kolęd), w St Pancras Town Hall (Święto Polskiego Żołnierza), w Westminster Hall (Akademie Trzeciego Maja), na procesjach Bożego Ciała na Clapham, na pielgrzymkach do Aylesford, Fawley czy Walsingham. Chór śpiewał na ślubach, Pierwszych Komuniach św., pogrzebach: śpiewał na jubileuszu Królowej Elżbiety i podczas wizyty ks. Kardynała Hlonda; na 25-leciu kapłaństwa księdza Turulskiego, na jubileuszu księdza Brandysa i księdza Michalskiego, podczas wizyty ks. Arcybiskupa Gawliny, na 25-leciu parafii. Chór uświetnił 40-lecie kapłaństwa JE ks. abpa Szczepana Wesołego. Śpiewał na opłatkach, święconych, świętach Chrystusa Króla, jubileuszach.

*Fot. 197
Chór parafialny występuje na akademii Chrystusa Króla w parafii; dyryguje Piotr Wojciechowicz*

W lipcu 1956 r. Roman Miłoszewski został prezesem chóru – piastował tę funkcje prawie do końca istnienia chóru.

W 1964 r. chór śpiewał podczas uroczystości 75-lecie Polskiej Misji Katolickiej i na 25-leciu rektoratu księdza infułata Staniszewskiego. Chór cieszył się dobrą opinią i chwalono go gdy występował na koncertach, zarówno na Devonii jak i w innych parafiach.

W 1964 r. odszedł z chóru Piotr Wojciechowicz, który przez jedenaście lat był inspiracją i podporą zespołu – nie tylko kochał muzykę i śpiew chóralny, ale krzewił polską muzykę, pisząc nuty i rozpisując głosy na utwory chóralne. Z jego odejściem chór stracił nie tylko dyrygenta ale i przyjaciela, który żył osiągnięciami chóru i był z niego nad wyraz dumny. W tym samym czasie odeszła również i pani Zofia.

Trzeba ich było zastąpić. Dyrygentem chóru został Henryk Hosowicz, który często dyrygował występy Zrzeszonych Chórów, a jego akompaniatorem Józef Tarasiuk, bardzo utalentowany młody muzyk, wychowanek szkoły księży Marianów w Fawley Court. Na wniosek Hosowicza, któremu bardzo zależało na współpracy z innymi chórami, chór im. F. Nowowiejskiego wstąpił do Stowarzyszenia Chórów, które, między innymi, koordynowało działalność poszczególnych chórów i organizowało większe występy. Kiedy w 1995

r. rozwiązano Stowarzyszenie, Ł1866 pozostałych w kasie Zrzeszenia przekazano do Kazachstanu na cele kulturowo-oświatowe.

8-go stycznia 1965 r. odszedł do Pana ks. prałat Narcyz Turulski, Tajny Szambelan Jego Świątobliwości, Członek Honorowy Chóru im. F. Nowowiejskiego, Ojciec i Opiekun. Ksiądz Turulski był założycielem chóru. W latach kryzysu i niepowodzeń umiał sobie zjednać garstkę członkiń i członków dodając bodźca i nadzieję na przyszłość.

Fot. 198
Bilet wstępu do Albert Hall na koncert z okazji stulecia urodzin Marszałka Józefa Piłsudskiego

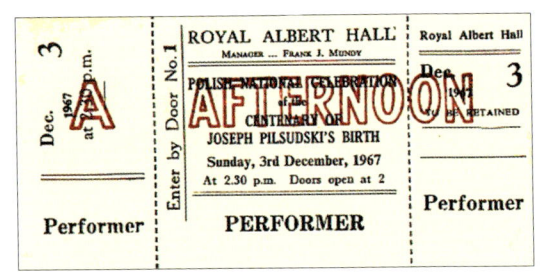

Nie szczędził słów pod adresem chóru i jak tylko się dało i było możliwym, namawiał do wstąpienia do chóru.

Jednym ze szczytowych momentów działalności chóru był jego udział w emigracyjnych uroczystościach z okazji Tysiąclecia Polski Chrześcijańskiej. Otwarcia Roku Tysiąclecia Chrztu Polski dokonano w Watykanie. Tak zreferowano tę uroczystość w prasie watykańskiej: *W obecności Jego Świątobliwości Pawła VI na zgromadzeniu Polaków i zagranicznych przyjaciół w Palazzo Pio w Watykanie ks. Biskup Władysław Rubin delegat Prymasa Polski dla Duszpasterstwa Emigracji dokonał – w imieniu nieobecnego Prymasa – otwarcia uroczystości Roku Tysiąclecia Polski Chrześcijańskiej.*

Ogromna rzesza Polaków, zgromadzona na stadionie White City w maju 1966 roku uczestniczyła we wspaniałym widowisku przygotowanym przez Leopolda Kielanowskiego. W słuchowisku wystąpili: artyści scen polskich, zrzeszone chóry pod batutą Henryka

Fot. 199
Rok 1973; chór śpiewa w Albert Hall

Hosowicza i z udziałem naszego chóru, młodzieżowe zespoły i harcerstwo.

Na Walnym Zebraniu w 1968 r. podjęto uchwałę, że chór w przyszłości będzie mieć charakter kościelno-świecki i będzie regularnie powiększał swój repertuar o pieśni ludowe, wojskowe i patriotyczne.

W 1969 zmarł Henryk Hosowicz i dyrygentem chóru został Tadeusz Heber. Kiedy z liturgii Mszy świętej usunięto łacinę, Tadeusz Heber przełożył na język polski bardzo popularną i lubianą przez wszystkich Mszę Lachamana, którą chór śpiewał podczas każdego większego jubileuszu. Była to również ulubiona Msza święta – w wykonaniu naszego chóru - ks. arcybiskupa Szczepana Wesołego. Tadeusz Heber przełożył również wiele pieśni łacińskich, które chór potem z dużym powodzeniem śpiewał po polsku.

Fot. 200
Tadeusz Heber, dyrygent choru

Kolejnym bardzo ważnym momentem w historii chóru było spotkanie Polaków z Papieżem, Janem Pawłem II, na stadionie Crys-

Fot. 201
Występ chóru w sali teatralnej POSKu; dyryguje Stanisław Kafar

tal Palace w 1982 r. Zrzeszone chóry śpiewały wtedy podczas koncelebrowanej Mszy świętej, którą zakończono spotkanie z Papieżem-Polakiem.

Po odejściu Józefa Tarasiuka akompaniatorem chóru został Ryszard Bielicki.

Chórzyści regularnie spotykali się na próbach co środę. Obecność ich była notowana w ewidencji, która zachowała się po dziś dzień. Próby te miały swój swoisty charakter. Oczywiście najważniejszym zadaniem każdej próby było ćwiczenie znanych już utworów i uczenie się nowych. Miały one jednak i charakter towarzyski. Obchodzono na nich imieniny chórzystów; co jakiś czas urządzano herbatki chóru; były nawet majówki i grzybobrania. Przygotowywano występy na różne charytatywne cele: Fundusz Mazowieckiego, pomoc medyczną dla kraju, **Solidarność**, powodzian.

- *Chór zawsze doznawał opieki ze strony duchowieństwa* – powiedział Roman Miłoszewski na uroczystym dwudziestopięcioleciu chóru. - *Według statutu każdorazowy proboszcz jest naszym oficjalnym opiekunem, z którego to zadania wszyscy wywiązali się znakomicie służąc nam radą, doraźną pomocą lub dodając zachęty do pracy w trudnych dla nas chwilach.*

Dyrygenci chóru zmienili się jeszcze dwa razy. Po odejściu Tadeusza Hebera w 1978 r. dyrygentem został powszechnie lubiany tenor, Stanisław Kafar, który prawie przez 20 lat pełnił tę funkcję. Zmobilizował on nowych śpiewaków do chóru, powiększył jego repertuar. Wiele pozycji uczono się od nowa gdyż były zupełnie obce nowym chórzystom. Stanisław był wrodzonym muzykiem i cieszyła go każda inicjatywa muzyczna w parafii.

Fot. 202
Program koncertu kolęd Stowarzyszenia Chórów Polskich

Fot. 203
Próba chóru, stoją od lewej: W.Gil, E.Wydmański, K.Surma, I.Balicki, J.Szumski, M.Olszewska, R.Krzeczkowska, J. Rybicka, J.Kmak, C.Kowalkowska, W.Balicka, W.Wielebnowska

Bardzo ważnym dla życia chóru momentem było wspaniałe wyróżnienie Stanisława Kafar, który z rąk abpa Szczepana Wesołego, otrzymał odznaczenie papieskie „Pro Ecclesia". Chór uczcił to wydarzenie gratulacyjnym spotkaniem towarzyskim!

W roku 1999 poważna choroba uniemożliwiła Stanisławowi dalszą pracę w chórze w roli dyrygenta i batutę przejął parafialny organista i profesjonalny pianista Ryszard Bielicki, który pełnił tę funkcję do 2000 roku. Włożył on wiele wysiłku w podniesienie profesjonalnego poziomu chóru i nauczył

Fot. 204
Ryszard Bielicki gra na organach

Fot. 205
Stanisław Kafar dyryguje podczas występu chóru na sali pod kościołem

go w tym czasie własnej kompozycji Mszy Świętej.

W 2000 roku podjęto decyzję zawieszenia działalności chóru. Nie była to decyzja łatwa ale wyraźny brak zainteresowania ze strony duchowieństwa, spadająca liczba chórzystów, ich podeszły wiek i ogólne zniechęcenie doprowadziły do zamknięcia chóru. Oficjalne

Fot. 206
Opłatek parafialny; chór śpiewa, T.Heber dyryguje

Fot. 207
Ostatni występ chóru na opłatku rektorskim

oświadczenie - *Na spotkaniu chóru dnia 2-go lutego 2000 roku dużą większością głosów postanowiono zawiesić działalność Chóru na czas nieograniczony. Przy tej okazji Chór wyraża serdeczne podziękowanie swoim ostatnim dwom dyrygentom – Stanisławowi Kafarowi za prawie dwadzieścia lat i Ryszardowi Bielickiemu, za ostatnie dwa lata ciężkiej, pełnej poświęcenia, bezinteresownej pracy. Cześć pieśni!* - przypieczętowało to smutne wydarzenie, podpisane przez prezesa chóru Romana Miłoszewskiego, które zakończyło długi, owocny i bardzo piękny okres w historii naszej parafii.

Warto tu odnotować, że przez wiele lat Marian Sępniewski prowadził kronikę chóru, która bardzo pomogła w spisaniu tej historii. Wychodził on z założenia, że kronika to dokument, pamiątka, która utrwala również nazwiska ludzi, którzy pracowali na niwie społecznej. I miał rację.

Nie jest to jednak koniec historii chóru na Devonii. Zamknęła się jedna działalność, a w jakiś czas potem rozpoczęła się nowa, bo tak już jest w życiu.

Chór **CORO DEL'ANGELO**

Po wizycie na Devonii w marcu 2009 roku scholi **Ventuno** i jej dyrygenta Arka Kozłowskiego oraz po poprowadzonych przez niego warsztatach dla scholi (nie tylko muzycznych, ale zamierzonych na szeroko pojętą naukę, czym jest śpiew liturgiczny), grupa ludzi związanych ze scholą oprawiającą muzycznie „dziewiętnastkowe" msze na Devonii, rozpoczęła tworzenie tutaj czterogłosowej scholi. Pierwsze próby odbywały się bez dyrygenta, a najwcześniejszy skład liczył 4 osoby.

Od września 2009 roku przedsięwzięcie nabrało rozmachu. Inicjatywa młodych zgromadzonych wokół parafialnej scholi oraz duszpasterstwa, która rozpoczęła swą działalność w składzie kilkuo-

Fot. 208
Młodzieżowy chór Coro Del'Angelo

sobowym, przybrała do tego czasu rozmiary prawdziwego chóralnego przedsięwzięcia. Liczy obecnie prawie 30 osób.

Pod kierunkiem muzycznym dyrygentki i śpiewaczki, Violetty Gawary, chór uczy się, na czym polega wspólne muzykowanie, doskonali umiejętności techniczne i stara się wzbogacić liturgię oraz oddać chwałę Bogu poprzez piękny śpiew.

Grupa utalentowanych pasjonatów w bardzo krótkim czasie osiagnęła wysoki poziom artystyczny i z powodzeniem zadebiutowała na tegorocznym Festiwalu Chórów na Balham. Plany na przyszłość są bogate. Obecnie chór przygotowuje kolędy na okres Świąt Bożego Narodzenia jak i do kolejnego koncertu na Devonii, który, jak zwykle, odbędzie się w celu zasilenia funduszy na dobry cel. Tym razem będzie to wkład w zakup fortepianu dla naszego, wciąż goszczącego muzyków, kościoła. W dalszej kolejności chór przygotuje muzycznie

Fot. 209
Schola ćwiczy

Fot. 210
Schola z godz. 12.00

oprawę całej Mszy Świętej, jak i utwory na kolejne okresy roku liturgicznego w starannie dobranych przez dyrygentkę aranżacjach. Oprócz tego chór planuje przygotować bogaty repertuar rozmaitej muzyki, którą będzie prezentować przy kolejnych okazjach.

Rozdział 6

MŁODZIEŻ

Jak w każdej wspólnocie tak i przy parafii na Devonii ważną rolę odgrywała opieka nad młodzieżą. Ks. Narcyz Turulski, wielki przyjaciel dzieci i młodzieży, nie tylko założył polską szkołę sobotnią ale również zainteresował się losem i przyszłością młodych ludzi, którzy po tułaczce wojennej, wracali do ustabilizowanego życia. I tak powołał do życia Katolickie Stowarzyszenie Młodzieży Polskiej, które skupiało swoją działalność wokół życia parafii, ale nie ograniczało jej do życia religijnego.

KSMP, powołane do życia w Polsce pod zaborem pruskim, celem chronienia młodzieży polskiej przed germanizacją i utratą wiary, miało bardzo jasno sprecyzowane cele, które przyświecały również i młodzieży polskiej mieszkającej w Anglii po wojnie: poznawanie, pogłębianie i wprowadzanie w życie katolickich zasad

Fot. 211
Rok 1953; Jasełka młodzieżowe z udziałem dzieci ze szkoły sobotniej

religijnych i moralnych; pielęgnowanie języka polskiego, poznawanie i zachowanie tradycji polskich i obyczajów narodowych; budzenie i utrzymywanie łączności z Narodem Polskim i Kościołem w Polsce; udział w dążeniu do zapewnienia Polsce wolności i niepodległości oraz praca nad rozwojem duchowym, umysłowym i moralnym człowieka.

Młodzi, zrzeszeni w organizacji o tak wzniosłych celach,

Fot. 212
Rok 1954; młodzieżowy zespół teatralny

pracowali w naszej wspólnocie parafialnej. Urządzali wspólne nabożeństwa, wieczory literackie, weekendy w domu **Stella Maris** na Canvey Island, potańcówki, wycieczki. Przy organizacji powstało bardzo prężne kółko dramatyczne, które w 1954 roku wystawiło widowisko **Piękna nasza Polska cała** a 1969 roku podjęło się bardzo ambitnego planu wystawienia sztuki pt. **Ołtarz Wita Stwosza** opartej na powieści Antoniny Domańskiej **Historia Żółtej Ciżemki**. Scenariusz ten spotkał się z dużym uznaniem i zespół z dużym powodzeniem wystawił sztukę w innych polskich ośrodkach parafial-

Fot. 213
Młodzież KSMP wystawia sztukę "Ołtarz Wita Stwosza"

nych w Anglii.

Ksiądz Turulski zadbał o to aby KSMP otrzymało swój sztandar. Zamówił uszycie sztandaru u artysty hafciarza, księdza Potocznego; nie doczekał się jednak momentu oddania go młodym. Uroczystego poświęcenia sztandaru dokonał jego następca, ksiądz Marian Walczak. Matką Chrzestną została Stefania Pawlus, opiekunka młodzieży. Życzenia na tę piękną uroczystość przesłali ks. Władysław Rubin, ksiądz Bronisław Michalski i

Fot. 214
Sztandar KSMP

Fot. 215
Józef Tarasiuk przemawia na uroczystości poświęcenia sztandaru KSMP

ks. Władysław Staniszewski. Gwóźdź w „imię Trójcy Świętej" wbił ks. prałat Jan Brandys, który tego dnia obchodził swoje urodziny.

Członkowie KSMP wzięli udział w pielgrzymce młodych do Rzymu w 1966 roku na Tysiąclecie Chrztu Polskiego. Brali również udział w żywym obrazie na uroczystościach na White City, pełniąc tam również funkcje porządkowych.

Kolejne roczniki – wychowankowie szkoły sobotniej – dołączały do Stowarzyszenia, kontynuując działalność rozpoczętą przez księdza Turulskiego. Pod koniec lat siedemdziesiątych KSMP na Devonii prowadziło wzmożoną działalność. Uczestniczyło w akademiach organizowanych centralnie z okazji święta Chrystusa Króla czy 3 Maja, wspierając w ten sposób Instytut

Fot. 216
Ks. W. Staniszewski błogosławi sztandar – z prawej Stefania Pawlus, matka chrzestna

Fot. 217
Chór śpiewa na uroczystości poświęcenia sztandaru KSMP

Fot. 218
Młodzież na scenie na sali pod kościołem; siedzą: Mieczysław Radoń, ks. Sołowiej, ks. Turulski i ks. Rzonsa

Polski Akcji Katolickiej (IPAK) czy Polską Macierz Szkolną (PMS). Młodzi organizowali również imprezy, które nie tylko miały na celu wspólną zabawę ale również wzbogacały życie wspólnotowe. Urządzali kolacje przy świecach z programem

Fot. 219
Sztandar KSMP – strona druga

Fot. 220
Obrazek sceniczny KSMP; występują: Basia Podhorodecka, Paweł Pepliński i Helena Podhorodecka

Fot. 221
Przebierańcy – siedzą od lewej: Lucyna Piątek, Darek Kowalski, Magda Kafar, Halina Zuterek i Joasia Miłoszewska; stoją: Renata Hanvas, Marylka Miłoszewska

Fot. 222
Halina Zuterek, Joasia Miłoszewska, Magda Kafar i Joasia Radałowicz

artystycznym podczas którego wciągali do zabawy również i rozbawionych widzów. Prowadzili Drogę Krzyżową w kościele, stali ze sztandarem przy Grobie Pańskim w Wielką Sobotę; kolędowali w polskich domach zbierając pie-

Fot. 223
Stroje międzynarodowe - Stefan z koleżankami

Fot. 224
Lata dwudzieste – Ola i Paweł

Fot. 225
Stroje przez wieki – Marylka i Staś

144

niądze na cele charytatywne; występowali podczas opłatków parafialnych, święconego i na spotkaniach Klubu Przyjaciół. Urządzali bardzo popularne tematyczne zabawy dla całej parafii: „stroje przez wieki", „międzynarodowe", „lata dwudzieste", „wielcy ludzie". Przedsiębiorczość młodych w wyszukiwaniu odpowiednich stroi była zaskakująca.

W latach 80-tych szkoła sobotnia oddała młodzieży do ich dyspozycji dość zaniedbany pokój na samej górze domu pod 20, Devonia Road. Młodzi, radzi że będą mieć własny kąt, z entuzjazmem i wdzięcznością przyjęli ten gest ze strony szkoły, sami pokój odnowili, umeblowali i urządzili z własnych, wypracowanych funduszy. Regularnie tam się spotykali na dyskusje, próby śpiewu, wieczorki towarzyskie. Był to bardzo miły okres w życiu KSMP na Devonii.

Wielu z członków KSMP oraz drużyn harcerskich uczestniczyło w kursach Loreto, prowadzonych przez JE ks. bp Szczepana Wesołego już od lat siedemdziesiątych. Kursy połączone były z odpoczynkiem, wspólną zabawą i zwiedzaniem ciekawym miejsc Europy. Założenia tych kursów, zainicjowanych jeszcze przez księdza Szczepana Wesołego, były dość proste - *Chcemy Wam pomóc, byście*

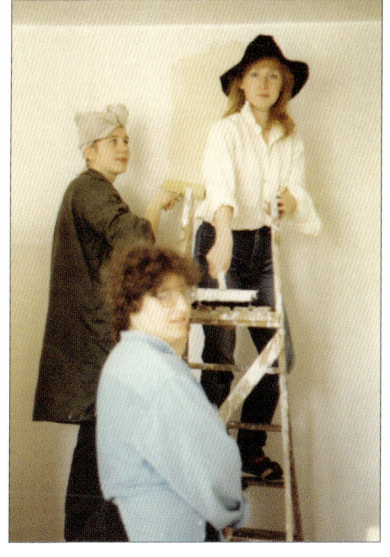

Fot. 226
Odnawianie "młodzieżówki" pod 20-stką – Helena Podhorodecka, Renata Musiał, Oleńka Jasinska

Fot. 227
Młodzi z Devonii na kursie Loreto. Stoją od lewej: Jaś Podhorodecki, Walter Chrobok, Magda Kafar, Piotr Szlosarek, Ola Podhorodecka, Elżunia Kaczmarska, Marcin Kuźmicki i Stefan Podhorodecki

raz jeszcze sobie przypomnieli to, co już zapewne znacie z życia religijnego, ale by to było połączone z pełniejszym pogłębieniem intelektualnym - mówił do młodych na otwarcie kursu. Pragnął aby wzrost ich życia religijnego szedł w parze ze wzrostem intelektualnym, którego doświadczali w szkole, na uniwersytecie czy w pracy zawodowej – Bo młodość to jest okres intensywnego poznawania i odczytywania swojego ja, poznawania siebie i poznawania świata. Okres odkrywania siebie i odkrywania wartości religijnych, by owo stopniowe dojrzewanie, stopniowa samodzielność była równocześnie... ...poznawaniem tego, co Bóg mi mówi, abym odkrywając świat, odkrywał również i działanie Boże w świecie... – Młodzi wracali z tych kursów - podczas których poznawali również i polską młodzież z innych państw Eu-

Fot. 228
Zespół "Iskra" – stoją od lewej: Ryszard Protasiewicz, Krysia Mołda, Halina Andrzejewska, Tadeusz Wojewódka, Ela Kowalska, Stefan Kasprzyk i Halina Nowak

Fot. 229
Zespół "Iskra" w Westminster Hall na Akademi 3-go Maja; na akordeonie gra Staszek Kafar

ropy a też i czasami z Polski - ubogaceni duchowo i z zapałem do dalszej pracy organizacyjnej. Jedną z inicjatyw pokursowych było powstanie grupy dyskusyjnej, która spotkała się regularnie omawiając z ks. Świerczyńskim tematy religijne.

Równoległe z działalnością KSMP rozwijała się działalność zespołu ludowego **Iskra**, który został założony w 1962 roku i był wtedy prowadzony przez Olgę Żeromską. Członkowie zespołu byli również członkami KSMP. Zespół rozwijał się bardzo dobrze; tancerze kompletowali piękne stroje ludowe szyte przez rodziców, poszerzali repertuar tańców; występowali na koncertach, festiwalach, opłatkach; brali udział w konkursach przywożąc do domu pierwsze nagrody, puchary i medale. Po odejściu pani Żeromskiej Ryszard Protasiewicz, czołowy tancerz, przejął prowadzenie zespołu. Próby odbywały się w sali angielskiej szkoły przy Islington Green gdzie prowadziła lekcje polska szkoła sobotnia.

W 1972 roku młodzi zorganizowali bardzo udany koncert na 10-lecie zespołu, z udziałem chóru parafialnego im. Feliksa Nowowiejskiego. Impreza odbyła się w obszernej sali szkoły Islington Green a cały dochód z koncertu został przeznaczony na Fundusz Remontu kościoła na Devonii oraz na zakup Domu Katolickiego na Forest Gate.

Fot. 230
Zespół "Iskra" w latach 80-tych

Koło KSMP Devonia-Forest Gate było w tym czasie bardzo silne, liczyło około stu członków. Członkowie włączali się w pracę charytatywną w parafii, pomagali w kościele. Zespół **Iskra** jeździł w teren z koncertami pieśni i tańca, odwiedzając ośrodki polskie i angielskie – nawet dobrnęli kiedyś i do Paryża!

Rok 1981 ogłoszony został Rokiem Młodzieży Polskiej. Różnorodne imprezy zostały zakończone wspaniałym spotkaniem na stadionie Wembley, gdzie zjechała się polska młodzież z całej Anglii.

Fot. 231
Halina Nowak i Ryszard Protasiewicz tańczą w Paryżu przed wieżą Eiffla

Fot. 232
Zespół "Iskra" przed katedrą Notre Dame w Paryżu

W latach osiemdziesiątych przy boku **Iskry** powstał chór młodzieżowy, który w pewnym okresie swej działalności osiągnął bardzo wysoki profesjonalny poziom. Dyrygentem chóru była Ania Wagstyl a później Wojtek Rakowicz. Akompaniował chórowi Staś Podhorodecki. Mniej więcej w tym samym czasie powstała przy KSMP orkiestra młodzieżowa **Polskie Kwiaty**, która przez wiele lat grała na zabawach na Devonii. Jeździła również do polskich klubów i Domów Parafialnych w całej Anglii grając na polskich zabawach, weselach i innych imprezach towarzyskich.

Co roku devonijne KSMP organizowało akademie i towa-

Fot. 233
Chór młodzieżowy w latach 80-tych; dyryguje Wojtek Rakowicz

148

rzyskie spotkanie dla członków organizacji z całego Londynu z okazji święta patrona młodzieży św. Stanisława Kostki.

19-go lutego 1985 roku ks. kard. Józef Glemp przybył do Wielkiej Brytanii z wizytą duszpasterską. Jako Pasterz Kościoła Chrystusowego i opiekun duchowy emigracji pragnął z bliska zapoznać się z duszpasterstwem emigracyjnym. W bogatym programie znalazł miejsce na spotkanie z młodzieżą – a w tym i z młodzieżą z Devonii - w kościele Chrystusa Króla na Balham. Podczas homilii powiedział między innymi następujące słowa - *Bo i każdego z was Bóg woła do określonego zadania. Nie ma wśród was nikogo, komu by Bóg nie naznaczył swojej drogi. Bardzo wielu z was Bóg powołuje do sakramentu małżeństwa, a więc do bardzo wielkiej, odpowiedzialnej sprawy, do której się trzeba przygotować, ażeby umieć jej sprostać. Poprzez małżeństwo założyć rodzinę, która będzie kościołem domowym i która będzie zaczątkiem tego wychowania i kościelnego i narodowego. Każdy z was ma już przez Boga wytyczoną drogę i trzeba abyście wy w modlitwie i skupieniu tę Bożą drogę znaleźli.*

Fot. 234
Rok 1986; zespoły "Juventus" z Birmingham i KSMP z Devonii z koncertem w Islington Green School

W czerwcu 1986 roku młodzież z zespołu **Juventus** z Birmingham i **Iskry** z Devonii przygotowała koncert **Jadą Goście**, który był zupełnie niecodziennym wydarzeniem w życiu parafii. Koncert, na bardzo wysokim poziomie artystycznym, odbył się w auli Islington Green School, w której polska szkoła sobotnia miała zajęcia szkolne. Zafurkotały kolorowe spódnice, zabrzęczały blaszki u pasa, zabrzmiał radosny, młodzieńczy śpiew, który jak powiew wiosny przeleciał przez przepełnioną salę widzów i rozkołysał echem wysoki pułap sali.

Poprzez lata istnienia organizacji KSMP na Devonii różni byli prezesi, którzy prowadzili organizację i swoim talentem, entuzjazmem i oddaniem mobilizowali członków do aktywnej współpracy. Między nimi trzeba wymienić: Pawła Szlosarka, Staszka Kafara, Stefana Kasprzyka, Ryszarda Protasiewicza, Marysię Synowiec, Krysię Baranowską i Basię Podhorodecką.

Niestety z początkiem lat dziewięćdziesiątych działalność

KSMP na Devonii zaczęła zanikać. Nowe kadry nie zastąpiły odchodzącej ekipy, która powoli opuszczała Devonię w poszukiwaniu swojej drogi życiowej. Inne polskie wspólnoty zresztą przeżywały podobny kryzys. KSMP na Devonii po prostu przestało istnieć – zespół przestał tańczyć, orkiestra przestała grać, chór przestał śpiewać a młodzi ludzie – potomkowie wojennej emigracji - znikli ze wspólnoty parafialnej.

Przystąpienie Polski do Unii Europejskiej i poprzedzający ten moment okres nielegalnej pracy na czarnym rynku zmienił oblicze naszej wspólnoty. W ciągu ostatnich dziesięciu lat znowu masowo pojawili się młodzi Polacy w naszym kościele, ale ich zapotrzebowania były już zupełnie inne. Próby wskrzeszenia działalności KSMP spełzły na niczym.

Odrębną zupełnie działalnością młodzieżową w naszej parafii była praca w drużynach harcerskich i gromadach zuchowych. Działalność ta – rozpoczęta na terenie naszej parafii w 1959 roku - rozwijała się przy polskiej szkole sobotniej, gdyż to właśnie uczniowie szkoły należeli do żeńskiej drużyny **Warta**, męskiej drużyny **Jedynka** oraz gromad zuchowych: **Mazowszanki** i **Górale** oraz skrzatów **Polne Ludki**. Inicjatorką rozpoczęcia pracy na terenie parafii devonijnej była druhna Wanda Poniatowska. Ponieważ harcerki z naszego terenu, należące do drużyny **Wisła**, która prowadziła zbiórki w centralnym Londynie, miały daleką drogę do miasta, postanowiono stworzyć nową drużynę w północnym Londynie, która objęła teren Devonia-Highgate. Pierwszą drużynową została Hanna Goll i drużyna od razu miała cztery zastępy harcerek.

Pierwsza drużyna harcerzy imienia **Władysława Łokietka** powstała na Devonii w 1955 roku, choć wcześniej funkcjonowała już gromada zuchów **Górale**. Pierwszym drużynowym był druh Zdzisław Kaczmarczyk a zaraz po nim Jacek Bernasiński. Niedługo po jej powstaniu Trzecia Dywizja Strzelców Karpackich - Karpat-

Fot. 235
Lata 50-te. Drużyna "Jedynka" z drużynowym Jackiem Bernasińskim

czycy – przejęła opiekę nad drużyną i wspierała ją finansowo w zakupie sprzętu, wydatków związanych z organizacją obozów i w nabyciu proporca, który również nosi emblematy Karpatczyków. Była to sytuacja zupełnie nietypowa, gdyż nie było drużyny harcerskiej w Londynie, która by miała takie ścisłe związki z oddziałem wojskowym.

Fot. 236
Sprawność kucharza

Drużyna przyjęła nazwę **Jedynka**, choć nie była pierwszą drużyną męskiego hufca **Warszawa** w Londynie. Przyjęła tę nazwę, gdyż od początku jej członkowie postawili sobie bardzo jasny cel: być najlepszym w pracy harcerskiej! I cel ten starali się – bardzo skutecznie – realizować podczas ponad 50-letniej historii drużyny. Często zdobywali pierwsze miejsce w punktacji na światowych zlotach, gdzie najczęściej występowali w swoich barwach drużynowych. Uczestniczyli w różnych zlotach światowych, a między nimi: w Comblain Le Tours w Belgii w 1986, w Kanadzie w 2000 r. i w Stanach w 2006 r.

Fot. 237
Drużyny męskie i żeńskie

Zbiórki harcerskie odbywały się zaraz po zajęciach szkolnych - albo w sali parafialnej albo w angielskiej szkole - a udział w akcjach letnich, biwakach i wycieczkach rozwijał w młodych nie tylko hart ducha i zdolności praktyczne (robienie stojaków, rozstawianie namiotów, gotowanie na kuchni polowej, zdobywanie stopni i sprawności) ale poszerzał również ich wiedzę o Polsce i rozbudzał uczucie patriotyzmu, wierności Bogu i Ojczyźnie. Przyrzeczenie harcerskie, składane przez członków drużyn, bardzo te elementy podkreślało: *Mam szczerą wolę pełnić służbę Bogu i Polsce, nieść chętną pomoc bliźnim i być posłusznym prawu harcerskiemu*. Andrzej i Olga Małkowscy postawili polskiemu harcerstwu bardzo wzniosłe zadania, które drużyny i gromady pracujące na Devonii, starały się systematycznie realizować. Metoda pracy polegała przede wszystkim na samowychowaniu poprzez zdobywanie stopni i sprawności i przykład osobisty. A w dodatku praca w harcerstwie wzmacniała więzi przyjaźni zawarte w polskiej szkole, przenosiła je na grunt pozaszkolny, dając młodym konkretne cele do realizowania i chroniąc ich przed często negatywnymi wpływami otoczenia. Bo harcerstwo to wielka gra życiowa. To przygoda, obozy, zloty, ogniska, biwaki i praca nad sobą. Bo głównymi zadaniami ZHP jest najpełniejszy i wszechstronny rozwój młodzieży według idei służby Bogu, Polsce i bliźnim; pogłębianie świadomości polskiego pochodzenia i więzi z Ojczyzną, utrzymanie polskich tradycji i języka polskiego z jednoczesnym kształceniem odpowiedzialnego obywatela kraju zamieszkania, który świadomie i czynnie służy innym. Harcerstwo pomaga w budowaniu osobistego kontaktu z Bogiem poprzez odnajdywanie Go w przyrodzie i we wspólnocie harcerskiej; w pogłębianiu wiary i wierności zasadom Ewangelii w życiu osobistym oraz w kształtowaniu

Fot. 238
Warta przy Grobie Pańskim

Fot. 239
Zuchy na biwaku – budowanie szałasu

charakteru, wyrabianiu zaradności i stwarzaniu środowisk rówieśników, w których atmosfera dobrych obyczajów pomaga rozwijać dodatnie cechy charakteru i społecznie zaangażowaną osobowość.

I tak w imię powyższych zasad członkowie drużyn devonijnych jeździli na biwaki, wycieczki i obozy – czasami pod własnym sztandarem a czasami z innymi londyńskimi drużynami. Brali udział w konkursach i w zlotach zarówno polskich jak i międzynarodowych. Zorganizowany w 1957 roku jubileuszowy międzynarodowy zjazd skautingu w Windsor Great Park, z udziałem księżniczki Małgorzaty, zgromadził bardzo dużą reprezentację polską z całej Europy.

Fot. 240
Kominek harcerski; tańczy Ola Bernasińska

Fot. 241
Pasowanie na harcerki – Iwona Szmidt i Elżunia Rakowicz niosą Witoldę Matuszewską

Był taki ciężki moment w historii męskiej drużyny w latach dziewięćdziesiątych, kiedy zaledwie dwóch harcerzy należało do drużyny: Dawid Ostręga i Tadeusz Moszumański. Nie poddali się jednak, nie zawiesili działalności i dzięki wytrwałej pracy Dawida, wspaniałemu wsparciu Olgierda Lalko – szczepowego - i chęci przetrwania rozbudowano drużynę, która po dziś dzień funkcjonuje sprawnie, składa się z przedstawicieli starej i nowej emigracji i przynosi radość kolejnym pokoleniom Polaków.

Szczepową drużyny żeńskiej **Warta** i gromady **Mazowszanek**

Fot. 242
Przemarsz harcerek na obozie

Fot. 243
Jamboree w Windsor Great Park – Asha Shanhani i Ola Giertych

przez wiele lat była Hanka Lubaczewska (Goll), dziś funkcję tą pełni Oleńka Jasińska, a szczepowym męskiej drużyny **Jedynka** i gromady **Górali** był przez blisko 30 lat – i jest nadal – Olgierd Lalko. Obe-

Fot. 244
Drużyna "Warta" na wycieczce

cnymi drużynowymi są: Kasia Kowalska i Jan Moszumański.

We wrześniu 1989 roku odbyło się dość ciekawe spotkanie harcerskie na Devonii. Pomysł zorganizowania dwutygodniowego spotkania dla polskich instruktorów i instruktorek z całego świata powstał podczas zlotu harcerskiego w Ameryce w 1988 roku. Celem spotkania było bliższe poznanie się władz harcerskich i pogłębienie wiedzy i postawy harcerskiej. Organizacją całej imprezy zajęło się harcerstwo londyńskie, które oprowadzało gości po stolicy, urządziło im zwiedzanie polskich pamiątek i poznawanie polskich wspólnot. I w tym celu każdy dzień kończył się kolacją w innej polskiej parafii. Zawitali też i na Devonię, gdzie w towarzyskim spotkaniu brali udział również trzej polscy biskupi (z Pelplina, Wrocławia i Częstochowy), którzy w tym czasie gościli w naszej parafii. Byli oni zachwyceni patriotyczną postawą młodzieży, która równie chętnie rozmawiała z bracią harcerską jak i z duchownymi. Podano smaczną kolację – przygotowaną przez siostrę Petronię a podaną przez harcerki z drużyny **Warta** – i zakończono spotkanie kominkiem prowadzonym przez delegację z Kanady. *Wszędzie nas pędzi, wszędzie gna, harcerska dola radosna* śpiewano wtedy, kończąc kręgiem harcerskim i pieśnią *Idzie noc*.

Fot. 245
Druhna Hanka Lubaczewska, szczepowa

Fot. 246
Druh Olgierd Lalko, szczepowy

Fot. 247
Na obozie – zbiórka przed namiotem; zastępowy Jurek Jankowski

    Harcerstwo na Devonii miało nie tylko poparcie szkoły sobotniej, z której rekrutowali się członkowie drużyn i gromad, ale również i naszej parafii, która nie tylko udostępniała sale na zbiórki ale również wspierała je finansowo poważnymi dotacjami, szczególnie wtedy gdy młodzi wyjeżdżali na światowe jubileusze i koszta

Fot. 248 Rozpalanie ogniska na obozie

tych wyjazdów były ogromne. A młodzi stali na warcie przy Bożym Grobie, uczestniczyli w patriotycznych nabożeństwach na 3 Maja i 11 Listopada, kolędowali, organizowali opłatki

Fot. 249 Drużyna "Warta" – Magda Kafar drużynowa

harcerskie z udziałem duszpasterzy, robili palemki na Palmową Niedzielę i uczestniczyli w życiu parafii. Wprawdzie odkąd polska

Fot. 250 Kasia Kowalska i Jan Moszumański składają raport na sali pod kościołem

156

Fot. 251
Chłopcy Gabriel-czykowie, kuzyni, członkowie drużyny "Jedynka" na obozie letnim

szkoła zmuszona była opuścić lokal na Islington Green i przeniosła się daleko od Devonii kontakt z parafią poważnie się zmniejszył, niemniej drużyny nadal czują się uczuciowo związane z kościołem na Devonii i noszą nazwy drużyn dewonijnych.

16-go maja 2009 harcerki z drużyny **Warta** obchodziły Złoty

Fot. 252
Rok 2009 – opłatek Polish Students' Society uniwersytetu londyńskiego

Jubileusz – 50 lat istnienia drużyny w północnym Londynie. Spotkanie rozpoczęto Mszą św. której przewodniczył kapelan harcerstwa ks. Andrzej Marszewski. Po Mszy św. w sali pod kościołem miał miejsce kominek z udziałem kilku pokoleń harcerek z drużyny.

Równolegle z działalnością drużyn harcerskich i gromad zuchowych funkcjonuje na Devonii Koło Przyjaciół Harcerstwa, które powstało w 1963 roku aby praktycznie i finansowo wspierać działalność harcerską. Koło organizuje imprezy dochodowe – zabawy, loterie, kiermasze – aby umożliwiać młodym wyjazdy na biwaki, obozy i kursy szkoleniowe, oraz na zakup sprzętu i materiałów potrzebnych do prowadzenia ciekawych zbiórek. Członkowie koła to ludzie zaangażowani w pracę wychowawczą, świadomi ogromnych korzyści jakie przynosi młodym praca w harcerstwie. Prezesem koła już od wielu lat jest Julia Moszumańska.

Oto jak założyciel Koła Przyjaciół Harcerstwa, druh Jan Lalko, na 25-leciu organizacji w 1988 roku wspominał początki działalności Koła:

Początki działalności Koła, jak i każdej nowo powstałej organizacji, były trudne. Według regulaminu, obok innych prac mieliśmy gromadzić fundusze na rzecz jednostek. Członków było mało; na składki nie można było liczyć. Więc zaczeliśmy urządzać zabawy dochodowe. Na Devonii w tamtych czasach było ubogo. Nie było kawiarenki jak obecnie; bufet urządzano w rogu sali. Naczynia myło się w miednicy. Jednak stopniowo zabawy zaczęły przynosić dochód i można było pomagać przy zakupie sprzętu i w innych harcerskich wydatkach. Ale, co najważniejsze, harcerstwo dostało pewne oparcie w społeczności parafialnej. Zaczęto jak gdyby dostrzegać go i doceniać jako jedną z instytucji wychowawczych.

W następnej swej działalności Koło popierało idee harcerstwa wśród rodziców, gdzie tylko nadarzyła się okazja. Podkreślaliśmy, że harcerstwo nade wszystko dostarcza młodzieży moralnie i fizycznie zdrowej przygody. Bowiem młody człowiek łaknie jej jak codziennego chleba. Jeżeli się jej nie dostarczy, będzie szukał jej na ulicy.

Obecnie na Devonii znowu jest bardzo dużo młodych ludzi.

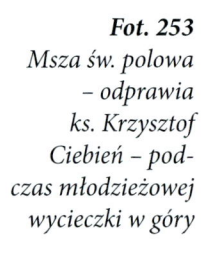

Fot. 253
Msza św. polowa – odprawia ks. Krzysztof Ciebień – podczas młodzieżowej wycieczki w góry

Organizują swoje życie duchowe, społeczne i towarzyskie wokół wspólnoty parafialnej. Prowadzą czwartkowe medytacje, piątkowe spotkania, scholę, chór; urządzają dyskoteki, opłatki młodzieżowe, święcone. Wyjeżdżają razem w teren i wspierają nowoprzybyłych. Nie tworzą nowych organizacji, gdyż jedni przyjeżdżają, inni wyjeżdżają i stan parafii jest bardzo płynny ale nie ulega wątpliwości, że przyszłość naszej wspólnoty jest w ich rękach.

Rozdział 7

ORGANIZACJE

Przez minionych 80 lat życia naszej wspólnoty parafialnej wiele było organizacji religijnych i społecznych, które odegrały istotną rolę na pewnym etapie naszej historii, a później zamierały śmiercią naturalną – najczęściej wtedy, kiedy ich cele i założenia przestawały być aktualne.

W 1960 roku – z inicjatywy Sodalicji w parafii na Willesden, prowadzonej przez księży Jezuitów – powstała w naszej parafii Sodalicja Mariańska. Pierwsze przyjęcie kandydatów odbyło się 11-go grudnia 1960 roku w obecności głównego moderatora Sodalicji, ojca Skudrzyka SJ i księdza Władysława Staniszewskiego. Pierwszym moderatorem na Devonii został ksiądz Narcyz Turulski, który powołał również w tym czasie Krucjatę Szkolną.

Patronem Sodalicji w późniejszych latach został ks. Cudziński SJ z Willesden. Członkowie uczestniczyli co miesiąc w zebraniach formacyjnych oraz włączali się w organizowane w parafii wyjazdy na festyny do szkoły polskiej dla chłopców w Fawley Court czy do szkoły dla dziewcząt w Pitsford oraz na pielgrzymki do Walsingham i Aylesford; brali udział w rekolekcjach parafialnych, procesjach na Boże Ciało i przy Wielkopostnej Adoracji przy Grobie Pańskim. Sodalicja była organizacją ściśle kościelną, którą kierował każdorazowy moderator polskiego kościoła na Devonii. Celem Sodalicji było szerzenie czci i nabożeństwa do Matki Boskiej oraz praca nad wyrobieniem duchowym członków, którzy również mieli obowiązek pomagania księdzu proboszczowi. Comiesięczne zebrania poprzedzone były specjalnym nabożeństwem po którym odbywały się odczyty zaproszonych prelegentów oraz samych członków.

W 1962 roku odbył się na Devonii ogólny zjazd Sodalicji

Mariańskiej z udziałem JE ks. abpa Józefa Gawliny. Członkowie Sodalicji należeli również do Apostolstwa Świeckich i Żywego Różańca; odwiedzali chorych w domach i szpitalach i modlili się w intencjach Ojca Świętego rozpowszechniając nabożeństwo do Serca Jezusowego.

Apostolstwo Świeckich, któremu przez wiele lat przewodniczył Ferdynand Bissinger, prowadziło trzy działy pracy katolickiej: dział odczytowy, dział charytatywny i Klub Przyjaciół. Dział odczytowy przez wiele lat koncentrował się na wykładach ojca J.Mirewicza SJ, który w sali pod kościołem gromadził bardzo liczne grono wiernych słuchaczy. Ojciec Mirewicz głosił homilie i rekolekcje w różnych parafiach, u nas miał jednak szczególne miejsce.

Po jego powrocie do Polski nastąpiła przerwa w działalności tej sekcji. W ostatnich latach została wznowiona i mieliśmy szczęście gościć tak wspaniałych mówców jak Prezydent Ryszard Kaczorowski, historyk Norman Davies, ksiądz profesor Michał Heller oraz świadkowie drugiej wojny światowej.

Sekcja charytatywna przez wiele lat opiekowała się starszymi i schorowanymi parafianami. - *Chorych Bóg naznaczył krzyżem cierpienia, nie dlatego, że na nie zasłużyli, ale dlatego, że ich wyróżnił i zaprosił do pomocy w noszeniu Jego Krzyża… …Chorym trzeba polecić nasze prośby w modlitwie* - powiedział ks. Jan Mikulski z Willesden, podczas Mszy św. poświęconej chorym i cierpiącym w ramach jubileuszowego tygodnia 50-lecia naszej parafii. - *Ich modlitwa ma szczególną wymowę u Boga!* - Wielu mieliśmy parafian samotnych i schorowanych, którzy przeżyli cierpienia drugiej wojny światowej i na starość potrzebowali nie tylko opieki medycznej, czy wsparcia materialnego ale również i obecności przyjaznej polskiej duszy, która by była gotowa poświęcić im trochę czasu, serca i uwagi. Członkowie Sekcji nie tylko odwiedzali chorych w okolicznych szpitalach i domach prywatnych ale również opiekowali się pacjentami nerwowo chorymi w szpitalach Epsom i Shemley. Opiekowali się również opuszczonymi polskimi grobami na okolicznych cmentarzach, włączając w to i troskę o działkę polskich księży na cmentarzu św. Patryka na Leyton.

7-go stycznia 1968 roku w ramach Polskiego Stowarzyszenia Katolickiego do którego należeli wszyscy parafianie, został powołany do życia devoninjy Klub Przyjaciół pod wezwaniem Matki Boskiej Miłosierdzia. Myśl zorganizowania klubu powstała w grudniu 1967 roku na zebraniu na którym również był obecny ksiądz biskup Władysław Rubin. Na spotkaniu organizacyjnym przyjęto nazwę Klubu Przyjaciół a kierownictwo nad nim objął Stefan Rozbicki. Celem klubu było skupianie przy kościele starszych i samotnych Polaków, służenie im radą i pomocą, udzielanie potrzebnych im informacji, utrzymanie łączności z innymi organizacjami parafialnymi, utrzymanie współpracy z angielskimi organizacjami opieki społecznej, utrzymanie łączności z Towarzystwem Pomocy Polakom, pomaganie przy załatwianiu urlopów organizowanych przez British Council for Aid to Refugees, odwiedzanie chorych lub przywożenie ich na miesięczne spotkania, przy ścisłej współpracy z sekcją charytatywną.

Do tych celów służyły miesięczne spotkania przy herbatce, poprzedzane Mszą św. Herbatki urozmaicano odczytami, występami młodzieży lub harcerzy. Mogli w nich uczestniczyć zainteresowani i sympatycy klubu. Podczas spotkań jego członkowie dzielili się swymi wrażeniami, mówili co ich gnębiło i bolało, mogli oderwać się od swych trosk szarego, codziennego życia.

W listopadzie w dniu święta Matki Boskiej Miłosierdzia, będącej patronką klubu, organizowano uroczystą akademię dla oddania Jej czci i hołdu. Dla swoich członków klub urządzał Święcone. Brali oni również udział w opłatkach parafialnych. Organizowano autokary do Laxton Hall na procesję Bożego Ciała i wycieczki krajoznawcze, między innymi do pięknego pałacu królewskiego pod Londynem, Hampton Court.

Fot. 254
Msza św. dla chorych

Klub był samowystarczalny, opierając się na dobrowolnych datkach swoich członków. Miał wielkie poparcie u władz kościelnych, które cieszyły się, iż starsi prowadzą swoją działalność w parafii.

W dniu założenia Klubu 40 osób zgłosiło się na członków; liczba ta szybko przekroczyła setkę i klub dał impuls podobnym inicjatywom w innych parafiach, które dotychczas nie prowadziły takiej działalności.

Historia Klubu Przyjaciół w naszej parafii była kolorowa! Klub to się zamykał, to wskrzeszał swoją działalność. Obecnie funkcjonuje pod zmienioną nazwą Koła Seniorów.

Fot. 255
Rok 2009 – święcone Klubu Seniora

W ostatnich latach założono w naszej parafii Trzeci Zakon Franciszkański oraz grupę modlitewną Ojca Pio. Spotykają się również członkowie Ruchu Światło-Życie, odbywają się katechezy dla dorosłych ze Wspólnoty Neokatechumenalnej, a przez wszystkie lata historii naszej wspólnoty Koło Różańcowe spotyka się w pierwszą niedzielę miesiąca, kiedy następuje zmiana tajemnic. W dniu tym członkowie razem modlą się o pokój na świecie i w intencjach papieskich.

W parafii funkcjonowały również organizacje świeckie. Doskonale prosperowała biblioteka parafialna, która miała bogaty zbiór książek w większości wydanych podczas wojny na Bliskim Wschodzie. Funkcje bibliotekarek pełniły Stefania Pawlus a później Teresa Rybicka. Podczas poważnych remontów ostatnich lat działalność biblioteki została zawieszona ale dziś znowu wznawia swoją pracę.

Równie sprawnie funkcjonował sklepik parafialny, położony w podziemiach kościoła i prowadzony przez Pawła Szlosarka, który zaopatrzał wiernych w polską żywność, a dochód z którego wspierał szkołę sobotnią i parafię.

Koło lektorów prowadziło swoją działalność.

Dodatkowo mieliśmy na Devonii lokalne koło Skarbu Narodowego, którego członkowie wspierali działalność polskiego rządu na uchodźstwie i komórkę Zjednoczenia Polskiego, a różne koła pułkowe urządzały swoje święta w sali pod kościołem.

Fot. 256
Przyjęcie lektorów – Barbara Kuźmicka i Mariola Eames składają przyrzeczenie na ręce ks. Ludwika Czyża

Rozdział 8

CANVEY ISLAND

W roku 1950, za namową księdza Turulskiego, świeżo przybyłego do parafii w roli proboszcza i przy wsparciu finansowym Polskiej Misji Katolickiej parafia nabyła parcelę z budynkiem na małym półwyspie u ujściu Tamizy zwanym Canvey Island. Niewielka, raczej zaniedbana posiadłość, leżała bardzo blisko morza i doskonale nadawała się na miejsce na kolonie letnie dla dzieci i młodzieży. Przeszli oni trudy i tragedie ostatniej wojny. Mieszkali w skromnych warunkach biednych dzielnic Londynu i spragnieni byli przestrzeni, powietrza i słońca.

Fot. 257
Canvey Island – cały obiekt

Niewielka parcela, z boiskiem do piłki nożnej i siatkówki, leżała na samym cyplu wyspy, a więc położona była w bezpiecznym, zacisznym miejscu, z dala od ruchu drogowego, a z łatwym dojściem do błotnistej plaży. Na terenie obiektu znajdował się kolorowy wóz Drzymały, nieskończone źródło radości dla przyszłych uczestników kolonii.

Cena obiektu była przystępna, toteż Komitet Parafialny podjął decyzję zakupu **Stella Maris** – bo tak ochrzczono to miejsce – i par-

Fot. 258
*Wóz Drzymały
– miejsce spotkań i
zabawy*

*Fot. 259
Brodzik*

cela przeszła w ręce polskiej wspólnoty na Devonii. Ksiądz Turulski objął funkcję gospodarza ośrodka. Często jeździł na Canvey aby skorzystać ze świeżego powietrza i obejrzeć własność parafii. Przywoził tam swoich znajomych księży, którym z radością pokazywał ten obiekt. Sprawdzał też, czy prace remontowe są dobrze wykonywane. Pomimo, że parafia nie miała w tym czasie żadnych dodatkowych funduszy – ambasador Edward Raczyński nieraz wspierał parafię finansowo, gdyż składki na tacę nie wystarczały na najbardziej niezbędne potrzeby – to jednak trzeba było obiekt na Canvey dostosować do celów dla których został zakupiony. Pomagała tu cała ekipa wolontariuszy, która spędzała weekendy na Canvey remontując, odnawiając, malując, plewiąc teren wokół budynku.

Stanisław Myron-Petsch ufundował barak (kaplicę/świetlicę), który przez dalsze lata istnienia ośrodka pełnił zasadniczą rolę w życiu kolonii. Odprawiano w nim Msze św. a wciągu tygodnia,

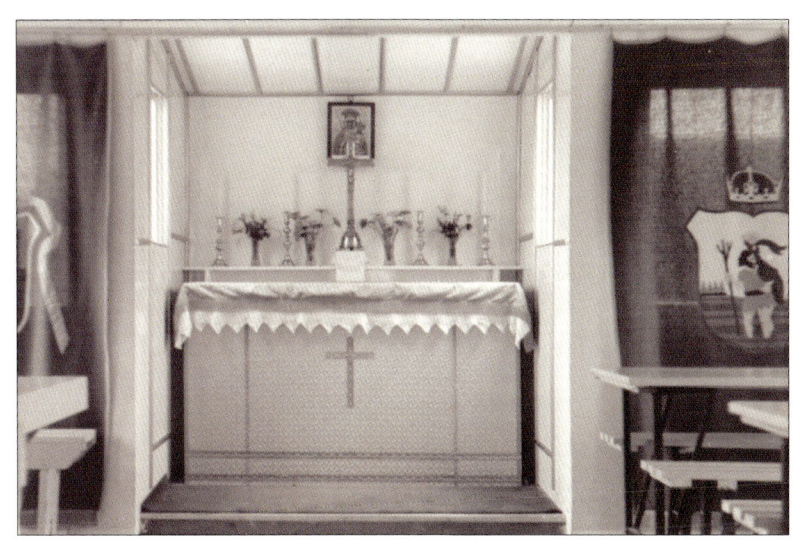

Fot. 260
Ołtarz w baraku zafundowanym przez Stanisława Myron-Petsch

w razie niepogody, służył jako świetlica na zajęcia artystyczne.

Ksiądz Turulski miał bardzo jasną wizję tego, komu i jak miał służyć ośrodek na Canvey Island. Miały się w nim odbywać kolonie dla dzieci i młodzieży w okresie szkolnych wakacji letnich. W innych terminach mogły z niego korzystać polskie rodziny spędzając tam swoje wakacje. Kolonie – choć w zasadzie rozrywkowo-odpoczynkowe - miały mieć charakter wychowawczy. Uczestnicy mieli się razem modlić, trochę uczyć się, dużo się bawić i odpoczywać.

Fot. 261
Czas wolny

Choć formalnie ksiądz Turulski był gospodarzem ośrodka, to obowiązki duszpasterskie przy Devonia Road nie pozwalały mu na zbyt częste wyskoki na Canvey – choć niewątpliwie świeże powietrze morskie było poważną przynętą. Trzeba pamiętać, że były to czasy słynnej angielskiej mgły i pobyt w mieście – zwłaszcza latem – był bardzo męczący. Mianował więc kierowników kolonii, którzy organizowali zajęcia i otaczali opieką wszystkich uczestników kolonii. Wspierały ich ekipy wolontariuszy w kuchni – posiłki były zdrowe i smaczne – oraz młodzież Katolickiego Stowarzyszenia Młodzieży Polskiej (KSMP), która dojeżdżała okresowo aby pomagać przy organizowaniu gier i zajęć podczas dnia,

Fot. 262
Maria Giertych i Albina Synowiec w towarzystwie uczestników kolonii

Fot. 263
Pomocnicy z ks. Turulskim

względnie poprowadzić ognisko czy kominek wieczorem, ucząc dzieci pieśni harcerskich, ludowych i wojskowych. Sama spędziłam tam wiele weekendów podczas moich lat studenckich.

Głównym zastępcą księdza Turulskiego był Stanisław Baranowski, – Stasio – który bardzo pomagał przy organizacji kolonii. Lubiany przez dzieci, pełen pomysłów i humoru był cennym członkiem komendy. Pomagali również, prowadząc kolonie lub pracując w kuchni: Stefania Budzianowska, Albina Synowiec, Wanda Gabzdyl, Barbara Gabrielczyk, Maria Neuman, Maria Giertych, Halina Goll oraz panowie: Antosiak, Magiera i Rafaląt.

W latach 1952-62 kolonie cieszyły się dużym powodzeniem i na każdej z nich był pełny komplet dzieci – 50. Brakowało nawet miejsca dla chętnych, gdyż budynek dysponował ograniczoną ilością miejsc noclegowych na piętrowych łóżkach znajdujących się w dużej sypialni zlokalizowanej na poddaszu, do której wchodziło się po

Fot. 264
Ks. paweł Rzonsa na balkonie głównego budynku

Fot. 265
Wóz Drzymały pęka w szwach

stromej drabinie. Zysków materialnych dla parafii inicjatywa nie przynosiła, – ze względu na niskie opłaty - ale **Stella Maris** spełniała ważne zadanie w tym okresie, pomagając w ten sposób polskim rodzinom.

Dzieci, które jeździły na kolonie na Canvey do dziś wspominają ten radosny okres w swoim życiu. Był to czas beztroskiej zabawy pod dobrą opieką, okazją do rozgrywek sportowych, kąpieli w morzu, rozwijania zainteresowań artystycznych, nauki tańców ludowych i śpiewu.

Wiele devonijnych rodzin jeździło na swoje wakacje na Canvey. Korzystali z przestrzeni, świeżego powietrza i morskiej kąpieli.

Z biegiem lat prymitywne raczej warunki panujące na Can-

Fot. 266
Młodzi uczestnicy kolonii

Fot. 267
*M.Maciołek,
ks. Turulski
i Teresa Rafaląt*

vey Island przestały zadawalniać rodziny, których sytuacja ekonomiczna wyraźnie ulegała poprawie. Ilość uczestników kolonii zaczęła spadać; budynek wymagał gruntownego remontu na który parafia nie mogła sobie pozwolić.

Po śmierci księdza Turulskiego Canvey Island jakby straciła rację bytu. Wprawdzie Władysław Lewandowski, zakrystianin parafialny, dzielnie kontynuował dzieło księdza Turulskiego, przyszedł jednak moment, że trzeba było podjąć ważną decyzję odnośnie przyszłości obiektu. Z wielkim żalem postanowiono sprzedać **Stella Maris**. Ostatnie kolonie odbyły się w 1966 roku i ośrodek przeszedł w obce ręce, zamykając w ten sposób pewien cenny rozdział w życiu naszej parafii.

Pieniądze otrzymane ze sprzedaży zostały w niedługim czasie wykorzystane na zakup Laxton Hall, który przeznaczono na polski Dom Spokojnej Starości.

Rozdział 9

NASZE DROGI NA DEVONIĘ

Kościół to nie tylko budynek w którym modlą się wierni, ale to również, a może szczególnie, wspólnota ludzi wierzących i praktykujących. Dlatego w historii naszego kościoła nie może zabraknąć historii ludzi, którzy tę wspólnotę tworzyli. Na przestrzeni minionych 80 lat pracowało w naszej parafii bardzo wiele oddanych osób. Nie sposób jest wymienić wszystkich, którzy odegrali jakąś rolę w tworzeniu tej wspólnoty i pozostawili po sobie wspomnienie żywej przyjaźni i bezinteresownego zaangażowania w prace związane z utrzymaniem jej i obiektu parafialnego – bo i pamięć tu zawodzi. Niemniej tymi krótkim i różnorodnymi życiorysami chcemy oddać hołd również i tym bezimiennym parafianom, których historii nie znamy a którzy przyczynili się do tego, że kościół nasz i nasza parafia przetrwały wcale niełatwe lata naszego emigracyjnego bytu.

Do takich aktywnych działaczy zaliczyć trzeba:

Siostrę Adrianę, która po odejściu siostry Albany pełniła funkcję zakrystianki,

Siostrę Albanę, ze zgromadzenia Sióstr Wspólnej Pracy, która stroiła ołtarz, dbała o szaty liturgiczne i uczyła katechezy w pol-

Fot. 268
Stanisław Baranowski w towarzystwie ministrantów

skiej szkole sobotniej,

Stanisława Baranowskiego, zakrystianina i gospodarza ośrodka parafialnego w latach pięćdziesiątych, kochanego przez dzieci i szanowanego przez dorosłych, który zginął śmiercią tragiczną ratując kuchnię od groźby pożaru. Był on nadzwyczaj pracowitym człowiekiem, który wszędzie się udzielał – śpiewał w chórze, pomagał przy koloniach na Canvey, pomagał tam, gdzie pomoc była potrzebna,

Zdzisława Baranowskiego, wieloletniego prezesa Koła Rodzicielskiego i bardzo aktywnego członka wspólnoty parafialnej,

Fot. 269
Józef Behnke

Józefa Behnke, człowieka niezwykle skromnego, ale całym sercem oddanego wspólnocie parafialnej; powiernika PBF, prezesa Koła Rodzicielskiego i prezesa Komitetu Parafialnego,

Stanisława Biretę, który przez wiele lat był nadwornym fotografem naszej parafii,

Franciszka Bissingera, członka Instytutu Polskiego Akcji Katolickiej i katolickiego dziennikarza,

Felicję Borowy, która pod pseudonimem Felicja Bartoszewska komponowała wiersze na każdą parafialną uroczystość,

Stanisława Drzemczewskiego,

Reginę Drage, która po odejściu siostry Adriany przez wiele lat układała kwiaty przy ołtarzu i bohatersko wyczyściła Drogę Krzyżową podczas remontu kościoła w 1992 roku,

Marię i Franciszka Frosztęga,

Fot. 270
Maria Giertych

Fot. 271
Ludwika Jamroz

Marię Giertych, matkę dziewięciorga dzieci – w tym trójka w życiu zakonnym - wieloletnią nauczycielkę polskiej szkoły i kierowniczkę kolonii na Canvey Island,

Franciszka Golnik, redaktora **Wiadomości Parafialnych**,

Edwarda Gryko,

Ludwikę Jamroz, która przez 43 lata prowadziła kuchnię na Devonii i otrzymała za tą pracę Medal Zasługi przyznany przez Księdza Biskupa Władysława Rubina. Swą służbę rozpoczęła w okresie wojny gotując posiłki polskim żołnierzom,

Staszka Kafara, który był centralną i ważną postacią w naszej społeczności. Był człowiekiem którego uśmiech, przyjaźń, pomocna ręka, wielkie serce i niezapomniana muzyka były u podstaw naszej działalności na Devonii. I nie tylko. Był człowiekiem szlachetnym; gorliwy katolik, który z podziwu godną cierpliwością i optymizmem znosił skutki choroby, która męczyła go prawie przez dziewięć lat; gorący patriota i wierny przyjaciel, który swym spontanicznym talentem muzycznym umilał każde spotkanie towarzyskie i społeczne. Grał na akordeonie, śpiewał, opowiadał kawały. Był duszą każdej imprezy w której dane mu było uczestniczyć. Wraz z jego odejściem skończyła się pewna era w życiu wspólnoty parafialnej na Devonii.

Staszek Kafar urodził się 24-go marca 1940 roku w Uszczynie, niedaleko Piotrkowa Trybunalskiego. Skończył szkołę i rozpoczął studium pedagogiczne. Wraz z matką przyjechał do Anglii w 1958 roku, aby po raz pierwszy spotkać się z ojcem, którego zawierucha wojenna rzuciła na te Wyspy. Do Anglii przyjechał na stałe w 1960 roku; po opanowaniu języka angielskiego ukończył inżynierię budowlaną na Hammersmith College i pracował w tym zawodzie do 1997 roku, kiedy choroba zmusiła go do wczesnej emerytury.

W 1966 roku poślubił Marylę Czerwińską, z którą łączyły go długie lata przyjaźni jeszcze z lat szkolnych. Przeżyli razem 40 lat szczęśliwego pożycia małżeńskiego.

Od przyjazdu do Anglii Staszek rzucił się w wir życia społecznego na Devonii. Uczył w szkole sobotniej, działał w KSMP, grał na organach w kościele, śpiewał w chórze parafialnym - później został jego dyrygentem. I grał; ciągle grał. W zespołach tanecznych, na koncertach, opłatkach; muzyka była nie tylko jego pasją życiową ale również i wielką miłością. Wierną towarzyszką w

Fot. 272
Ks. Bp Sz. Wesoły, ks. S. Świerczyński, Staszek Kafar z harmonią i ks. K. Zieliński

najtrudniejszych momentach życia, nawet w obliczu śmierci, gdyż Staszek nawet w letargu, ku zdziwieniu sióstr szpitalnych, nucił sobie melodie. Choć nigdy nie pobierał formalnych lekcji muzycznych od najmłodszych lat grywał na różnych instrumentach. Staszek grał z pasją, zamiłowaniem i wielkim talentem. Ten entuzjazm udzielał się innym obecnym na przeróżnych spotkaniach kombatanckich, pułkowych, parafialnych i zaraz wytwarzała się atmosfera wspólnotowa. Wspierał on księży, zawsze radosny i wesoły; nigdy nie odmówił pomocy, wiele godzin swego życia spędził na Devonii,

Czesię Kowalkowską, długoletnią członkinię chóru, przedszkolankę, regularną uczestniczkę zabaw na Devonii, wesołą i pogodną parafiankę,

Władysława Lewandowskiego, wieloletniego i bardzo oddanego kościelnego i gospodarza ośrodka parafialnego,

Józefa Małowieckiego

Cytuję: - *Był sobie taki człowiek, najstarszy członek kolonii polskiej w Wielkiej Brytanii, przez 50 lat wiernie służył kościołowi polskiemu w Londynie jako jego kościelny. Zachował swe polskie obywatelstwo i zadziwiającą czystość mowy ojczystej.*

Fot. 273
Józef Małowiecki

Dnia 18-grudnia 1938 roku odprawiono uroczystą Mszę św. w intencji kościelnego, pana Józefa Małowieckiego z okazji 80-tej rocznicy jego urodzin. Pan Małowiecki jest najstarszym członkiem kolonii polskiej w Londynie. Mieszka tu od 1889 roku bez przerwy i jest jedynym żyjącym świadkiem dziejów Misji od jej powstania do chwili 1944 roku.

Pomimo swojego 50-letniego tu pobytu nie chciał nigdy swego obywatelstwa zmienić, a swój paszport polski przechowuje tak pieczołowicie, że wygląda, jakby dziś wydany. Zadziwiająco czysta jest także mowa pana Małowieckiego po tylu latach spędzonych na obczyźnie. Przed samą wojną miał pan Małowiecki pojechać z księdzem Staniszewskim do kraju, żeby zobaczyć Polskę Niepodległą, Ojczyznę, którą opuścił 50 lat temu pod naciskiem zaborcy, a o której teraz tylko czytał, słyszał w rozmowach i marzył. Już było wszystko do drogi gotowe, lecz ze względu na grożącą wojnę trzeba było podróż odłożyć. Najstarsza w kronice notatka o parafianinie – rok 1944,

Antoniego Mastalskiego, który z początku przyjeżdżał do naszego kościoła z Croydon, bo czuł się u nas dobrze. Później zamieszkał pod 20-tką. Pomagał w kuchni, w sali, odstraszał złodziei i z wielką werwą deklamował wiersze,

Fot. 274 (pierwsza od lewej)
Antoni Mastalski

Fot. 275 (pierwsza po prawej)
Zdzisław Mołda

Zdzisława Mołdę, członka KSMP i kółka dramatycznego, który przez lata był skarbnikiem Komitetu Parafialnego,
Tadeusza Musiał, który śpiewał w chórze i pomagał przy wszystkich instalacjach elektrycznych w parafii,
Stefanię Pawlus, wieloletnią bibliotekarkę parafialną, nauczycielkę w szkole sobotniej i opiekunkę młodzieży,

Fot. 276
Stefania Pawlus

Siostrę Petronię (Melanię Jedlińską) ze zgromadzenia Sióstr Wspólnej Pracy, wieloletnią kucharkę i gospodynię na Devonii, z którą przez lata identyfikowano nasz ośrodek parafialny,
Aleksandra (Olek) i Stasię Pilipczuk, którzy regularnie pracowali dla dobra parafii w barze, w kawiarni bądź przy pracach remontowych,

Fot. 277
ks. S. Świerczyński, Władysław Malczyk i Olek Pilipczuk

Władysława Piróg, przez długie lata przewodniczącego Sekcji Charytatywnej,
Wacława Ponitka, który wykonał w parafii bardzo wiele robót remontowych,
Mieczysława Radonia, długoletniego prezesa Koła Rodzicielskiego, a później prezesa wspólnoty parafialnej,
Franciszka Rafałąt, członka KSMP, koła rodzicielskiego i komitetu parafialnego, chórzysty i pracowitego członka wspólnoty parafialnej,
Irenę i Stefana Rozbickich, którzy prowa-

Fot. 278
Mieczysław Radoń

dzili kawiarnię i Klub Przyjaciół,
Marię Rzadkiewicz,
Mieczysława Sępniewskiego, kronikarza parafialnego, malarza i długoletniego członka chóru,
Walerię Sikorzyna, wizjonerkę, matkę Ireny Rozbickiej,
Joannę i Jana Szabat,
Jana Sudnika, bardzo aktywnego członka sekcji charytatywnej,
Kazimierza Surmę, który hojnie wspierał księży i wspólnotę parafialną,

Fot. 279
Paweł Szlosarek

Pawła Szlosarka, który organizował życie Katolickiego Stowarzyszenia Młodzieży Polskiej, występował w ich programach artystycznych; założył i prowadził sklepik w podziemiach kościoła, z którego dochód szedł na potrzeby parafii i polskiej szkoły sobotniej,
Rodzinę Wydmańskich, która była jedną z pierwszych rodzin naszej wspólnoty, gdyż pp. Wydmańscy znaleźli się na Devonii jeszcze przed wojną,
Szymona Zielińskiego, wieloletniego chórzysty, który wykonał wiele prac budowlanych w kościele i w salach pod nim; będąc pszczelarzem przynosił swój miód na Devonię, przeznaczając dochód ze sprzedaży na potrzeby parafii,
Dorotę i Zbyszka Zuterek,
panią **Kazimierę**, która przejęła obowiązki kucharki po pani Ludwice i pomagała w prowadzeniu ośrodka parafialnego.

A oto trochę dłuższe życiorysy, które udało nam się utrwalić:
Ksiądz arcybiskup Szczepan Wesoły

Ks. arcybiskup Szczepan Wesoły urodził się 16-go października 1926 roku w Katowicach. Miał zaledwie 13 lat gdy wybuchła druga wojna światowa. Starszy brat Stanisław zginął na froncie; ojciec nie przetrwał wojny a Szczepana w 1943 roku wcielono do wojska niemieckiego. Uciekł z wojska, przedostał się na stronę aliancką i wstąpił do wolnej Armii Polskiej, w której walczył do końca wojny.

Wojna przerwała mu naukę. Powrócił do niej w Cannon Hall, w północnej Anglii zaraz po zakończeniu działań wojennych. Tu zaczęło rozwijać się Jego powołanie. Znalazł się wtedy pod wpływem księdza Tadeusza Gaika, proboszcza w Halifax, który powołanie to utwierdzał. Szczepan pracował w tym czasie w fabryce drutów w Wakefield, wykonując bardzo ciężką pracę fizyczną, która niszczyła Mu zdrowie.

Pierwszy kontakt z Devonią księdza arcybiskupa był w czasach, kiedy jeszcze był w wojsku i mieszkał w Yorkshire. Pragnął wstąpić do seminarium a ponieważ nie było to łatwe pojechał do Londynu aby się na Devonii spotkać z księdzem Suwałą, pallotynem, który mógł mu w tym pomóc. Jak wspomina, w pokoju, który później miał się stać pokojem biskupim (po

Fot. 280
Abp Szczepan Wesoły

dziś dzień pokój ten jest zarezerwowany wyłącznie dla wizytujących biskupów) – na drugim piętrze – było pełno łóżek, które parafia wynajmowała potrzebującym. Warunki były bardzo prymitywne, urządzenia sanitarne o trzy piętra niżej, ale lokatorzy wdzięczni byli za tanie lokum.

Kiedy skończył seminarium w Rzymie i otrzymał święcenia kapłańskie bywał częstym gościem w Anglii, ale zawsze po wylądowaniu w Londynie kierował swe kroki na północ, do Halifax, do księdza Gaika. Wspomina tylko jedną wizytę na Devonii z tego okresu, kiedy w 1962 r. PMK zakupiła nowy polski kościół na Chiswick pw. św. Andrzeja Boboli a ksiądz rektor Staniszewski chciał księdzu Wesołemu go pokazać.

Z polonią londyńską miał on bliski kontakt. Maria Baworowska – z ramienia Polskiego Instytutu Akcji Katolickiej – regularnie urządzała polskie pielgrzymki do Włoch. Odwiedzano wtedy San Giovanni i Ojca Pio. Ksiądz Wesoły, zaangażowany już w tym czasie w prace soborowe, towarzyszył pielgrzymom podczas tej wizyty i zaprzyjaźnił się z wieloma osobami. Szczególnie wspomina Andrzeja Onyszkiewicza, który regularnie organizował odczyty IPAKu na Devonii.

Kiedy został biskupem kontakt JE ze środowiskiem devonijnym bardzo się zacieśnił. Wprawdzie przyjeżdżając regularnie do Anglii zaraz jechał w teren aby chrzcić, bierzmować, błogosławić związki małżeńskie, uczestniczyć w jubileuszach, zjazdach Instytutu Polskiego Akcji Katolickiej, konferencjach, niemniej na noc zatrzymywał się na Devonii. Jak dalej wspomina proboszczem w tych pierwszych latach był ksiądz Karol Zieliński, którego znał z seminarium w Rzymie, a który był człowiekiem bardzo towarzyskim, domownikiem, który najchętniej spotykał się z parafianami właśnie na terenie Devonii. Nawet gdy został rektorem niechętnie jeździł w teren, ale bardzo serdecznie przyjmował księdza biskupa w domu. Wspierała go w tym ekipa ludzi – tak zwana „Stara Devonia", z którą przyjaźnili się ksiądz rektor Zieliński i jego następca ksiądz Stanisław Świerczyński. Ksiądz arcybiskup bardzo mile wspomina niedzielne wieczory w sali pod kościołem, gdzie po dniu ciężkiej pracy i przy dobrej kolacji – najczęściej przygotowanej przez pana Malczyka – przy pomocy tz „aniołków" – i wesołej muzyce akordeonowej Staszka Kafara – rozmawiano i śpiewano. Atmosfera była bardzo radosna i przyjacielska i związała księdza arcybiskupa ze społecznością Devonijną.

Ksiądz arcybiskup przyczynił się też w pewnym sensie do prac remontowych, które miały miejsce na Devonii za rektoratu księdza Świerczyńskiego. Poprawiono układ mieszkania biskupiego – tak aby spełniało wszystkie wymogi prawa angielskiego - zamurowano gotyckie wnęki z lewej strony kościoła a z prawej zamknięto je drewnianą konstrukcją. Salonik po lewej stronie kościoła odnowiono i zamieniono na salkę konferencyjną.

Wyznaje, że uczuciowo czuje się związany z Devonią, choć bywał w parafii raczej przejazdem. Rzadko kiedy odprawiał niedzielne nabożeństwa, ale czuje się związany z ludźmi, którzy tę parafię tworzyli. Ma jedno tylko przykre wspomnienie z okresu pobytów na Devonii. Było to jeszcze za czasów księdza Staniszewskiego. Ksiądz rektor zawsze chodził bardzo ciepło ubrany ale goście niesamowicie marzli w swoich pokojach gdyż system centralnego ogrzewania był przestarzały i nie skuteczny. Ksiądz arcybiskup wspomina jak nie mógł wytrzymać w swoim pokoju na drugim piętrze. Przyjechawszy z Rzymu bardzo dotkliwie odczuwał angielską, wilgotną zimę. Pracując nad tekstem kolejnego wystąpienia siedział w pokoju w płaszczu. Prawą rękę trzymał pod pachą; gdy się trochę rozgrzała mógł coś napisać i zaraz znowu wkładał pod pachę aby ją rozgrzać! Dziś z radością patrzy na rozwój wspólnoty parafialnej.

Ks. Wojciech Giertych

Urodzony w Londynie skończył szkołę dla chłopców prowadzoną przez księży Jezuitów na Stamford Hill i wyjechał do Polski, gdzie na uniwersytecie poznańskim studiował historię polską. Podczas lat studenckich zetknął się z środowiskiem duszpasterstwa akademickiego prowadzonego przez ojców Dominikanów. Tam zrodziło się w nim powołanie.

Po zdaniu egzaminu magisterskiego wstąpił do nowicjatu ojców dominikanów. Święcenia kapłańskie przyjął 1981 roku w

Krakowie. Następnie uzyskał doktorat z teologii moralnej na Papieskim Uniwersytecie św. Tomasza w Rzymie. Po powrocie do Polski był wychowawcą kleryków w Krakowie oraz profesorem teologii moralnej. Przez następne siedem lat był członkiem Rady Generalnej Zakonu Dominikańskiego, następnie był socjuszem generała do spraw życia intelektualnego.

W roku 2005 Ojciec Święty, Benedykt XVI mianował ojca Wojciecha Giertycha teologiem Domu Papieskiego.

Fot. 281 ks. Wojciech Giertych

- *Moje wspomnienia związane z Devonią sięgają lat 50-tych i 60-tych, a więc już pierwszej połowy historii parafii,* - wspomina ksiądz Wojciech – *kiedy uczęszczałem do polskiej przyparafialnej szkoły sobotniej. W niedzielę zazwyczaj chodziliśmy do bliższej angielskiej parafii, ale kościół na Devonii zawsze był najważniejszym kontaktem z szerszą społecznością polską oraz z tradycjami i życiem polskiego Kościoła. Pamiętam jako dziecko moje zastanawianie się nad tym, dlaczego w witrażach kościoła znajdują się czołgi, oraz nad sensem hasła:* **Za naszą i waszą wolność** *w witrażach w bocznej kaplicy kościoła. O ile w angielskiej szkole katolickiej mówiono nam o sanktuarium Matki Bożej w Lourdes, o tyle na Devonii dowiadywałem się przede wszystkim o Ostrej Bramie oraz również i o Częstochowie.*

Pamiętam życzliwych księży, którzy nas dzieci obdarzali troską: Ks. Infułata Staniszewskiego, który dominował swoją godnością, Ks. Turulskiego, byłego kapelana Drugiego Korpusu, który ocierając swe spocone czoło przygotowywał nas do Pierwszej Komunii Świętej oraz do Bierzmowania, i który również służył nam podczas kolonii parafialnych na Canvey Island. Pamiętam księdza Brandysa, który długimi godzinami spowiadał nas dzieci w bocznej kaplicy, a my, czekając w kolejce, po szybkim rachunku sumienia, bawiliśmy się przesuwając palce przez płomienie świec. Pamiętam przez mgłę kościelnego, pana Stanisława, który przynosił pączki i który zginął tragicznie. Pamiętam księdza Walczaka, następcę ks. Turulskiego, który na lekcjach w sobotniej szkole opowiadał o wozie Drzymały i o dzieciach z Wrześni. Pamiętam liczne akademie, urządzane przez szkołę w sali pod kościołem przy różnych okazjach. Pamiętam oczywiście też zbiórki zuchów i harcerskie w tej samej sali parafialnej.

Pamiętam też jedną nietypową sytuację. Kiedyś, gdzieś w latach 50-tych, w Wielką Sobotę, po staniu jako harcerz na warcie przy Bożym Grobie, siedzieliśmy w sali na dole i nagle w drzwiach pojawił się sędziwy, nieco siwy Murzyn, mający w ręku koszyczek z babką, pisankami i kabanosem, i po polsku spytał gdzie i kiedy będzie święcenie pokarmów. Spotkanie Murzyna, który mówił po polsku, było wtedy zupełną niespodzianką!

Janina, z domu Ścicińska, Andrzejewska

Urodzona w Warszawie w 1924 roku. Mieszkała w stolicy do wybuchu drugiej wojny światowej, kiedy razem z ojcem wstąpiła do konspiracji; matka nie angażowała się w akcję i tylko za każdym razem modliła się o szczęśliwy powrót do domu swoich najbliższych. W styczniu 1942 r. cała komórka została zaaresztowana. Jak się później okazało aresztowanie nastąpiło na skutek zdrady jednego z chłopców w grupie, studenta Uniwersytetu Warszawskiego, który przez trzy lata wsypywał kolejne jednostki konspiracyjne. Więzieni w Pawiaku na Aleji Szucha byli agresywnie przesłuchiwani – zwłaszcza ojciec był okrutnie męczony. Niedługo potem wywieziono go do Oświęcima, gdzie w lipcu 1942 r. został rozstrzelany – razem z grupą 100 zakładników – za ucieczkę trzech Polaków, którym udało się zbiec do Włoch. Jednego z nich Janina poznała w Londynie. Był bliskim przyjacielem męża. Nigdy nie powiedziała mu, że jego udaną ucieczkę ojciec przypłacił życiem.

Matkę i Janinę wywieziono do Ravensbruck w maju 42 r. Janinę przydzielono w karnej komendzie do pracy w fabryce porcelany, do której dowożono kobiety z obozu. Praca była ciężka, a obsługa fabryki niemiłosierna. Miała wypadek przy pracy, który spowodował uszkodzenie pleców oraz została raz tak ciężko pobita przez zwierzchniczkę, że musiała mieć trepanację czaszki. Miała wyjątkowe szczęście, że pijany zazwyczaj lekarz obozowy był tego dnia trzeźwy i mógł postawić odpowiednią diagnozę i zawieźć ją do szpitala w Karlsbergu na operację, która uratowała jej życie. Zaopiekowała się nią siostra szpitalna wykazując prawdziwe miłosierdzie. Nie wszyscy Niemcy byli źli i w obozie w Ravensbruck były również i Niemki, które przeciwstawiały się rozkazom Hitlera.

Kiedy zbliżał się front amerykański Polki otrzymały wiadomość, iż po wywiezieniu z obozu, czeka je wyrok śmierci w obozie w Dachau do którego mają je przewieźć. Otrzymawszy tę informację postanowiły uciec z obozu i szukać pomocy u siostry szpitalnej w Karlsbergu. W drodze do Dachau uciekły we trzy w las i przy pomocy polskich robotników i niemieckiego generała, który je podwiózł swoim służbowym samochodem, dotarły do szpitala, gdzie zaprzyjaźniona zakonnica ukryła je w dziale dla niebezpiecznych umysłowo chorych. Tam doczekały się końca wojny. W nadziei, że otrzymają pracę, wróciły do fabryki w której wcześniej pracowały – w tym czasie pracowały tam już tylko 34 Polki. Groziła im wywózka do Rosji do której zachęcał je amerykański kierownik obozu, a na którą one nie miały żadnej ochoty! Uciekły więc znowu i dzięki pomocy zaprzyjaźnionych Amerykanów dostały się do sektoru amerykańskiego. Zabrano je do miasteczka niemieckiego, potem do obozu przejściowego, z którego wywożono do Polski. Raz jeszcze uniknęły śmierci, gdyż ukryły się w lesie gdy wywożono transport a – jak się później okazało – cały transport rozstrzelano zaraz po przekroczeniu granicy sektoru amerykańsko-rosyjskiego.

W Murnau Janina zaangażowała się do pracy w Czerwonym Krzyżu i razem z nimi poprzez Włochy przyjechała do Anglii w 1947 roku. Na Devonii znalazła się po raz pierwszy kiedy razem z przyszłym mężem przyjechali tramwajem do kościoła na spowiedź przedślubną. Przenieśli się do Londynu kiedy mąż dostał się na studia. Mieszkali w jednym pokoiku i dopiero jak udało mu się dostać pracę jako księgowy kupili domek na Holloway. Devonia stała sie ich parafią, której pozostali wierni choć przenosili się jeszcze dwa razy, za każdym razem bardziej na północ Londynu. Dwie córki chodziły na Devonię do polskiej szkoły, należały do KSMP i brały czynny udział w życiu parafii. Dla Państwa Andrzejewskich Devonia była ich parafią, ich drugim domem, ich wspólnotą. Nawet po śmierci męża pani Janina jeździła do kościoła autobusem i kolejką, aż zły stan zdrowia nie pozwolił na dalsze takie wyprawy. Z rozrzewnieniem wspomina księdza Zielińskiego, księdza Walczaka i kolejnych proboszczów, którzy zawsze odwiedzali ich dom podczas świątecznej kolędy.

Weronika Balicka, Czesława Malczyk i Irena Giusta „Aniołki"

Siostry Weronika i Czesia, z domu Harasimowicz, otrzymały ten nietypowy przydomek „aniołki" w dniu wspólnie obchodzonego jubileuszu Srebrnych Godów w 1974 r. Impreza odbyła się na Devonii – Msza św. w intencji dwóch par małżeńskich – i przyjęcie na sali pod kościołem: obfity i smaczny bufet, dobrze zaopatrzony bar i „dwa aniołki" jako dekoracja na scenie. I tak obie siostry, całym sercem oddane wspólnocie parafialnej, pozostały „aniołkami" po dziś dzień!

Urodzone w Stołowiczach, koło Baranowicz, 10-go lutego 1940 r. zostały z rodzicami, babcią i najmłodszą siostrą Ireną, wywiezione bydlęcymi wagonami aż pod Archangielsk. Spędzili tam pierwszą, nieprawdopodobnie srogą i ciężką zimę. Ojciec, w roli drwala, rąbał w lesie drzewo a matka z Weroniką pomagały mu przy wycinaniu gałęzi. Zamarzały rzęsy, kończyny, oddech na ustach.

Fot. 282
Weronika Balicka

Fot. 283
Czesława Malczyk

Fot. 284
Irena Giusta

Młodsze siostry musiały dbać o porządek w baraku. Dzienna porcja wodnistej, rybnej zupy ledwo trzymała ich przy życiu. Mieli jednak szczęście, bo co jakiś czas otrzymywali paczki od dalszej rodziny z Polski. Mogli się dzielić mąką i łojem, z których matka robiła zacierkę. Siostry z rozrzewnieniem wspominają atmosferę solidarności panującą na posiołku. Nawet strasznie biedna lokalna ludność była życzliwie do nich ustosunkowana.

Po tzw. amnestii rozeszły się koleje losów rodziny Harasimowicz. Ojciec z Weroniką poszli do wojska; Czesia, Irena i matka zostały w kołchozie czekając na rozkaz opuszczenia Rosji razem z armią Andersa. Głód panował okropny i kiedy matka otrzymała list od Weroniki informujący, między innymi, że w Guzarach, gdzie zbierało się wojsko, rozdają suchary, trzynastoletnia Irena postanowiła pojechać do Weroniki i zdobyć dla rodziny wór sucharów. Tylko, że podróż nie była taka łatwa! Odległość ogromna, zimno, brak jakiejkolwiek komunikacji. Myślała, że dojdzie pieszo, zabrała więc siostrze buty i razem z koleżanką ruszyły w podróż, która trwała kilka dni i pełna była przygód i niepowodzeń. Dotarły do Guzaru, gdzie Weronika leżała chora na tyfus. Kazali im wracać do kołchozu, ale Weronika nie puściła już siostry w niebezpieczną, powrotną podróż i zatrzymała Irenę przy sobie. Razem z wojskiem popłynęły do Pachlewi, gdzie Irena trafiła do sierocińca. Przygarnięta przez rodzinę Słomków pozostała w Teheranie a później razem z nimi, przez Pakistan i Indie popłynęła do Afryki, gdzie rok później doczekała się przyjazdu matki i Czesi. Były w Ugandzie przez sześć lat; ojciec szlakiem wojska poprzez Włochy dotarł w czerwcu do Anglii, w której, już od 1943 r. mieszkała Weronika, pracując w biurze dla wojska angielskiego.

W 1948 r. nastąpiło łączenie rodzin i Harasimowicze znowu byli razem. Czesia wyszła za mąż za Władysława Malczyka, a Weronika za Ignacego Balickiego. Trochę później wyszła za mąż najmłodsza siostra, Irena. Wspólna sielanka nie trwała jednak długo; rodzice zapragnęli spróbować szczęścia w Argentynie, wyjechali zostawiając córki w Anglii ale z nadzieją, że jak się wszystko dobrze ułoży to wszyscy przeniosą się razem do Argentyny. Eksperyment nie udał się i rodzice wrócili do Anglii wciągu roku – bo taką mięli od początku możliwość – i cała rodzina zamieszkała razem w jednym domu w północnym Londynie.

Do kościoła chodzili do Brompton Oratory, gdzie co niedzielę, o pierwszej po południu, odprawiana była Msza św. polska dla polskich emigrantów mieszkających w Londynie. W 1951 roku odkryli Devonię i od razu zaangażowali się bardzo mocno w życie wspólnoty parafialnej. Mąż Czesi, Władysław, z zawodu szef kuchni, zajął się barem. Urządzał wspaniałe (wzrokowo i gastronomicznie) przyjęcia z okazji jubileuszów, ślubów, spotkań księży, uroczystości parafialnych. Szwagier Ignacy oraz Czesia i Weronika wspierali go dzielnie. Udzielali się w kawiarni, w Klubie Przyjaciół, na zabawach parafialnych. Ignacego, o pięknym barytonie, ksiądz Turulski wciągnął do chóru; żona Weronika wstąpiła dużo później.

Pokochali Devonię, która stała się dla nich drugim domem i drugą rodziną.

Ryszard i Oleńka Bieliccy

Ojciec Ryszarda przyjechał do Anglii z wojskiem Andersa. Zamieszkał w północnym Londynie, gdzie spotkał, zakochał się i ożenił z siostrą szpitalną, Greczynką z Cypru. Mieli razem trzech synów. Najstarszy z nich, Ryszard, urodził się w 1951 roku. Całe życie mieszkał w północnym Londynie. Ponieważ matka przeszła na katolicyzm, razem z rodzicami jako dziecko przyjeżdżał na Devonię, gdzie wspólnie uczestniczyli we Mszy św. Ryszard nie znał języka polskiego ponieważ w soboty nie chodził do polskiej szkoły. Uczył się w szkole muzycznej. Muzyka była jego pasją od najmłodszych jego lat. Język polski poznał dużo później, już jako dorosły człowiek, choć polska kultura interesowała go wcześniej.

Poprzez polskie kontakty jego ojca, Ryszard poznał

Fot. 285
Ryszard Bielicki

Fot. 286
Oleńka Bielicka

środowisko muzykalne na Devonii i dołączył do zespołu muzycznego „Echo" jeszcze jako 14-letni chłopak. Później grał z panem Volkmanem dentystą, z braćmi Mizniak, z panem Julkiem. Poprzez młodzieńcze lata z młodszymi braćmi grywał w różnych polskich zespołach, w różnych parafiach i polskich klubach. W 1969 roku Józef Tarasiuk, devonijny organista, opuścił Londyn i ksiądz Karol Zieliński poprosił Ryszarda aby zaczął grać na jego miejscu. Ryszard w tym czasie grał już na polskich mszach w St Josephs na Highgate. Miał wtedy osiemnaście lat. Po dziś dzień gra w obydwu kościołach i czyni to nieprzerwanie przez ostatnie 40 lat.

Przez te lata zainteresował się Polską i językiem polskim. Zaczął akompaniować chórowi podczas prób i występów, a gdy zachorował jego dyrygent, Staszek Kafar, przejął prowadzenie parafialnego chóru.

Ryszard jest muzykiem z zawodu i z zamiłowania. Przez czterdzieści lat współpracował z księżmi, którzy pracowali w naszej parafii. W 1981 roku ożenił się z Oleńką, która parę lat wcześniej przyjechała do Anglii uczyć się angielskiego. Bardzo szybko trafiła do naszego kościoła, gdzie została bardzo serdecznie przyjęta przez księdza Zielińskiego. Wspomina tamte lata z prawdziwą wdzięcznością. Poznała Ryszarda na zabawie na Devonii, gdzie przygrywał do tańca. Szybko porzuciła plany powrotu do kraju!

Pobrali się w 1981 roku. Mają dwoje dzieci – Roberta i Anię – którzy byli chrzczeni na Devonii, tu przyjęli Pierwszą Komunię Świętą i otrzymali sakrament Bierzmowania. Robert przez wiele lat był ministrantem w naszym kościele a dziś razem z siostrą uczą w naszej szkole sobotniej. Dla całej rodziny Devonia to nie tylko miejsce kultu; to nie tylko miejsce pracy społecznej – Ryszard udziela się charytatywnie od lat dając recitale i akompaniując szkole i chórowi w występach – ale to drugi dom. Serdeczny, bliski, kochany. Kościół - pięknie odnowiony, ma wspaniałą akustykę i historyczne organy – był miejscem spotkań, a wokół niego wyrosła wspólnota, która kiedyś słynęła z gościnności. Oby tak było zawsze.

Janina i Henryk Bilscy

Janina z Rakowiczów, Bilska urodziła się na Polesiu. Ojciec był gajowym, mieli spore gospodarstwo i pięć córek. 10-go lutego 1940 roku przyszli po nich żołnierze NKWD, przeszukali całe domostwo szukając amunicji i nocą wpakowali całą rodzinę – ojca, matkę i pięć córek w wieku od 4-17 lat – do bydlęcych wagonów i wywieźli do Archangielska. Podczas tej nieludzkiej podróży Janina przymarzła do ściany wagonu. Na drugim posiołku ojciec rąbał drzewo, matka i starsza siostra zwoziły je końmi do rzeki a Janina chodziła do szkoły. Dwie młodsze siostry były w żłóbku. Jedna z nich zamarzła tam na śmierć.

Fot. 287
Janina i Henryk Bilscy

Po dwóch latach przyszła amnestia i Polacy na posiołku złożyli się i razem kupili dwa wagony, którymi poprzez Moskwę ruszyli na Ural. Na jednym postoju ojciec wysiadł aby wystarać się o chleb, pociąg ruszył bez niego i wieść o nim zaginęła. Więcej już go nie zobaczyli. Gdy dotarli na Ural zainteresowało się ich losem tworzące się tam wojsko polskie, podłączyli ich dwa wagony do swojego transportu i razem pojechali do Taszkientu. Mama i starsza siostra pracowały jako praczki dla wojska, a młodsze siostry umieszczono w sierocińcu.

Fot. 288
Janina z siostrą koło chaty w Rodezji

Wszystkie w końcu spotkały się w Teheranie, pojechały do Pahlevi i popłynęły z polskim konwojem do Afryki, gdzie ulokowano je w obozie w południowej Rodezji. Spędziły tam sześć i pół roku. Na kolejne dwa lata przeniesiono je do Tanganijki. Gdy w 1951 roku zlikwidowano obóz popłynęły do Anglii. W Anglii Janina jeszcze rok leczyła się w angielskim sanatorium, gdzie poznała swego przyszłego męża, Henryka, i po skończeniu kursu krawieckiego w Coventry pojechała do Londynu.

Pobrali się w 1956 roku; ślub odbył się na Devonii. Tu chrzcili swoje dzieci – syna i córkę – i tu co niedzielę chodzą na mszę św., choć od 41 lat mieszkają dość daleko. Czują się jednak związani z kościołem i wspólnotą na Devonii i nie wyobrażają sobie życia religijnego w innej wspólnocie.

Henryk Bilski pochodzi z poznańskiego. Gdy wybuchła wojna ojciec, chcąc ratować rodzinę przed Niemcami, wysłał ją na wschód. Niemcy ostrzelali pociąg, którym jechali. Zginęło wtedy 700 osób – między nimi i matka Henryka. On i siostry ocalały. Henryk został z ojcem wysłany na przymusowe roboty do Niemiec, gdzie pracował przy produkcji samolotów. Kiedy przewieziono go do dalszej roboty w Austrii uciekł do Włoch, wstąpił do wojska polskiego i razem z wojskiem przyjechał do Anglii w 1948 roku.

Barbara i Ryszard Gabrielczyk

Barbara z Sadowskich, Gabrielczyk urodziła się w Białymstoku w 1928 r., gdzie chodziła do szkoły do 1939 r. Gdy wybuchła wojna rodzina musiała uciekać z Białegostoku. Ojciec - były oficer i legionista i ciocia – działaczka organizacji podziemnej – byli w poważnym niebezpieczeństwie. Ojciec ukrywał się w Buchaczu. Matce udało się dla ojca, córki i siebie zdobyć fałszywe papiery na nazwisko Urbański. Z tymi papierami dotarli do Lwowa, skąd planowali wyjechać do rodziny na Śląsk, ale nie zdążyli. Wywieziono ich do Zimnej Wody, skąd wagonami bydlęcymi wywożono polską ludność na Wschód. Wieziono ich przez Ufę, Olszę, koło Kijowa, do Maryjskiej republiki, gdzie przeładowano ich na wąskotorową kolej, którą dojechali do 19 "uczastka" a stamtąd furami na 21-szą. Powitały ich bagno, bale, komary, pluskwy i pustka. Zostawili

Fot. 289
Barbara Gabrielczyk

ich z workiem mąki kukurydzianej. Tam zaczęło się ich życie na zsyłce. Tam – przy ciężkiej pracy - pozostali przez ponad rok do tzw. amnestii. Po jej ogłoszeniu, postanowili ruszyć barkami po Wołdze do Kujbiszewa, gdzie skierowano ich do Buzuuku. Tam mężczyzn od razu wzięto do wojska, a rodziny wysłano Amudarą, którą barkami płynęli przez 10 dni w kierunku morza aralskiego do Turtkulu. Kołchoźnicy przyjechali do miasta i na placu rynkowym zabierali zdrowych i silnych do roboty w kołchozach. Basię z mamą zabrano do kołchozu, gdzie pracowały przy zbieraniu bawełny, prowadziły handel wymienny, przewoziły towar Uzbekom. W końcu udało się im wyjechać do Krasnowodzka. Zjawił się tu ojciec Barbary i razem z 7 Dywizją wyjechali do Karasu, skąd popłynęli do Krasnowodska i Pahlevi, gdzie ojciec miał przydział w Centrum Wyszkolenia Artylerii. Stamtąd wyjechali do Teheranu.

W Teheranie dzielono Polaków na trzy grupy: rodziny do Afryki, sieroty do Meksyku, Indii i Nowej Zelandii a mężczyzn do wojska. Barbara podała fałszywą datę urodzenia i wstąpiła do wojska, zostając PESTKą. Wysłano ją na kurs rekrucki do Palestyny, później przez krótki okres została przydzielona do pracy w kompanii sztabowej w Kiził Ribat w Iraku. Pracowała w kuchni gotując również i dla gen. Andersa. W końcu zauważono jej młody wiek i wysłano do Szkoły Młodszych Ochotniczek (SMO) w Nazarecie.

Do Anglii przyjechała ze szkołą w 1947 roku i dalej kontynuowała naukę w Foxleigh Camp gdzie w 1948r. zdała dużą maturę. Pozostali członkowie rodziny przyjechali do Anglii ze swoimi jednostkami wojskowymi i rodzina zamieszkała w północnym Londynie wiążąc swe losy z polską parafią na Devonii.

W 1949 roku wyszła za mąż za Ryszarda Gabrielczyka. Skończyła studia School of Slavonic and East European Studies w Londynie (SSEES) ze stopniem bakałarza (BA).

Przez długie lata uczyła w Polskiej Szkole Przedmiotów Ojczystych (tzw. szkole sobotniej) na Devonii a w roku 1976 została jej kierownikiem. Funkcję tą piastowała do roku 1990.

Ryszard Gabrielczyk urodził się w Łucku na Wołyniu, 19 września 1926 roku. Ojciec jego, Józef, pochodził ze Śląska i brał czynny udział we wszystkich trzech powstaniach śląskich. Po plebiscycie dom jego rodzinny znalazł się po stronie niemieckiej i Józef Gabrielczyk przeniósł się do Polski. W uznaniu za bohaterską postawę w walce o polski Śląsk rząd RP nadał mu działkę na Wołyniu, gdzie tworzono osady wojskowe. Józef Gabrielczyk otrzymał 20 hektarów w miejscowości później nazwanej Kościuszków, w gminie Połonka, w powiecie Łuck na Wołyniu. Pojechał tam w 1922 r. i z dwoma kolegami, powstańcami, wykopali ziemiankę i zaczęli z niej urzędować, zakładając osadę. W sumie założono tam 47 osad. Na-

Fot. 290
Ryszard Gabrielczyk

dana ziemia stała ugorem – były to tereny okopów po pierwszej wojnie światowej – i trzeba było ją oczyścić i zagospodarować. Tak zaczęło się ciężkie, twarde życie osadników.

W 1925 roku Józef Gabrielczyk ożenił się z Heleną Sykut. Rok później urodził się Ryszard. Helena zmarła zaraz po porodzie najmłodszej siostry Ryszarda, Marii. Trójka rodzeństwa pozostała bez matki.

Ojciec ożenił się ponownie, z Heleną Madaj, która, nie tylko była dobrą matka dla osieroconych dzieci i dwóch młodszych córek ale również doskonałą gospodynią. Gospodarstwo rozwijało się dobrze i życie młodej rodziny osadników układało się pomyślnie. Ryszard chodził do szkoły, najpierw do Łucka a potem do Połomki. Do gimnazjum miał jechać do rodziny do Poznania, ale wybuch wojny uniemożliwił te plany. Wywieziony razem z rodziną na Syberię przeszedł gehennę zsyłki. 10 lutego nocą przyszli po nich Ukraincy i Sowieci i zabrali całą rodzinę: rodziców, dwóch chłopców i trzy siostry. Wieźli cały transport – w bydlęcych wagonach – aż za Kotłas, do Kariażma, posiołka Kopytowo. Tam ich wyrzucono i tam pozostali. Ryszard z początku pracował w lesie, a później w piekarni. Była to ciężka praca, ale dzięki temu dostawał ukradkiem trochę chleba, dzięki któremu utrzymywał rodzinę przy życiu.

Po umowie Sikorski/Majski popłynęli statkiem do Kotłasu, potem wagonami w stronę Kujbyszewa. Nie pozwolono im dojechać do celu i zatrzymano ich w Bezołuku. Później wysłano ich dalej na południe aż do Kitabu pod afgańską granicą, gdzie uprawiano bawełnę. Przesyłano ich z miejsca na miejsce z kołchozu do kołchozu. Za Samarkandą cały transport – 60 wagonów – zepchnięto na boczny tor i tam ich pozostawiono. Umarliby z głodu gdyby nie mężczyźni, którzy zepchnęli wagony na główny tor i wymusili w ten sposób dalszą podróż. Przyczepiono lokomotywę do wagonów i zabrano ich do Uzbekistanu. Po kilku miesiącach Ryszard i kilku innych młodych mężczyzn uciekli idąc pieszo do Karatasu, gdzie znajdował się polski konsulat (rodzina pozostała w Uzbekistanie). Otrzymali tam dokumenty i 8 sierpnia 1942 w miejscowości Guzar, w Uzbekistanie, Ryszard został przyjęty jako ochotnik do tworzącej się armii wojska polskiego w Uzbekistanie. Powędrował z armią gen. Władysława Andersa poprzez Iran do Iraku, a później do wojskowych szkół junackich w Palestynie.

Do Wielkiej Brytanii przyjechał w sierpniu 1947 r. razem ze szkołami junackimi i we wrześniu został zdemobilizowany z wojska polskiego. Zaraz wybrał się do Londynu i pierwsze kroki skierował na Devonię, ale nie mógł wejść do kościoła, który był przepełniony żołnierzami, którzy nie mieszcząc się w jego środku stali na ulicy. On stał na rogu!

Dużą maturę zdał w Anglii w 1948 r. a wyższe studia skończył w Brixton College w 1953 r. Dyplom „Structural Chartered Engineer" otrzymał w 1957 r.

Mieszkając w północnym Londynie chodził regularnie do kościoła przy Devonia Road. W 1949 roku ożenił się z Barbarą Sadowską. Ślub odbył się w kościele MB Częstochowskiej i młodzi Gabrielczykowie związali swoje losy z parafią na Devonii. Ryszard pracował w kole rodzicielskim szkoły sobotniej, należał do grupy rodziców, która, na potrzeby szkoły, doprowadziła do zakupu domu przy 20, Devonia Road. Później pracował w Zarządzie parafii. Był prezesem Rady Parafialnej podczas gruntownych remontów kościoła przeprowadzonych przez ks. rektora Stanisława Świerczyńskiego.

Ryszard Gabrielczyk był odpowiedzialny za wykonanie wielu projektów, z których warto wymienić budynek Polskiego Ośrodka Społeczno-Kulturalnego w Londynie, Pomnik Katyński na cmentarzu Gunnersbury w Londynie i odnowienie naszego kościoła pw. Matki Boskiej Częstochowskiej przy Devonia Road. Był również przez kilkadziesiąt lat związany z działalnością Polskiej Macierzy Szkolnej, której był prezesem przez ponad dwadzieścia pięć lat.

*Fot. 291
Barbara i Ryszard Gabrielczyk*

Państwo Gabrielczykowie mają trzech synów i jedenaście wnuków. Po dziś dzień czują się uczuciowo związani z parafią, choć zdrowie nie pozwala im na uczestniczenie w jej życiu.

Ewa i Paweł Goździewscy

Ewa z domu Wilk i Paweł przyjechali do Anglii w 2006 roku. Znali realia życia w Anglii, bo wcześniej pracowali w Londynie. Dobrze znali język angielski i planowali pozostać w Anglii na dłużej. Do Anglii przyjechali z Poznania, choć pochodzą z innych części Polski.

Fot. 292
Ewa i Paweł Goździewscy

Celem ich przyjazdu była chęć przygody i pragnienie nowych doświadczeń życiowych, poznania życia na emigracji, a zarazem nadzieja na awans w życiu zawodowym; Paweł po fizjoterapii a Ewa po studiach ekonomicznych.

Przyjechali w ciemno; wynajem pokoju załatwili sobie przez internet, i poradzili sobie bardzo szybko. Paweł wrócił do pracy w hotelu a Ewa po trzech tygodniach znalazła pracę w pralni chemicznej. Chodziło o zahaczenie się byle gdzie. Później szukali pracy już w swoich zawodach. Znaleźli lepsze mieszkanie; Paweł dostał pracę w szpitalu jako asystent na dziale fizjoterapii a Ewa w małej firmie konsultingowej. Pracują w tych samych miejscach po dziś dzień. Skoro przez dwa lata nic się w ich sytuacji nie zmieniło postanowili więc wrócić do Polski do Poznania, gdzie mieszka rodzeństwo Ewy. Jak będzie z pracą w Polsce? Nie wiadomo; gotowi są zaczynać w kraju od nowa, bogaci w doświadczenia angielskie.

Na Devonię trafili zaraz po przyjeździe do Londynu; adres kościoła znaleźli w internecie. Proboszczem w danym momencie był ks. Janusz Paciorek, który przypadł im do serca. Do kościoła na Devonię chodzili regularnie. Wspólnotę poznali w momencie, gdy włączyli się w Pasję Jezusa Chrystusa, którą przygotował na Devonii na Wielkanoc 2008 roku ks. Krzysztof Tyliszczak. Poznali wtedy dużo młodych, chodzili na próby, spotykali się poza kościołem. Później włączyli się w przygotowania Dnia Dziecka w Laxton Hall i grono przyjaciół znowu się powiększyło. Zaskoczył ich za to fakt, że nie łatwo jest się wtopić w środowisko angielskie; że patrzą na nich jak na cudzoziemców. Mają świadomość, że parafia na Devonii bardzo im pomogła w przeżyciu raczej samotnego okresu w Londynie. Odpowiadała im atmosfera duchowości i cieszą się, że mogli poznać stare środowisko emigracyjne. Wracają do Polski bogaci w doświadczenia.

Edyta i Wojtek Kaczmarscy

Edyta, z domu Wainkopff, przyjechała z siostrą i matką do Anglii w 1957 roku. Ojciec ich przyjechał do Londynu z Drugim Korpusem i w ramach polityki łączenia rodzin sprowadził ją z siostrą do Anglii. Zaprowadziwszy rodzinę do kościoła na Devonii, do którego regularnie sam uczęszczał, powiedział im, iż to będzie ich drugi dom. Edyta od razu związała się ze wspólnotą parafialną.

Wojtek również przyjechał do Londynu w 1957

Fot. 293
Edyta i Wojtek Kaczmarscy

roku. Pochodził z wybrzeża, gdzie wychowywała go babcia, gdyż matka zmarła gdy miał zaledwie cztery lata. Przyjechał do Ojca, który przeszedł szlak bojowy z wojskiem polskim i znalazł się po wojnie w Anglii.

Edyta i Wojtek poznali się w naszym kościele. Wojtek należał do KSMP, udzielał się w zespole teatralnym, jeździł z młodzieżą na Canvey Island. Po prostu angażował się w życie parafii. Pobrali się w 1962 roku. Mają dwoje dzieci: Piotra i Elżunię. Od początku pracowali dla dobra parafii; Wojtek pomagał przy robotach budowlanych, Edyta zaangażowała się w pracę w kawiarni, którą objęła po odejściu państwa Rozbickich. Byli całą duszą oddani wspólnocie parafialnej i uważali ją jako część rodziny – i nadal tak uważają, choć nie zawsze mogą być obecni na niedzielnej mszy świętej. Wspominają lata pracy dla parafii jako piękny okres w swoim życiu, do którego wracają z rozrzewnieniem. Ślub brali w naszym kościele, tu były chrzczone ich dzieci, tu chodziły do szkoły.

Małgosia i Marek

Małgosia sama przyjechała do Londynu w 2000 roku. Miał to być sześciomiesięczny pobyt, który miał podreperować nieciekawą sytuację finansową rodziny. Marek miał zostać w Polsce, nadal pracować i zajmować się dwójką małych dzieci. Mieszkali pod Krakowem i bardzo kochali tę część Polski.

Małgosia nie jechała w ciemno; towarzyszyła jej koleżanka, która miała załatwioną dla nich pracę i mieszkanie. Rzeczywistość, oczywiście okazała się zupełnie inna. W Londynie nie czekała na nie ani praca ani mieszkanie! Na szczęście spotkały na dworcu Cygankę, która się nimi zajęła, ofiarowała im mieszkanie na Watford i pomogła znaleźć pracę jako sprzątaczki u zaprzyjaźnionego Żyda na Stamford Hill. Dobrze trafiła. Rodzina była liczna, pracy dużo a pracodawca sprawiedliwy i uczynny.

Na Devonię Małgosia trafiła zaraz w pierwszą niedzielę po przyjeździe do Londynu. Pojechały razem z koleżanką na

Fot. 294
Małgosia i Marek

popołudniową Mszę św. w nadziei, że otrzymają w polskim kościele pewne informacje, pomoc i wsparcie. Nie zawiodły się. Trafiły na księdza Ludwika Czyża, który im pomógł, udzielił trochę informacji i opowiedział o polskiej wspólnocie przy parafii.

Na święta Bożego Narodzenia stęskniona za mężem i dziećmi Małgosia wróciła do Polski. Zaraz po Nowym Roku wróciła do Londynu. Coraz bardziej się jej podobało w Anglii; życie było łatwiejsze, ludzie jakoś życzliwsi. Zaczęła męża namawiać do przyjazdu do Londynu. Z początku ociągał się; nie chciał opuszczać kraju. W końcu w marcu 2001 roku otrzymał od żony ultimatum: albo oni przyjadą do Londynu, albo ona wraca do Polski i skończą się dodatkowe zarobki. Przyjechali. Zamieszkali razem w małym mieszkanku na Stamford Hill.

Po trzech latach pracy jako sprzątaczka w prywatnym domu Małgosia musiała zrezygnować z pracy, gdyż zdrowie jej zaczęło szwankować. Praca była po prostu za ciężka. Dostała kolejną pracę jako sprzątaczka dla dużej agencji sprzątającej biura na Canary Wharf. Godziny były bardziej dogodne, praca lżejsza i szansa na awans. Po jakimś czasie podszkoliła sobie język i została managerem firmy. Pracę tą ma po dziś dzień.

Do kościoła na Devonię chodziła regularnie na ósmą rano, gdyż potem musiała biec do pracy. Kontaktów towarzyskich właściwie nie nawiązała żadnych, gdyż nie było ku temu warunków. Gdy przyjechał mąż z dziećmi zapisali dzieci do szkoły angielskiej – bardzo dobrej – i w końcu zaczęły chodzić do devonijnej szkoły sobotniej. Kontakty z innymi rodzicami były częstsze. Dziś nadal chodzą regularnie na Devonię – głównie na sumę – dzieci służą do Mszy św. a Marek jest lektorem. Do służby tej namówił go ksiądz Bogdan Łukuć, ówczesny wikary.

Marek

Kiedy Małgosia wyjechała na pracę do Anglii Marek wcale jej nie zazdrościł. Nie ciągnęły go wyjazdy na „saksy"; nie pragnął emocji i wrażeń związanych z wyjazdami w nieznane. Miał to być okres krótki, więc podjęli decyzję rozłąki. Mieszkała z nimi babcia, która pomagała przy dzieciach więc było im dobrze, tym bardziej, że czerpali korzyści z Małgosinej pracy. Przysyłała przecież zarobione pieniądze do Polski!

Kiedy padło z jej strony ultimatum zdecydował się na wyjazd. Do Anglii przyjechał jako turysta; nie mógł się przyznać, że Małgosia już jest w Londynie bo by nie otrzymał wizy. Ona pracowała na czarno; jego czekała podobna sytuacja. Musiał kłamać, kombinować, stale oglądać się przez ramię czy go ktoś nie śledzi. Nie było łatwo. Przez sześć miesięcy szukał pracy i siedział z dziećmi w domu. Po sześciu miesiącach dostał pracę w restauracji, a później udało mu się zahaczyć w firmie w której pracowała Małgosia.

Po 2004 roku, kiedy Polska weszła do Unii i Polacy mogli już legalnie szukać pracy złożyli podanie o Council Flat i po roku otrzymali swoje pierwsze mieszkanie. Na pytanie czy Devonia pomogła im przetrwać odpowiada zdecydowanie „tak, na sto procent". Czasami chodzili do lokalnego angielskiego kościoła katolickiego, bo było bliżej i wygodniej, ale tęsknili za atmosferą powagi polskiego kościoła. W tym czasie na Devonii nie było tak dużo wiernych, kościół nie pękał w szwach i księża pracujący w parafii: ksiądz Andrzej Marcak, Włodzimierz Skoczeń, Bogdan Łukuć, Stanisław Wąchała przyjęli ich bardzo serdecznie; mieli dla nich więcej czasu.

A gdzie widzą swoją przyszłość? Trudno przewidzieć. Na pewno póki dzieci są w szkole nie ruszą się z Londynu. Nie chcą ich skazywać na kolejne, traumatyczne zmiany w życiu. A później? Chcieliby wrócić w swoje ukochane rodzinne strony, ale właściwie nie mają do kogo ani do czego wracać. Może gdy się dorobią! A tymczasem będą nadal tworzyć devonijną wspólnotę parafialną.

Michał Mieszczakowski

Urodził się i wychował w Radomiu. Skończył studia – filozofię chrześcijańską i psychologię – na Akademii Teologii Katolickiej (ATK) obecnie Uniwersytet Katolicki Stefana Wyszyńskiego(UKSW). Podczas studiów przyjeżdżał regularnie do Anglii na pracę zarobkową. Po ich skończeniu w 2001 roku przyjechał do Londynu w poszukiwaniu stałej pracy. Zaczął pracować w branży budowlanej, najczęściej przy wykańczaniu wnętrz. Równolegle z pracą zarobkową zaczął wykładać filozofię na Polskim Uniwersytecie na Obczyźnie (PUNO) oraz prowadzić własne poradnictwo psychologiczne. Było to mu potrzebne dla rozwoju osobowości.

Po wejściu Polski do Unii Europejskiej praca się unormalizowała, mógł zacząć pracować dla siebie i dziś, jako „self-employed" dalej pracuje w tej samej branży budowlanej.

Z Devonią związał się od 2001 roku, kiedy zaangażował się w życie parafialne. Zaczął chodzić na spotkania piątkowe, głosił tam również wykłady na tematy filozoficzno-psychologiczne i prowadził zajęcia przeprowadzając różne testy i badania. Młodzi odczuwali

Fot. 295
Michał Mieszczakowski

głód rozwoju duchowego i poza rozrywką i spotkaniami towarzyskimi pragnęli czegoś więcej. Spotkania piątkowe częściowo ten głód społeczno-kulturowy zaspakajały ale z czasem wprowadzili czuwania czwartkowe, które prowadził ks. Stanisław Wąchała. Zaczęli organizować wieczorki poetycko-muzyczne, koncerty, kolędy jazzowe, dyskoteki młodzieżowe. To wszystko bardzo ubogacało życie młodych, którzy w parafii odkrywali odskocznię od monotonii pracy fizycznej.

W ostatnich latach bardzo się zaangażował w przygotowania do Wesołego Dnia Polskiego Dziecka i angielskiej Lednicy w Laxton Hall, głównie dzięki bardzo żywemu kontaktowi z Ojcem Janem Górą.

Współpracuje ze scholą i chórem młodzieżowym, które wzbogacają oprawę muzyczną podczas liturgii. Devonijne grupy wokalne osiągnęły bardzo wysoki poziom i wygrywają nagrody w konkursach pieśni religijnej. Michał jest członkiem parafialnej Rady Duszpasterskiej.

Jadwiga i Roman Miłoszewscy

Jadwiga, z domu Zabłocka, urodziła się na Polesiu; ojciec jej pochodził z Kamieńca Podolskiego, gdzie, jako młody chłopak, był świadkiem śmierci własnego ojca rozstrzelanego przez Kozaków na rynku miasta. Zaraz jako ochotnik zgłosił się do wojska i walczył z Rosjanami w 1920 roku. Po wojnie osiadł na Polesiu.

Z chwilą wybuchu drugiej wojny światowej został aresztowany i prosto z więzienia w lutym 1940 r. wywieziony w głąb Rosji. Żona, z piątką małych dzieci miała być wywieziona kolejnym transportem, ale napad Niemiec na Rosję zmienił całą sytuację polityczną. Przez następne dwa lata rodzina Zabłockich mieszkała na Polesiu pod okupacją niemiecką.

W 1943 r. zostali wywiezieni do Niemiec na przymusowe roboty. Koniec wojny zastał ich w Kolonii, gdzie zostali oswobodzeni przez wojska rosyjskie i zmuszeni do powrotu do Polski.

Ojciec Jadwigi wyszedł z Rosji z armią Andersa i znalazł się na Zachodzie. Nie zdążył uratować rodziny przed przymusowym powrotem do kraju. Łączenie rodzin nastąpiło dopiero w 1957 r., kiedy starsze rodzeństwo Jadzi miało już swoje rodziny i nie chciało opuszczać Polski. Jadzia wraz z matką, przyjechała do Anglii w 1957 r. Zaraz w pierwszą niedzielę po przyjeździe byli już wszyscy razem w kościele na Devonii, do którego uczęszczał ojciec od momentu przyjazdu do Londynu.

Na balu dożynkowym w Festival Hall nad Tamizą, Jadzia poznała Romana Miłoszewskiego, swego przyszłego męża. Ślub wzięli na Devonii, tutaj ochrzczono trójkę ich dzieci, które z czasem poszły do polskiej szkoły, przyjęły w kościele MB Częstochowskiej i Św. Kazimierza sakrament pierwszej Komunii Świętej i Bierzmowania oraz należały do harcerstwa i KSMP. Jadzia pracowała w Komitecie Rodzicielskim, w kawiarni, w bufecie podczas zabaw, podczas jubileuszy księży pracujących na Devonii i na opłatkach rektorskich.

Fot. 296
Jadwiga Miłoszewska

Rodzina **Romana** pochodziła z krakowskiego. Podczas pierwszej wojny światowej ojciec walczył w austriackim wojsku. Wzięty do niewoli włoskiej dostał się do armii Hallera. Po wojnie otrzymał działkę na Wołyniu. Tam się ożenił - mieli szóstkę dzieci - i przyczynił się znacznie do budowy polskiej szkoły na osadzie, do której chodziły również i jego dzieci.

10-tego lutego 1940 r. cała rodzina – dzieci, rodzice, krewni, – zostali wywiezieni do Rosji. Dzięki życzliwej postawie aresztującego ich żołnierza mogli zabrać ze sobą sporo rzeczy – między nimi maszynę do szycia, która potem bardzo się przydała na posiołku, utrzymując rodzinę przy życiu. A utrzymanie rodziny przy życiu było podstawowym zadaniem każdego zesłanego Polaka. Byleby przetrwać, nie umrzeć z głodu, nie zamarznąć. Polacy na posiołku sami zbudowali czteroklasową szkołę, do której uczęszczał i Roman.

W 1941 r. – gdy rozeszła się wieść o napadzie Niemiec na

Fot. 297
Roman Miłoszewski

Rosję i Polacy otrzymali pozwolenie na wyjazd w nieznane – rodzina wyruszyła w stronę Kotłasu, a potem aż po Ural, gdzie przez parę miesięcy żyli w kołchozie.

Na wiosnę zaczęto rekrutować mężczyzn do tworzącej się armii Andersa. Starszy brat, Ryszard, poszedł do wojska, ale tyfus przeszkodził Romanowi w zaciągnięciu się i w końcu popłynął z resztą rodziny z Pahlewi do Tangeru, w Afryce, gdzie przetrwali do 1947 roku. W 1948 r. polecieli do Anglii, poprzez Chartum, i wylądowali na lotnisku w Northolt, gdzie po dziś dzień stoi pomnik poświęcony pamięci polskich lotników. Jako że ojciec Romana był nadal w obozie zapisano go do szkoły technicznej w Lilford Park.

W 1952r. Roman skończył szkołę i znalazł się w Londynie, gdzie rozpoczął kursy wieczorowe na Hendon. Z początku, jak większość Polaków, chodził na Mszę św. do Brompton Oratory. Bardzo szybko rodzina odkryła Devonię i mocno zaangażowała się w życie wspólnoty parafialnej. Romek wstąpił do chóru, w którym odgrywał czołową rolę przez cały czas istnienia zespołu. Należał również do KSMP, grał w sztukach przygotowanych przez zespół teatralny organizacji, deklamował wiersze na akademiach. Po dziś dzień jest bardzo uczuciowo związany z parafią, która niewątpliwie stała się jego „drugim domem".

Marta Niedzielska

Do Anglii przyjechałam 12 grudnia. Niecałe 3 lata temu. Tego dnia w obu krajach, pomiędzy którymi dzielę dzisiaj moje życie, padał niezwykle ulewny deszcz. Lotnisko Stansted było szare i nijakie, podobnie jak Katie, pracowniczka head office'u firmy, w której miałam właśnie rozpocząć pracę. Było mi żal Katie, bo musiała bardzo marznąć w swoim kostiumiku w jakimś przedziwnym kolorze oraz butach na szpilkach włożonych na gołe nogi. W grudniu! Podróż do Leicester, miasta, gdzie mieściła się siedziba mojego nowego pracodawcy, wyznaczana była przystankami w chwilach, gdy wycieraczki nie dawały sobie rady ze strugami deszczu oraz milczeniem, ponieważ w tamtej chwili nie potrafiłam zupełnie nic powiedzieć po angielsku...

Znalazłam się w kraju Sherlocka Holmesa jako dwudziestopięcioletnia dziewczyna przepełniona po brzegi wiarą w dobro oraz chęcią, by obdarowywać, kogo tylko się da swoim entuzjazmem. Pytana o powody wyjazdu z Polski, radośnie opowiadałam o

*Fot. 298
Marta Niedzielska*

tym, jak poczułam nagły i wielki przypływ energii, aby coś zmienić w swym życiu, wzbogacić je o nowe doświadczenie, rozwinąć skrzydła i spróbować czegoś zupełnie nowego. Nie miałam najmniejszych wątpliwości, że w mojej drodze towarzyszy mi nieustannie Bóg, a to, co się dzieje w moim życiu, jest dokładną realizacją Jego planu. Choć były jeszcze inne drobne okoliczności, jak zawód w życiu osobistym oraz dość niespodziewana utrata dobrej, a przynajmniej dobrze płatnej, pracy, traktowałam je jako środki, którymi Bóg prowadzi mnie do wyznaczonego dla mnie celu i zupełnie nie miały mocy zachwiania mojego optymizmu. Ten wielki dar siły wiary dostałam kilka lat wcześniej, w trakcie wielkich rekolekcji – kiedy odszedł Jan Paweł II. Po raz pierwszy przyszłam wtedy do Kościoła i już zostałam, a mój entuzjazm neofitki okazał się przetrwać czas neofityzmu i w dodatku codziennie stawał się silniejszy. Myślę, że nieoceniony wpływ na taki właśnie przebieg spraw wywarło środowisko, w którym się znalazłam. Duszpasterstwo Akademickie oo. Dominikanów w Poznaniu. Ośrodek organizacji modlitewnych spotkań młodzieży nad Lednicą z charyzmatycznym duszpasterzem, Ojcem Janem, a dla mnie przede wszystkim – Schola Lednicka. Środowisko, w którym wyjątkowo wysoko ceniona jest praca, we wszystkich jej rodzajach, a najbardziej pogardzane – użalanie się nad sobą. Nasiąknęłam tą atmosferą. Przyjęłam zasady, z pełnym zaufaniem, za swoje. Entuzjazm wiary dodał mi sił do pracy nad sobą i z niepomierną radością obserwowałam zmiany. Nigdy wcześniej nie czerpałam tyle radości z poznawania ludzi, i nigdy wcześniej nie było ich dookoła mnie tak wielu, tak życzliwych i wspaniałych. Nie przestawałam się uśmiechać. Świat w odpowiedzi, nie przestawał uśmiechać się do mnie. Stałam się ogromnie otwarta. To była wielka zmiana w stosunku do przeszłości. Nie przestawałam dziękować Bogu za to wszystko. Że mnie uratował w chwili, gdy wszystko szło w zupełnie złą stronę. Teraz szło w najlepszą.

Tak wyposażona, czułam się wystarczająco silna, by wyruszyć w świat. Fakt rozdzielenia z tym wszystkim, co dało mi w ostatnich latach tyle szczęścia – kościołem Dominikanów, duszpasterstwem, ukochanym chórem, wszystkimi przyjaciółmi, nie przerażał mnie. W końcu wyjeżdżałam tylko na rok. Wrócę do przyjaciół. A Bóg jest wszędzie.

Wybrałam Anglię z prostego powodu – nie mówiłam ani trochę po angielsku, a fakt ten uważałam za nieco zawstydzający. Postanowiłam to nadrobić, przeżywając jednocześnie przygodę życia. Chciałam skoku na głęboką wodę, otwarcia oczu na coś innego, można powiedzieć, że właśnie wiara była jednym z motywów mojego wyjazdu, bo chciałam zobaczyć, co jeszcze innego stworzył dobry Bóg.

Był jeszcze powiew legendy, historia rodzinna... Nigdy nie poznany wuj, który spędził życie po wojnie w Wielkiej Brytanii, dzieląc los z wieloma innymi Polakami przybyłymi tutaj po wojnie wraz z Armią Andersa, a o którego miejscu pobytu rodzina dowiedziała się po wojnie lat... 40... W opowieściach babci, Anglia wyglądała cudnie i jako dzieciak marzyłam, by ją zobaczyć. Teraz babci ani wujka już nie było. A ja nie zastanawiałam się dłużej. Pracę znalazłam poprzez polski urząd pracy. Część Anglii, do której miałabym wyjechać, nie odgrywała większego znaczenia. Padło na Leicestershire.

    Trudności nie zrażały mnie wcale, chwile zwątpienia nigdy nie trwały długo. Zawarłam nowe znajomości, nadrabiałam nieumiejętności, uczyłam się wiele więcej, niż tylko języka. Język opanowałam szybko, stopniowo nauczyłam się angielskiej realności. Zmieniłam pracę na lepszą, miejsce zamieszkania na wygodniejsze. Zdałam państwowe egzaminy z angielskiego. I kiedy nowy świat przestał tak bardzo mnie wypełniać, tak bardzo absorbować, dopiero wtedy pojawiła się luka... Po którymś powrocie z Polski poczułam, że czegoś w moim angielskim życiu zdecydowanie brakuje. Nie brakowało mi wiary. Mieszkając od pewnego momentu na urokliwej, angielskiej wsi, co dzień oglądająca cuda Boskiego stworzenia i żyjąca spokojnym życiem, nie miałam chwili zawahania w Boską dobroć. Jednak w tym postrzeganiu świata byłam dość odosobniona. Samotna. Brakowało ludzi. Z nikim tego wszystkiego nie dzieliłam. Nieliczni polscy znajomi, których miałam, nie podzielali chrześcijańskiego światopoglądu. Były to miłe i dobre znajomości. Ale o sprawach, które dla mnie były pierwszego znaczenia, nawet nie miałam za bardzo z kim rozmawiać. Internetowy kontakt z przyjaciółmi z Polski był wtedy bardzo ważny. Ale nie miał szans zapełnić tej luki... A co tu mówić o jakimś progresie, rozwoju?

    I wtedy... Bóg odezwał się przez e-mail.

    Ustami jednego z moich obecnych przyjaciół, Bóg powiedział:
„Hej Marta,
Jest nas grupa około 10 osób, wszyscy chodzimy do kościoła na Devonii. Jeśli miałabyś ochotę w jakikolwiek sposób pomóc w organizacji tego przedsięwzięcia [1. Lednicy w UK] to daj znać albo zgłoś się do Ks Krzysztofa.
Mamy nadzieję, że się spotkamy.
Pozdrawiamy, hej!"

    I tak Marta przylgnęła do wspólnoty na Devonii; stała się czynnym członkiem bardzo różnych inicjatyw, które jeszcze silniej związały ją z naszym kościołem.

Barbara O'Driscoll

    Barbara, z domu Giertych, urodziła się w Londynie w Roku Świętym 1950. Była siódmym dzieckiem pp. Giertych. Skończyła angielską szkołę Our Lady's w Londynie, a Studia Pedagogiczne ukończyła na uniwersytecie londyńskim. Wraz z rodzeństwem od najmłodszych lat uczęszczała do polskiej szkoły na Devonii. W naszym kościele przyjęła pierwszą Komunię Świętą i sakrament Bierzmowania oraz zdała egzaminy z języka polskiego na poziomie GCSE i AL. W 1973 roku zaczęła uczyć w naszej polskiej szkole.

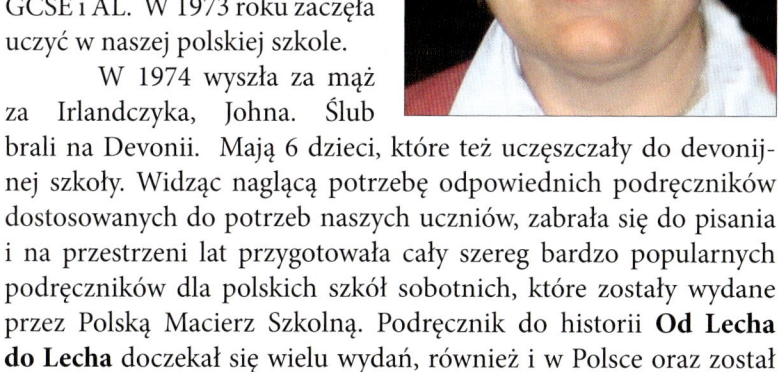

Fot. 299
Barbara O'Driscoll

W 1974 wyszła za mąż za Irlandczyka, Johna. Ślub brali na Devonii. Mają 6 dzieci, które też uczęszczały do devonijnej szkoły. Widząc naglącą potrzebę odpowiednich podręczników dostosowanych do potrzeb naszych uczniów, zabrała się do pisania i na przestrzeni lat przygotowała cały szereg bardzo popularnych podręczników dla polskich szkół sobotnich, które zostały wydane przez Polską Macierz Szkolną. Podręcznik do historii **Od Lecha do Lecha** doczekał się wielu wydań, również i w Polsce oraz został przetłumaczony na język angielski.

W 1990 roku Barbara objęła stanowisko kierowniczki Szkoły pw. Matki Boskiej Częstochowskiej na Devonii; towarzyszyła szkole w jej wędrówkach w poszukiwaniu odpowiedniego lokalu i pełni tę funkcję po dziś dzień. Współpracuje z parafią, dzieci szkolne wystawiają rokrocznie **Jasełka** na opłatku parafialnym; witają dostojnych gości, wręczają kwiaty, deklamują wiersze. Barbara ma za sobą 36 lat pracy dla polskich dzieci na Devonii.

Aleksandra i Zygmunt Podhorodeccy

Aleksandra z domu Giertych, urodziła się w Warszawie 11 czerwca 1939 r. Ojciec Jędrzej, jako oficer Marynarki Polskiej, pojechał na wojnę. Zaraz we wrześniu w Zatoce Gdańskiej został wzięty do niewoli. Matka, Maria z Łuczkiewiczów, pałająca ogromną miłością do rodzinnego Lwowa, została w Warszawie z czwórką małych dzieci; najstarsza, Małgosia, miała zaledwie 5 lat. Maria nie miała żadnych środków do życia, a jednak przetrwała w Warszawie całe sześć lat wojny. Czas ten był dla niej okresem wielkiej próby życiowej, z której wyszła bohatersko. Opiekowała się nie tylko dziećmi, dla których w bardzo trudnych warunkach, zdobywała żywność, ale również i sąsiadami, którzy nie dawali sobie rady z rzeczywistością wojenną.

Podczas Powstania Warszawskiego rodzina ukrywała się w piwnicy. Po jego upadku oddziały niemieckie systematycznie

Fot. 300
Aleksandra i Zygmunt Podhorodeccy

niszczyły stojące jeszcze domy Warszawy. Przyszli też i do domu pp. Giertychów; polali benzyną i podpalili bibliotekę ojca; matkę z dziećmi wypędzili na bruk. Gnani na Pruszków uniknęli zsyłki do Niemiec na roboty. Ojciec Jędrzej wojnę spędził w obozach jenieckich, z których regularnie uciekał. Oswobodzony przez Amerykanów dotarł do Anglii. W 1945 r. powrócił do Polski z fałszywymi papierami i razem z rodziną uciekł z kraju przez zieloną granicę. Ostania ucieczka zakończyła się sukcesem.

Aleksandra przyjechała do Anglii w 1946 r. Po zakończeniu wojny i demobilizacji wojsk angielskich i alianckich sytuacja ekonomiczna w Anglii była bardzo ciężka. Każdy Polak, niezależnie od wykształcenia czy doświadczenia zawodowego, chwytał się każdej pracy: myli autobusy, zmywali naczynia w restauracjach, pracowali w kopalniach i fabrykach, szwalniach i przemyśle włókienniczym.

Aleksandra z początku chodziła do szkoły sióstr Nazaretanek w Enfield a później do szkoły Notre Dame na Elephant and Castle. Skończyła anglistykę i studia polityczne w Keele University i całe życie pracowała jako nauczycielka w szkołach angielskich. Równocześnie uczyła w polskiej szkole na Devonii przygotowując młodzież do egzaminów OL, GSCE i AL z języka polskiego.

W 1962 wyszła za mąż za Zygmunta Podhorodeckiego, z którym mają piątkę dzieci: dwie córki i trzech synów. Z Devonią związała się od najmłodszych lat, choć regularnie zaczęła chodzić do polskiego kościoła, kiedy dzieci zaczęły uczęszczać do polskiej szkoły. Śpiewała w chórze i przez wiele lat należała do Komitetu Parafialnego, przez trzy lata pełniąc funkcję prezesa. Dziś należy do parafialnej Rady Duszpasterskiej.

Zygmunt Podhorodecki

Urodził się w Mierwinkach, województwie Nowogródzkim, na parę miesięcy przez wybuchem wojny. W lutym 1940 roku wywieziono całą rodzinę: ojca, który nie będąc w wieku poborowym nie poszedł na wojnę, matkę, zaledwie o rok starszą siostrę Marysię, Zygmunta i babcię Mazan – do posiołka pod Archangielskiem. Przy ciężkiej pracy w tragicznych warunkach przetrwali do wiosny 1941 roku kiedy, po amnestii, z całym transportem Polaków zwolnionych z obozów w Związku Sowieckim przejechali przez całą Rosję na południe, nad Morze Kaspijskie, skąd w końcu popłynęli barką do Pahlevi. Z Pahlevi popłynęli do Mombasy i wtedy przetransportowano ich do Massindi w Ugandzie, nad jezioro Albert. Mieszkali tam przez sześć lat; tam urodziła się młodsza siostra Jadwiga i tam również zmarła babcia Mazan i została pochowana na polskim cmentarzu przy kościółku zbudowanym przez polskich wysiedleńców.

Fot. 301
Zygmunt, Jadzia i Marysia Podhorodeccy w Ugandzie

Lata spędzone w Afryce – w sumie było ich osiem, bo w 1948 roku przeniesiono cały obóz do Kojy, w drodze do Wielkiej Brytanii – kojarzą się Zygmuntowi z pięknym okresem życia. Jako dzieciaki ganiali boso po buszu, łazili po drzewach, zrywali egzotyczne owoce prosto z gałęzi; chodzili do polskiej szkoły w obozie z cennymi butami przerzuconymi przez ramię aby ich w drodze do szkoły nie niszczyć; uczyli się życia, zapominając powoli o trudach syberyjskich.

W 1950 roku opuścili obóz i po trzech tygodniach na morzu - przez Morze Indyjskie, kanał Suezki, Morze Śródziemne i Atlantyk - przypłynęli statkiem „Dundalk Bay" do portu w Hull. Ulokowano ich w obozie „Eastmoor" w Yorkshire, gdzie w tzw. „beczkach śmiechu" spędzili kolejnych dziesięć lat. Rodzice zapisali Zygmunta do polskiego internatu w Diddington, szkoły, do której uczęszczali chłopcy, którym lata wojenne uniemożliwiły normalną naukę, a nie znając języka angielskiego nie mogli chodzić do szkół angielskich. Szkoły polskie w Bottisham, Diddington i Lilford dla chłopców oraz Grendon Hall i Stowell Park dla dziewcząt były finansowane przez angielskie władze oświatowe i dzięki nim całe pokolenie młodych Polaków, wytrąconych z normalnego trybu życia przez drugą wojnę światową, mogło skończyć szkołę, pójść na wyższe studia i osiągnąć wysokie stanowiska w angielskim środowisku pracy.

Zygmunt, po skończeniu szkoły, poszedł na fizjologię do University College w Londynie i wtedy zetknął się, po raz pierwszy, z polską parafią na Devonii. W 1962 roku ożenił się z Aleksandrą Giertych; ślub wzięli w polskim kościele na Devonii. Przez długie lata Zygmunt był bardzo aktywnie zaangażowany w działalność polskiej szkoły przy Devonii. Przez sześć lat pełnił funkcję prezesa Koła Rodzicielskiego.

Danuta Ponitka

Danuta, z domu Saraj, urodziła się w dzielnicy Paddington, w Londynie. Chodziła do lokalnej katolickiej szkoły Cardinal Pole, skończyła studium pedagogiczne w Roehampton College. Przez lata pracowała jako nauczycielka geografii w północnym Londynie. Wyszła za mąż za Wacława. Dzieci ich – Piotr i Marysia – uczęszczały do szkoły sobotniej na Devonii. W szkole uczyła krótko. Początkowo zaangażowana była w działalność koła rodzicielskiego. Gdy dzieci skończyły szkołę przerzuciła swoją lojalność na Komitet Parafialny, gdzie u boku Edyty Kaczmarskiej pracowała w kawiarni i Sekcji Imprezowej. Po jej odejściu przejęła funkcję kierownika kawiarni i po dziś dzień ją pełni. Jest również parafialnym organizatorem imprez towarzyskich: wesel, przyjęć urodzinowych, styp, opłatków.

Fot. 302
Danuta Ponitka

Syn, **Piotr Ponitka** aktywnie pomagał Ryszardowi Protasiewicz w barze. Ukończył kurs dla barmanów i przygotowywał się na przejęcie tej odpowiedzialnej funkcji. Po zamknięciu niedzielnego baru, pomaga przy jego prowadzeniu na przyjęciach i weselach. Uczuciowo jest związany z parafią polską, choć dzisiaj nie ma dla niego i jego rówieśników urodzonych w Anglii parafialnego środowiska młodzieżowego.

Ryszard Protasiewicz

Urodził się w Hackney, w północnym Londynie w 1951 roku. Miał dwie starsze siostry. Rodzina mieszkała na Stoke Newington. Rodzice jego przyjechali do Anglii zaraz po wojnie, tu się pobrali i zamieszkali w Londynie. Od najmłodszych lat Rysiek pamięta, że chodziło się do kościoła na Devonię. W ciągu tygodnia chodził do lokalnej szkoły angielskiej. Sobotami mama woziła go do polskiej szkoły; najpierw do przedszkola a później do starszych klas. Szkoła mieściła się w budynku angielskiej szkoły katolickiej św. Jana Ewangelisty, parę kroków od polskiego kościoła. Ryszard raczej niechętnie chodził do polskiej szkoły; widok kolegów czekających w ogonku do kina, kiedy on sam czekał na autobus do szkoły nie był budujący!

Fot. 303
Ryszard Protasiewicz

Kiedy rodzina przeniosła się do dzielnicy Wood Green dojazd do polskiego kościoła był trudniejszy, nie jeździli więc co niedzielę na Devonię – może co drugi co trzeci tydzień – ale do polskiej szkoły jeździli co sobotę!

Choć chodził niechętnie do szkoły, wspomnienia pozostawiła mu bardzo radosne. Przyjaźnie zawarte w ławie szkolnej pozostały żywe po dziś dzień; ożenił się z uczennicą z polskiej szkoły, Haliną! Ks. Wojciech Giertych, dzisiejszy Teolog Domu Papieskiego, chodził razem z nim do jednej klasy. Kierowniczką szkoły była pani Stefania Budzianowska, a jego nauczycielką pani Rzadkiewicz.

Kiedy Ryszard zdał małą maturę z języka polskiego, czyli Ordinary Level, rodzice pozwolili mu przerwać naukę. W szkole angielskiej wybrał kierunek nauk ścisłych i uważał, że język polski nie będzie mu potrzebny. Jakże się mylił! Przecież po dziś dzień go używa! Zaraz po odejściu ze szkoły zapisał się do Katolickiego Stowarzyszenie Młodzieży Katolickiej i zespołu ludowego **Iskra**. Jego zaangażowanie w sprawy polskie – i sprawy parafii na Devonii - stały się częścią codziennego życia.

Skończył studia na University College w Londynie – Chemia i Fizjologia – ale nie łatwo było znaleźć pracę mając takie nazwisko jak Protasiewicz! Otrzymał jednak pracę w szkolnictwie, w którym pracuje po dzień dzisiejszy.

Tańczył w zespole **Iskra** i **Kolberga** na Hammersmith. Przy boku Olgi Żeromskiej – kierowniczki obu zespołów – uczył się sztuki choreografii aby w końcu zostać kierownikiem artystycznym devonijnego zespołu **Iskra**. Równocześnie uczył tańca na Putney i w szkole na Devonii.

Ślub z Haliną wziął na Devonii. Tutaj ochrzcili swoje dzieci; mają ich pięcioro. Wszystkie uczyły się w polskiej szkole. W okresie szkolnym dzieci był prezesem szkolnego Koła Rodzicielskiego, z czasem przeszedł do parafii. W 1999 r. został prezesem Rady Parafialnej, późniejszej Rady Administracyjnej. Funkcję tą pełni do dnia dzisiejszego.

Jako członek Rady należał do sekcji imprezowej. Przez kilka lat prowadził bar w sali pod kościołem. Przejął tę funkcję od Władysława Malczyka, kiedy zaczęło dokuczać mu zdrowie. Bar funkcjonował w parafii jeszcze w latach przedwojennych, kiedy ówczesny proboszcz rektor ks.Teodor Cichos pragnął poszerzyć działalność placówki a zarazem zdobyć dodatkowe fundusze na potrzeby kościoła. Po wojnie, kiedy ponownie otworzono bar, sala pod kościołem stała się miejscem spotkań po niedzielnych Mszach Świętych a dochód ze sprzedaży poważnie wspierał budżet parafialny. Dziś, przy bardzo zaostrzonych przepisach prawnych, istnienie baru w sali pod kościołem podczas niedzielnego poranka stało się niemożliwe i trzeba było go zamknąć. Ryszard jest nadal odpowiedzialny za bar, który funkcjonuje wyłącznie podczas towarzyskich imprez na Devonii: występów artystycznych, koncertów, ślubów, jubileuszy. Prezes ma pełną świadomość, że decyzja była słuszna i że istnienie baru w sali pod kościołem podczas nabożeństw nie ma żadnego uzasadnienia. Parafia dobrze sobie radzi bez dodatkowego dochodu z baru ale i bez kłopotów z nim związanych!

Ryszard

Ryszard pochodzi ze sądeckiego. Przyjechał do Anglii w listopadzie 1981 roku aby poduczyć się angielskiego i poszerzyć swoje możliwości nauczyciela muzyki. Stan wojenny 13-go grudnia zaskoczył go w Londynie, zamykając drogę powrotu do kraju. Była to niedziela i kościół na Devonii był pełny; stał się on oparciem dla wszystkich, w których wieść o stanie wojennym uderzyła jak grom. Wspólnota parafialna i gorąca modlitwa pomogły Ryszardowi przetrwać ten najtrudniejszy okres pierwszych dni, tygodni i miesięcy, kiedy powrót do domu był niemożliwy a przyszłość poza Polską niepewna. Załapał się jednak do pracy i jakoś zaczął żyć. Poznał swoją przyszłą żonę, zaczął grać ze Staszkiem Kafarem w zespole muzycznym, wszedł w środowisko parafialne.

W 1984 i 1986 przyszły na świat jego dwie córki; zostały ochrzczone na Devonii. W naszym kościele również przyjęły pierwszą Komunię Świętą. Chodziły do polskiej szkoły, uczyły się doskonale;

miały swoje środowisko szkolnych przyjaciół. Pokończyły studia napawając ojca dumą, który cieszył się każdym ich sukcesem. Wiele zawdzięcza Devonii, która i w późniejszych trudnych momentach zdrowotnych i osobistych była dla niego ostoją i przyjacielskim wsparciem. Liczy na to, iż pozostanie ona jego parafią do śmierci.

Jadwiga Saraj

Jadwiga miała 13 lat kiedy wywieziono rodzinę do Rosji. Przez Kazachstan, Persję, Lebanon i Nazaret dotarła do Anglii w 1947 roku. Z początku mieszkała w obozie w Horsham, gdzie poznała przyszłego męża, Konstantego. Pobrali się, przyjechali do Londynu do dzielnicy Islington i szybko związali swoje losy z parafią na Devonii. Cztery córki chodziły do polskiej szkoły a Jadwiga zaangażowała się w prace Komitetu Rodzicielskiego. Później kontynuowała tę bardzo praktyczną pomoc – pierogi, ciasta na bazary – we wspólnocie parafialnej. Państwo Saraj bardzo dbali o to aby córki były wychowane w duchu polskim, świadome swych korzeni i przywiązane do polskiej kultury.

Synowiec Albina

Krótki szkic mojej bardzo długiej drogi do parafii p.w. Matki Boskiej Częstochowskiej i św. Kazimierza w Londynie rozpoczęłam dniem 10 lutego 1940 roku zsyłką na Syberię w okolice Archangielska.

W roku 1941 po układzie Sikorski-Majski zniewoleni Polacy uzyskali prawo zmiany miejsca pobytu.

Wszelkimi sposobami tysiące Polaków ruszyło w koszmarną podróż na południe Związku Sowieckiego, gdzie formowało się wojsko polskie i placówki dla ludności cywilnej.

Szczęśliwym trafem znalazłam się w sierocińcu polskim w Kitabie koło Szahrizjabs w Uzbekistanie.

Fot. 304
Albina Synowiec

W sierpniu 1942 roku, przedostając się drogą morską przez morze Kaspijskie znalazłam się z liczną grupą młodzieży w Pahlewi na ziemi perskiej. Stąd przedostałam się do Teheranu i dalej do Isfahanu.

Gościnne miasto Isfahan stało się (w latach 1942 – 45) piękną przystanią i bezpiecznym schronieniem dla tułaczych dzieci polskich.

Jesienią 1945 roku zakończył się nasz pobyt w Isfahanie. Nasza szkoła i rodziny skazane były na dalszą wędrówkę. Przetransportowano nas do Ahwaz'u. Po kilkutygodniowym czekaniu na transport jechaliśmy dalej z krótkim postojem w Bagdadzie, przez Syrię aż dotarliśmy do kraju cedrów, do uroczego Libanu. Tu czekały na nas

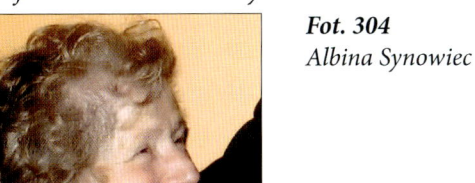

dobrze zorganizowane szkoły. Po zakwaterowaniu kontynuowałam naukę w liceum ogólnokształcącym w miejscowości Zouk-Michael, niedaleko Bejrutu.

Z końcem 1947 roku zaczęto stopniowo likwidować ośrodki polskie w Libanie, czekała mnie dalsza wędrówka.

Ze świadectwem dojrzałości w ręku, przez Palestynę dojechałam do Port-Said, po załadowaniu na okręt popłynęłam do Anglii.

Po krótkim pobycie w obozie Fairford w hrabstwie Gloucester wyjechałam do Londynu. Tu z czasem poznałam męża, Antoniego, sybiraka z Workuty, który przybył do Anglii z wojskiem polskim po kampanii włoskiej.

W roku 1950 w maju ślubowaliśmy sobie wierność małżeńską w kościele Brompton Oratory. Mieszkaliśmy w dzielnicy Westminster.

W końcu 1951 kupiliśmy dom w dzielnicy Stoke Newington i stąd uczęszczaliśmy do kościoła Matki Boskiej Częstochowskiej przy Devonia Road.

Od kiedy nasze najstarsze dziecko zaczęło naukę w przedszkolu funkcjonującym przy parafii powyższego kościoła my również w poczuciu obowiązkowości włączyliśmy się w aktywność życia parafialnego społeczności polskiej na długie, długie lata.

Ravenshead 2009

Rodzina pp. Synowców chlubnie zapisała się w historii parafii. Antoni Synowiec, wieloletni członek komitetu parafialnego, był całym sercem oddany wspólnocie parafialnej. Albina pracowała w szkole sobotniej, śpiewała w chórze, prowadziła kolonie letnie na Canvey Island, pracowała w sekcji charytatywnej. Dom pp. Synowców był zawsze otwarty dla wszystkich księży pracujących i przejeżdżających przez naszą parafię.

Szumski Józef (Ziutek)

Urodził się w 1920 roku w Mołodecznie, sto kilometrów od Wilna. Najpierw chodził do gimnazjum w Nowowilejce a później zdał maturę w Mołodecznie. 1-go września gdy wybuchła wojna, ojciec poszedł do wojska. Kilka dni później, 4-go września w Mińsku został ciężko ranny, zabrano go do szpitala. W nocy Niemcy zbombardowali szpital i wieść po nim zaginęła.

Kiedy 17-go września Rosjanie wkroczyli do Mołodeczna Ziutek otrzymał rozkaz aby się stawić w urzędzie. Miał wtedy 19 lat, był po maturze, przeszedł trzymiesięczne przysposobienie wojskowe i Rosjanie chcieli aby wstąpił do Czerwonej Armii. Ziutek odmówił. Zabrali go więc do więzienia na przesłuchanie. Przewozili go potem na przesłuchania z więzienia do więzienia – w Mińsku, Smoleńsku, aż za Ural do Tobolska, gdzie otrzymał wyrok na osiem lat. Umieścili go w więzieniu jako wroga sowieckiego sojuszu, tym bardziej, iż odmówił zmiany nazwiska z polskiego na rosyjskie.

Przeżył tam ciężkie chwile. Karany w karcerze i bity za brak znajomości języka rosyjskiego doczekał się amnestii, choć był ostatnim którego dosłownie wywieziono na taczkach poza mury więzienia 3-go września 1941 r. z zaświadczeniem, że zostaje oficjalnie zwolniony! Był tak osłabiony i wychudzony, iż zmarł by pewnie opuszczony na trawie gdyby nie dobre serce Rosjanki, Wery, która zabrała go do siebie, ubrała, podkarmiła i pozwoliła mu nabrać sił. Później pomogła mu kolejna Rosjanka, Luba, która załatwiła mu pracę u murarza. Gdy się dowiedział z gazety o tworzącej się armii Andersa, rzucił robotę i ruszył ze spotkanym w mieście kolegą Władysławem Mieszkianem, w drogę do Buzułuku. Tam nie zostali przyjęci do wojska ale Ziutka wysłali do Samarkandy, gdzie chwyciła go gorączka. Cudem wyratowały go od śmierci spotkane po drodze własna matka, siostra, ciotka i babcia.

Zgłosił się do wojska i przyjęto go do szkoły podchorążych. Udało mu się wysłać rodzinę do Pahlevi, skąd pojechała dalej do Tanganijki. Szumski wstąpił w Pahlevi do Trzeciego Pułku Ułanów Śląskich, którym pozostał wierny i po dziś dzień urządza spotkania pułkowe w naszym kościele. Niedługo potem przerzucono go do Cichociemnych – polskich dywersantów zrzucanych do okupowanej przez Niemców Polski aby działać „po cichu" i „po ciemku" w podziemnym ruchu oporu. Mimo doskonałego wyszkolenia nie doczekał się zrzutu do kraju i powrócił do Pułku Śląskiego.

Powędrował następnie szlakiem bojowym polskiego wojska poprzez walki we Włoszech, bitwę pod Monte Cassino aby w 1946 roku wylądować w Anglii. Uczestniczył w akcji demobilizacji polskich żołnierzy i przeszedł do cywila. Skończył kurs zegarmistrzowski i w tym zawodzie pracował przez całe życie. Na Devonię trafił zaraz po przyjeździe do Londynu i związał swe losy z naszą parafią. Uczestniczył w zakładaniu chóru im. F.Nowowiejskiego i śpiewał w nim aż do jego zamknięcia. Nasz kościół to drugi dom; co niedzielę można go spotkać na chórze na Mszy św. o godzinie 11.00. Nie wyobraża sobie niedzieli bez Devonii!

Fot. 305
Ziutek Szumski

Tomas Marek

Urodził się w Warszawie w której spędził swoją młodość. Pracował w fabryce układów elektronicznych i po dwóch latach otrzymał kontrakt na budowę stalowni w Iraku, gdzie spędził trzy lata. Wrócił do Polski, zastał tam budzącą się do życia **Solidarność** oraz problemy ze strajkami, żywnością. Bank polski zamroził jego zagraniczne konto oferując mu tylko wymianę dolara po oficjalnym kursie. Stracił więc cały zarobek z okresu irackiego, a w dodatku ciężko mu było otrzymać pracę w Polsce. Poznał angielskiego korespondenta BBC Timothy Sebastian, z którym jeździł po Polsce tłumacząc mu realia polskie. Będąc z nim na Wybrzeżu przy narodzinach **Solidarności** usłyszał słowa od korespondenta **Prawdy**, który powiedział, że to już koniec, gdyż wojska rosyjskie już są gotowe. Podróże z Sebastianem dały mu pełniejszy obraz tego co się działo i w jakim świetle Zachód widział poczynania Polaków.

Właśnie w tym czasie jego ojciec miał wyjechać na placówkę do Londynu i przed wyjazdem załatwił sobie mieszkanie w Londynie u pani, która w przyszłości miała się stać teściową Marka. Był to lipiec 1981. Marek przyjechał do Anglii na jej zaproszenie. Poznał u niej Teresę, swą przyszłą żonę, która właśnie kupiła dom i potrzebowała pomocy przy jego remoncie. Marek przyjął oferowaną pracę. Wkrótce ożenił się z Teresą, którą pokochał od „pierwszego spojrzenia". Powrócił do Polski aby pozałatwiać formalności i tam zastał go stan wojenny, który zatrzymał go w kraju przez kolejny rok.

Po roku wrócił do Londynu i nadal kontynuował prace nad remontem domu. Polacy mieli wtedy dobrą opinię i bez problemu można było u Anglików znaleźć pracę. Marek pomagał też innym Polakom. Pracował u pani Hrabiny Łubieńskiej i Ireny Andersowej. Dzięki tym kontaktom zaczął poznawać zupełnie mu obcy świat. Zafascynowała go wojenna emigracja; jej losy, poglądy, postawa polityczna. Wychowany w komunistycznej Polsce nie znał zupełnie tego okresu polskiej historii, która zaczęła się dla niego tak na prawdę dopiero w Londynie.

Fot. 306
Marek Tomas

Mniej więcej w tym czasie Marek i Teresa porzucili swoje zawody i zainteresowali się produkcją sztucznej biżuterii, którą to pracą zajmują się po dziś dzień.

Devonią zainteresował się, gdy ich córka zaczęła chodzić do polskiej szkoły. Dzięki temu głębiej poznał środowisko emigracji wojennej, która tworzyła wspólnotę na Devonii. W 1995 poznał teścia, Józefa Szumskiego, z którym żona straciła kontakt jeszcze jako dziecko. Byli blisko siebie, a jednak nie wiedzieli że są rodziną!

Dołączył do sekcji imprezowej i po odejściu przewodniczącego Henryka Wacha przejął po nim to stanowisko. Miał zawsze wizję aby na Devonii stworzyć ośrodek kultury, który będzie miał szerszy wachlarz wydarzeń niż zabawy, które stale cieszyły się dużym powodzeniem. Za jego to przyczyną w 2006 roku zorganizowano na Devonii pierwszy recital fortepianowy Ryszarda Bielickiego, poświęcony twórczości Fryderyka Chopina. Później posypały się kolejne imprezy i dzisiaj Devonia jest rozpoznawalnym ośrodkiem kultury w północnym Londynie.

Stefan Zawadzki

Stefan Zawadzki jest profesorem historii na uniewersytecie w Poznaniu. Jest częstym gościem w Londynie ponieważ przeprowadza badania w British Museum. Razem z nami modli się w naszym kościele na Devonii. Czuje się mocno związany z naszą parafią. Oto co on ma do pwiedzenia o naszej parafii i jego drodze na Devonię:

Fot. 307
Stefan Zawadzki

Mój kontakt z parafią M.B. Częstochowskiej na Devonii nie był pierwszym z kościołem polskim w Londynie; wcześniej mieszkałem w zachodnim Londynie, zatem uczestniczyłem w nabożeństwach w kościele św. Andrzeja Boboli, w którym także panowała polska atmosfera, tym niemniej Devonia przyniosła pełne zaskoczenie. Pierwsze wrażenie to atmosfera ciepła i bliskości – nieznany witany jest tu niezwykle serdecznie, przede wszystkim przez stałych parafian, związanych z Kościołem od wielu lat. Ujmujące jest także to, że kolejni kapłani zwykle pamiętają by przywitać gości. Ważna jest sama architektura – kościół robi wrażenie niezwykle małego, ale rodzi to rzadko spotykane uczucie wspólnej modlitwy. W wielkich kościołach zatraca się to poczucie – na Devonii jest ono niezwykle silne. I co ciekawe, nawet kiedy zdarzyło mi się siedzieć w bocznej nawie to uczucie pozostało. Myślę, iż wynika to z poczucia wspólnoty wiernych, do niedawna bliskich pokoleniowo, nierzadko o podobnej drodze życiowej i ich gotowości powitania każdego rodaka. Mam nadzieję, że „duch miejsca", mimo zauważalnej zmiany – coraz więcej młodych twarzy z

nowej emigracji – pozwoli zachować tę szczególną atmosferę Devonii.

Był jeszcze jeden element, który wzmacniał te poczucie wspólnoty i atmosferę z serca płynącej modlitwy – chór. Śpiew chóru nadawał każdemu nabożeństwu uroczystej oprawy i mam nieodparte wrażenie, budził potrzebę głębszej modlitwy. Szkoda, wielka szkoda, iż chór obumarł; nie ma wątpliwości, że wszyscy, którzy pamiętają tamten czas mają ogromne uczucie straty. Jest jeszcze jeden element, który budzi pewien niepokój. Może to mylne wrażenie, ale „rotacja" księży jest chyba zbyt częsta. Na emigracji bez wątpienia potrzeba pasterzy o szczególnym formacie, ale równie ważna jest świadomość, iż jest to „nasz ksiądz", dla którego Devonia nie jest tylko miejscem czasowego pobytu, ale miejscem, z którym wiąże swą przyszłość z wszystkimi płynącymi z tego konsekwencjami. Parafianie chcą widzieć w księdzu nie tylko duszpasterza, który kształtuje ich religijną wrażliwość, ale także człowieka, który tak po ludzku cieszy się z ich radości, ale i smuci z powodu ich smutków. Trzeba czasu, by te więzi mogły się zawiązać i nie należy ich bez koniecznej potrzeby zrywać.

Zgromadzeni na spotkaniu Koła Seniorów tak określali swoje relacje z Devonią:

Kazimierz Anaszewski

Fot. 308 Kazimierz Anaszewski

Służył w wojsku w 3 Dywizji Pancernej. Do Anglii przyjechał w 1946r. Po demobilizacji trafił do Chester; do Londynu przyjechał trochę później. Na Devonii zjawił się dość szybko; jako przedwojenny ministrant zaangażował się do służby przy ołtarzu. Z rąk księdza Rektora Tadeusza Kukli otrzymał Złoty Krzyż Polskiej Misji Katolickiej za ofiarną pracę na rzecz wspólnoty. Regularnie uczęszcza na zebrania Koła Seniorów i podczas tygodnia służy do Mszy św.

Anna Bandosz

W 1961 r. uciekła z Polski i otrzymała azyl na pobyt we Francji. Do Anglii przyjechała kilka miesięcy później. Miała trzymiesięczną wizę. W tym czasie znajomi wyswatali ją z Marianem. Ślub odbył się na Devonii. Tu były chrzczone ich dzieci, które potem chodziły do polskiej szkoły, należały do harcerstwa i do KSMP. Mąż Marian był bardzo oddany Szkole Sobotniej i długo pracował w komitecie rodzicielskim. Dziś Anna nie zawsze przychodzi do kościoła na Devonii, bo ciężko jest znaleźć miejsce siedzące. Uczuciowo dalej czuje się bardzo z parafią związana.

Irena z Propackich Chrobok

Pochodzi ze Śląska; przyjechała do Londynu w 1971 roku i wyszła za mąż za Waltera. Ceremonia ślubna odbyła się na Devonii; tu były chrzczone ich dzieci, tu przyjęły pierwszą Komunię Świętą i chodziły do polskiej szkoły. Dziś jest wdową ale dalej czuje się związana z Devonią, choć zdrowie nie zawsze pozwala na uczestnictwo w niedzielnej Mszy św. w naszej parafii.

Bogumiła Dawidek

W 2008 r. przyjechała do Anglii z wnukiem. Zajmowała się nim w Polsce przez dwa lata podczas gdy rodzice pracowali w Londynie, urządzając tutaj życie. Dowiedziała się, że na Devonii znajduje się polski kościół. Po raz pierwszy przyjechała na Devonię z koleżanką. Bardzo się jej tutaj spodobało. Kościół pod wezwaniem Matki Boskiej Częstochowskiej przypomina jej rodzinny kościół w Polsce i dzięki temu czuje się tutaj jak u siebie w domu. Wspólnota parafialna przyjęła ją do swego grona. Uczestniczy w spotkaniach Koła Seniorów i cieszy się, że może rozmawiać po polsku!

Ann Dennis z domu Jankowska

Urodziła się w Londynie w 1926 roku; rodzice jej pochodzili z Litwy. W domu rozmawiali po polsku. Po raz pierwszy zaprowadzili ją do polskiego kościoła na Devonii zaraz po jego konsekracji. Później przychodzili na niedzielną Mszę św. mniej więcej raz na miesiąc. Kuzyn ich, Henryk Liczkowski, był organistą na Devonii. Sobotami chodziła z bratem do szkółki sobotniej prowadzonej przy parafii, gdzie

Fot. 309
Anna Bandosz

Fot. 310
Irena Chrobok

Fot. 311
Ann Dennis

nauka języka polskiego szła jej bardzo ciężko. Podobała się jej atmosfera panująca w szkole, polscy rówieśnicy i piękne stroje ludowe, które nakładali na jakieś parafialne uroczystości. Pamięta, że księża głosili strasznie długie kazania ale śpiew był piękny! Po niedzielnej Mszy św. schodzili na dół do sali pod kościołem, gdzie parafianie pili razem herbatę i gawędzili. Bardzo to się jej podobało. Gdy wybuchła druga wojna światowa przychodzili częściej do kościoła aby razem ze wspólnotą polską modlić się o szybkie zakończenie wojny. Obecnie mieszka w Manchesterze, przyjechała jednak do Londynu aby szukać swoich polskich korzeni. W ten sposób trafiła na Devonię, gdzie przechowywane są dokumenty z jej chrzcin we wspólnocie polskiej, ale jeszcze nie w kościele na Devonii. Ucieszył ją fakt, że parafia dalej prosperuje i że mogła trafić na zebranie seniorów! W sercu dalej czuje łączność ze wspólnotą polską, choć dzisiaj nie ma już z nią żadnego kontaktu.

Renia z domu Karyś Hornostaj

Fot. 312 Renia Hornostaj

Pochodzi z kieleckiego. W 1965 r. przyjechała do siostry w Londynie i wyszła za mąż za Jurka. Przez długie lata była stałą parafianką; dzieci chodziły do szkoły, należały do harcerstwa, przyjmowały sakramenty święte. Dziś mieszka poza Londynem. Przyjeżdża na spotkania Koła Seniorów i uczuciowo nadal czuje się związana z Devonią.

Maryla z Czerwińskich Kafar

Fot. 313 Maryla Kafar

Pochodzi z Piotrkowa Trybunalskiego. Jej kolega ze szkolnej ławy, Staszek, przyjechał z matką do ojca w Anglii już w 1960r. Studiował w Londynie, uczył w polskiej szkole, śpiewał w chórze, działał w KSMP. W 1966 r. pojechał do Polski aby wziąć ślub z Marylą i przywieźć ją do Londynu. Trójka ich dzieci chodziła do polskiej szkoły, działała w harcerstwie i KSMP. Przyjazd Maryli do Anglii zbiegł się z uroczystościami tysiąclecia Polski obchodzonymi przez Polonię na stadionie w White City. Pojechali na tą uroczystość, poznali tam dużo Polaków z Devonii i właśnie z tą parafią związali swoje losy. Staszek angażował się muzycznie, a Maryla pomagała w kawiarni, bufecie, na zabawach. Ma wiele miłych wspomnień związanych z kościołem i parafią na Devonii.

Maryla z domu Bartkowiak Klys

Urodzona w Grodzisku Wielkopolskim przyjechała do Anglii w 1974 r. Wyszła za mąż za Henryka i po pewnym czasie trafili na Devonię. Związali swoje losy z polskim kościołem. Henryk pomagał w pracach budowlanych w parafii a Maryla zaangażowała się w kawiarni pomagając w bufecie i na zabawach szkolnych i parafialnych. Pragnie aby ją wywieziono w sosnowym ubranku z kościoła na Devonii.

Fot. 314
Maryla Klys

Halina Konopka

Wywieziona w 1940 r. do Rosji zajechała w 1942 do Teheranu, gdzie poznała męża i wyszła za niego za mąż. Do Anglii przyjechali w 1949 r. Dzieci chrzczone na Devonii – nigdzie nie chce być, tylko tu.

Fot. 315
Halina Konopka

Janina z domu Wałczyk Kowalska

W 1953 r. przyjechała do Anglii, wyszła za mąż w kościele na Devonii i od tamtych czasów czuje się związana z kościołem i parafią. Gdy jest obecna na Mszy angielskiej czy w innym polskim kościele ma uczucie, że nie spełniła niedzielnego obowiązku. Devonia, to dom. Synowie chodzili do polskiej szkoły i należeli do harcerstwa. Syn ożenił się z koleżanką z klasy!

Fot. 316
Janina Kowalska

Renia Krzeczkowska

Przyjechała do Londynu do kuzynów w 1961 roku. Wydali ją za mąż za Stanisława; ma jedną córkę. Pracowała w Sekcji Charytatywnej i w kawiarni oraz śpiewała w chórze. Nie wyobraża sobie niedzieli bez kościoła na Devonii. Mąż za życia bardzo pomagał przy robotach renowacyjnych w sali pod kościołem.

Basia Kuźmicka

Basia pochodzi z Chrzanowa. Mąż jej, Jurek przyjechał do rodziców w Londynie w 1976 r. i rok później sprowadził żonę i syna Marcina, gdyż musieli prawie rok czekać na wizę. Z początku uczestniczyli w polskiej Mszę św. w kościele św. Józefa na Highgate. gdyż nie mieli samochodu i trudniej im było dojeżdżać na Devonię. Kiedy chłopcy – bo w Londynie urodził się drugi syn, David - zaczęli

Fot. 317
Basia Kuźmicka

chodzić do polskiej szkoły rodzina przeniosła się do parafii na Devonii. Synowie przyjęli tu Pierwszą Komunię św. i tu byli bierzmowani. Niechętnie chodzili do polskiej szkoły, ale dziś wspominają ją z radością i cieszą się, że mieli taką okazję, która związała ich bardziej z Polską i polskością. Basia udzielała się w parafii pracując w kawiarni, w bufecie, na zabawach szkolnych i przy organizacji opłatków rektorskich. Należy do koła różańcowego, przychodzi na spotkania koła seniorów i ma miłe wspomnienia związane z życiem parafii.

Fot. 318
Teresa Kwaśnik

Teresa Kwaśnik

Przyjechała z Polski trzydzieści lat temu; jej syn uczęszczał do polskiej szkoły, służył do Mszy św. u boku księdza Zielińskiego. Pokochała naszą wspólnotę, która w szczególny sposób wspierała ją po śmierci męża. Należy do Trzeciego Zakonu Franciszkańskiego i dobrze się czuje w gronie seniorów!

Fot. 319
Ala Lusarczyk

Ala Lusarczyk z domu Sakowska

Przyjechała do Anglii do brata, który przeszedł przez Rosję i wojsko Andersa. Tu wyszła za mąż za Polaka w 1957r. Ksiądz Turulski błogosławił ich związek. Niestety, po pięciu latach mąż jej zmarł nagle i została sama z dwójką małych dzieci. Po dwóch latach wyszła ponownie za mąż za Stacha. Pracowała w sekcji charytatywnej. Dzieci chodziły do polskiej szkoły, należały do harcerstwa. Devonia jest jej bliska uczuciowo i taka już pozostanie.

Stanisław Lusarczyk

Pochodzi z Wołynia, wywieziony z rodziną do Rosji w 1940 r. Przez Irak, Persję i Palestynę trafił w końcu do lotnictwa i przyjechał do Anglii. Na Devonii był po raz pierwszy w 1944 r. Widział polskich żołnierzy modlących się w naszym kościele. Po kilkuletniej

Fot. 320
Stanisław Lusarczyk

przerwie, kiedy mieszkał poza Londynem, wrócił ponownie do stolicy i po raz kolejny pojawił się na Devonii. Pomagał Olkowi Pilipczuk przy pracach remontowych; służył w komitecie parafialnym, pełnił dyżury w kancelarii. Dziś wozi emerytów na spotkania koła seniorów i uczuciowo stale czuje się związany z Devonią, choć w ciągu ostatnich lat wiele się w parafii zmieniło i ma ona zupełnie inne oblicze.

Irena Majkowska

Pochodzi z Wilna; wywieziona z rodziną do Rosji po amnestii trafiła do Palestyny, gdzie mieszkali przez cztery lata. W 1947 r. ojciec przyjechał z Włoch i sprowadził ich do Anglii. Do kościoła chodzili na Devonię i do Brompton Oratory, ale po wyjściu za mąż bardziej związani byli z Devonią, gdzie córki były chrzczone i gdzie chodziły do polskiej szkoły i należały do harcerstwa. Tu też brała ślub. Dziś chodzi do angielskiego kościoła, ale na polskie Msze św. u św. Moniki, przyjeżdża jednak na spotkania klubu seniorów i nadal czuje, że jest częścią naszej parafii.

Fot. 321 Irena Majkowska

Zuzanna Mołda z domu Studzińska

Dowiedziała się o Devonii od siostry, którą skierował do polskiego kościoła angielski ksiądz słuchający jej spowiedzi, twierdząc, iż nie ma sensu aby chodziła do angielskiej spowiedzi, skoro może chodzić do polskiej! Był to 1951 rok i od tego czasu rodzina związała się mocno z parafią. Rok później Zuzia wyszła za Zdzisława Mołdę, członka KSMP. Ślub wzięli w naszym kościele. Tu została ochrzczona ich córka, która potem chodziła do devonijnej polskiej szkoły. Wyszła ona za mąż za Jurka, kolegę ze szkolnej ławy. Tutaj ochrzcili swoje dzieci. Zuzia od pierwszego momentu poczuła się związana z parafią; związek ten stał się jeszcze mocniejszy, kiedy po śmierci męża została sama. Zaangażowała się w pracę społeczną w parafii, zwłaszcza w pomoc w kuchni, gdzie urzędowała siostra Petronia. Siostra wiedziała, że może na Zuzię liczyć i nieraz w ostatniej dosłownie chwili wzywała jej pomocy. Zuzia regularnie chodziła na Devonię; przyjeżdżała z wnukami na poranną Mszę św. dziecinną i po dziś dzień kościół i wspólnota przy Devonii są jej drugim, kochanym domem.

Fot. 322 Zuzanna Mołda

Maria z Szymkowskich Olszewska

Urodzona na Wołyniu, w czasie wojny została wywieziona z rodziną do Niemiec do obozu pracy. Nie mogąc po wojnie wrócić na Wołyń, rodzina osiedliła się na Ziemiach Odzyskanych. Wykształcona na przedszkolankę pracowała w swoim zawodzie do wyjazdu do znajomych do An-

Fot. 323 Maria Olszewska

glii. Krótka wizyta zamieniła się na stały pobyt, gdyż poznała tutaj męża, Józefa. Ślub wzięli na Devonii i od tamtego czasu Devonia była, jest i chce aby pozostała ich drugim domem.

Maryla Pakuła

Fot. 324
Maryla Pakuła

Pochodzi z Kruszwicy. Miała 19 lat kiedy w ramach łączenia rodzin przyjechała z mamą i młodszą siostrą Dorotą do ojca w Londynie. Był to ostatni dzień 1957 roku i zaraz następnego dnia, 1-go stycznia, wszyscy pojechali na Devonię aby podziękować Bogu za szczęśliwą podróż. Należała do KSMP. Wyszła za mąż w 1962 r. za Henryka, który przeszedł zsyłkę do Rosji i osiem lat mieszkał w Ugandzie w Afryce. Bardzo był zaangażowany w pracę Komitetu Rodzicielskiego i Koła Przyjaciół Harcerstwa. Mają trójkę dzieci, które były chrzczone w naszym kościele, tu przyjmowały Pierwszą Komunię św. i bierzmowanie. Rodzice pracowali w szkole, parafii i harcerstwie. Devonia – to drugi ich dom.

Zofia Płachta

Fot. 325
Zofia Płachta

Przyjeżdża na Devonię od czterech lat. Kiedy zmarł jej mąż pięć lat temu przyjechała do Anglii aby być z córką, która wcześniej opuściła kraj. Poznała i polubiła kościół na Devonii, wspólnotę i atmosferę panującą w parafii. Ma uczucie, że jest u siebie w swoim kościele w Polsce! Na spotkania koła seniorów przyjeżdża od roku i cieszy się, że odkryła tę naszą wspólnotę.

Teresa Rafaląt z domu Miłoszewska

Fot. 326
Teresa Rafaląt

Do parafii należy od 50 lat. Gdy przyjechała do Anglii do ojca mieszkali w Essex. Ojca ciągnęło jednak do Londynu, gdyż pragnął być blisko polskiego kościoła. Pięćdziesiąt lat temu przenieśli się do północnego Londynu i od tego czasu jest na Devonii prawie co niedzielę. Czuje się bardzo mocno związana z kościołem i parafią, która jest dla niej drugim bardzo bliskim domem. Przez ponad dwadzieścia lat śpiewała w chórze parafialnym, pracowała w kawiarni i bufecie podczas zabaw; jest członkiem żywego różańca i dziś należy do koła seniorów.

Julia Szlosarek

Pochodzi z Białegostoku; przyjechała do Anglii do wujka, który walczył pod Arnheim. Poznała Pawła, który był w Londynie od 1947r. i bardzo udzielał się we wspólnocie parafialnej na Devonii. Pobrali się w 1968 r. Mieli trzech synów. Od początków małżeństwa chodziła na Devonię i po dziś dzień czuje się związana z nią uczuciowo.

Stanisława Turczak

Pochodzi z Wileńczyzny. Wywieziona na Syberię, później służyła w wojsku polskim. Do Anglii przyjechała w 1947 r. W związku z tym, że mąż jej długo i ciężko chorował uczęszczała do angielskiego kościoła. Wiedziała o istnieniu polskiego kościoła. Córka jej chodziła do polskiej szkoły. Obecnie uczestniczy w spotkaniach Koła Seniorów i cieszy się, że może przebywać w polskim towarzystwie.

Fot. 327
Stanisława Turczak

Anna z domu Wainkopff Victor

Razem z siostrą Edytą przyjechały w 1957r. do ojca, który przyjechał do Anglii z Drugim Korpusem. Zaraz w pierwszą niedzielę, ojciec zaprowadził je do kościoła na Devonię i powiedział im: „To jest mój dom". Zaczęły regularnie chodzić na Devonię i po dziś dzień czuje się z parafią związana, choć często podróżuje i nie zawsze może być obecna na niedzielnej Mszy św. W 1958 r. wyszła za mąż a od lat osiemdziesiątych śpiewała w chórze.

Fot. 328
Anna Victor

Maria Zuterek

Pochodzi z poznańskiego. Wyszła za mąż przed wojną. Mieli jednego syna. Mąż był w lotnictwie i w 1946 r. sprowadził ją do Niemiec. Zaraz potem wyjechali do Anglii. Od razu powędrowali do kościoła na Devonię. W 1948 roku ich syn Zbyszek przystąpił do Pierwszej Komunii świętej. W tym dniu razem z nim Komunię świętą po raz pierwszy przyjął tylko jeden chłopiec i żadna dziewczyna (w tym roku dzieci przystępujących do pierwszej komunii świętej było prawie 140!). Pomagała w kole rodzicielskim, co sobotę przywożąc dzieciom herbatę i pączki na przerwę. Ma obecnie 94 lata i choć nadal czuje się

Fot. 329
Maria Zuterek

związana z Devonią, którą kocha, nie może dziś przyjeżdżać do kościoła, bo Rysiek Gabrielczyk już jej nie przywozi!

Księża rektorzy:
ks. Teodor Cichos, ks. Władysław Staniszewski, ks. Karol Zieliński, ks. Stanisław Świerczyński ks. Tadeusz Kukla, ks. Stefan Wylężek

Fot. 330
(pierwsza od lewej)
Ks. Andrzej Marcak

Fot. 331
(druga od lewej)
Ks. Włodzimierz Skoczeń

Fot. 332
(trzecia od lewej)
Ks. Janusz Paciorek

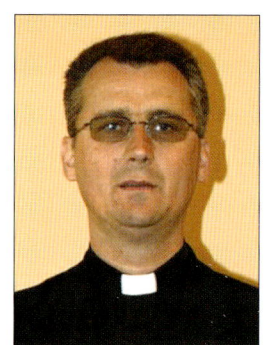

Proboszczowie/Administratorzy:
ks. Turulski Narcyz (1950-1965)
ks. Walczak Marian (1965-1970)
ks. Zieliński Karol (1972-1992)
ks. Czyż Ludwik (1992-1996)
ks. Poloczek Teodor (1997-1998)
ks. Kuwaczka Dariusz (1998-2000)
ks. Marcak Andrzej (2001-2002)
ks. Kawczyński Krzysztof (2003-2004)
ks. Włodzimierz Skoczeń (2004-2005)
ks. Paciorek Janusz (2005-2006)
ks. Ciebień Krzysztof (2006- ...)

Fot. 333
Ks. Dariusz Kuwaczka

Duszpasterze:
ks. Grzegorz Aleksandrowicz, ks. Kazimierz Bidziński, ks. Jan Brandys, ks. Krzysztof Ciebień, ks. Stanisław Cymbalista, ks. Ludwik Czyż, ks. Krzysztof Gawęcki, ks. Krystian Gawron, ks. Krzysztof Góralski, ks. Witold Jarecki, ks. Władysław Kapuściński, ks. Krzysztof Kawczyński, ks. Walerian Kłyza, ks. Krzysztof Kozakiewicz, ks. Tadeusz Kurczewski, ks. Dariusz Kuwaczka, ks. Bogdan Łukuć, ks. Andrzej Marcak, ks. Andrzej Matuszak, ks. Bronisław Michalski, ks. Stanisław Milewski, ks. Stefan Orzeł, ks. Aleksander Ożóg, ks. Janusz Paciorek, ks. Henryk Pilak, ks. Teodor Poloczek, ks. Antoni Prosowicz, ks. Włodzimierz Skoczeń, ks. Eugeniusz Trojnar, ks. Krzysztof Toporowski, ks. Narcyz Turulski, ks. Janusz Tworek, ks. Jerzy Tyc, ks. Marian Walczak, ks. Stanisław Wąchała, ks. Władysław Wyszowadzki, ks. Jan Zaręba.

Prezesi Wspólnoty Parafialnej:
Mieczyław Radoń, Józef Behnke, Ryszard Gabrielszyk, Aleksandra Podhorodecka, Ryszard Protasiewicz

Fot. 334
Jerzy Pietrkiewicz

Kościołowi polskiemu w Londynie

Nie dywan i nie fotel i nie połysk hasła,
Wytarte dna mizernych, staromodnych czółen,
Gdzie latarnie, świecące nad dziobem zagasły.
W Londyn weszłaś Ojczyzno tu tylko kościółek,
W cień kamienicy, co obcy świat po polsku zasłał.
       Wypełnił nawę obłok, wysnuty z jałowca,
       A jałowcowe twarze, jak świątki przydrożne,
       Z srebrnego trybularza, z srebrnego pokrowca
       Wydobyte przez rękę dziecinnie nabożną,
       Patrzą w serce żołnierza jak w pancerz krzyżowca.
Z zakrereślonych na piersiach krzyży – zbrojne przęsła
Rosną, podmurowane modlitwą wysoko,
To nie grobowiec jeno, gdzie spoczywa klęska,
Ale twierdza jutrzejsza, przed którą twój pokłon
Ściele się i haftuje dywan dla zwycięstwa.
       Nie wydepczesz już Polski na schodach urzędu
       I nie zamkniesz idei w uroczystej tece.
       Te jałowce w kościółku lepiej Sprawę przędą
       Niż mądrość zapłacona, która ciągle wlecze
       Dymy pachnące głogiem (głóg bólu i błędu ...)
Na tej małej uliczce w wojennym Londynie
Wznosi się naród wieczny, uzbrojony krzyżem.
Dywan zetrą podeszwy. Sług korowód minie,
Gdy ostatnie pochlebstwo ostatni grosz zliże.
Nie patrz w małość i odpuść narodowej winie
Jak nam Bóg odpuszcza w jałowcowym dymie.
Jeden jest Pan i świętość. Jedno Polski imię.

Jerzy Pietrkiewicz, Londyn 27.09.1944

Rozdział 10

INDEX

Adriana s. 64, 169
Albana s. 64, 74, 169
Aleksandrowicz ks. Grzegorz 216
Anaszewski Kazimierz 208
Anders Anna 41
Anders gen. Władysław 29, 41, 61, 180, 185, 186, 192, 194, 196, 205, 212
Anders Irena 41, 61, 206
Andrykiewicz Józef 34
Andrzejewska Halina 146, 202
Andrzejewska Janina 178, 179
Andrzejewska Pace 113
Antosiak W. 166
Balicka Weronika 62, 76, 86, 134, 179, 180, 181
Balicki Ignacy 60, 62, 76, 134, 181
Bandosz Anna 208
Bandosz Marian 51, 208
Baranowska Janina 46
Baranowska Krysia 149
Baranowski Stanisław 166, 169, 170, 177
Baranowski Zdzisław 46, 170
Barbarito ks. abp L. 73
Bateman H. 10

Baworowska M. 175
Beck Józef 13
Behnke Józef 58, 75, 119, 120, 170, 217
Bełch ks. Stanisław 33
Bernasiński Jacek 104, 150
Bernasińska Ola 153
Bidziński ks. Kazimierz 216
Bielicka Ania 67, 182
Bielicka Oleńka 67, 181
Bielicki Robert 67, 182
Bielicki Ryszard 67, 88, 89, 133, 135, 136, 181, 182, 207
Bienek Jan 72
Bilska Janina 33, 183, 184
Bilski Henryk 33, 183, 184
Bireta Stanisław 170
Bissinger Ferdynand 160, 170
Borowy Felicja 170
Bourne kardynał Franciszek 10, 99, 113
Brandys ks. Jan 48, 131, 141, 177
Budzianowska Stefania 30, 38, 120, 121, 166, 202
Bunsch Adam 22, 25, 79, 105, 107, 108
Chrobok Irena 209

Chrobok Walter 145
Cichos ks. Teodor 11, 113, 202, 216
Ciebień ks. Krzysztof 76, 86, 92, 98, 158, 196, 216
Coughlan Zofia 119, 129, 130, 131
Cudziński ks. 159
Cymbalista ks. Stanisław 216
Czarliński Wit 64
Czyż ks. Ludwik 59, 63, 73, 76, 78, 111, 125, 162, 190, 216
Davies Norman 87, 88, 160
Dawidek Bogumiła 209
Dejnowski ks. F. 53
Delmar Irena 91
Dennis Ann 209
Drage Regina 170
Drzemczewski Stanisław 170
Dziuba ks. Andrzej 73
Eames Mariola 162
Elston-Gogoliński ks. Rafał 33
Fleszar Zbigniew 107
Frosztęga M i F 170
Gabrielczyk Barbara 38, 46, 62, 63, 121, 122, 123, 166, 184, 185, 187
Gabrielczyk Maria 126
Gabrielczyk Ryszard 46, 51, 62, 63, 75, 80, 81, 184, 185, 186, 187, 216, 217
Gabzdyl Wanda 166
Gaik ks. T 174
Gawara V. 137
Gawęcki ks. Krzysztof 216
Gawlina bp Józef 18, 19, 20, 21, 22, 27, 48, 99, 111, 131, 160
Gawron ks. Krystian 46, 116
Giertych Jędrzej 25, 53, 54, 197, 198
Giertych ks. Wojciech 52, 53, 54, 125, 176, 177, 178, 201
Giertych Maria 53, 54, 118, 166, 170, 197

Gil W. 134
Giusta Irena 86, 179, 180, 181
Glemp ks. kardynał Józef 53, 54, 55, 56, 57, 63, 72, 73, 74, 75, 84, 113, 124, 149
Godfrey abp William 23, 27, 28, 29
Goll Halina 166
Golnik Franciszek 170
Goławski Michał 36
Gorzała A. 89
Goździewscy Ewa i Paweł 187, 188
Góra ks. Jan 85, 97, 98, 192, 195
Góralski ks. Krzysztof 116
Gracja s. 72, 74
Grant bp Charles 44
Griffin abp Bernard 22, 23, 83, 84
Gryko Edward 75, 170
Halińska A. 123
Hanvas R. 143
Heber Tadeusz 133, 135
Heenan kardynał John 65, 66
Heim abp Bruno
Heller Michał 87, 88, 160
Henelt J Z 79, 106
Hinsley kardynał Artur 13, 15, 18
Hlond kardynał August 4, 7, 10, 11, 27, 28, 29, 113, 131
Hornostaj Renia 210
Hosowicz Henryk 131, 133
Hume kardynał Basil 53, 73, 124
Iwaszkiewicz A. 130
Iżycki M. 27
Jamroz Ludwika 170
Jankowski Jurek 155
Jarecki ks. Witold 49, 53
Jasińska Oleńka 145, 154
Jasionowicz s. Teresa 74
Jażyk Maria 119
Jeż ks. Stanisław 73
Jordan M. 12, 115

Kaczmarczyk Zdzisław 150
Kaczmarska Edyta 51, 60, 62, 71, 76, 188, 189, 200
Kaczmarska Elżunia 51, 145, 189
Kaczmarski Piotr 51, 145, 189
Kaczmarski Wojciech 51, 62, 76, 188, 189
Kaczorowski Ryszard 53, 61, 87, 160
Kafar Andrzej 48
Kafar Magda 48, 143, 144, 145, 156
Kafar Maryla 48, 62, 86, 171, 210
Kafar Stanisław 48, 60, 62, 72, 75, 89, 133, 134, 135, 136, 146, 149, 171, 176, 182, 202, 210
Kapuściński ks. Witold 116
Kasprzyk Stefan 91, 146, 149
Kasprzyk Magdalena 91, 92
Kawczyński ks. Krzysztof 76, 80, 216
Kazimiera 174
Kazimiera s. 75
Kielanowski Leopold 65, 132
Kirschke ks. Tadeusz 33
Klys Maryla i Henryk 210, 211
Kłyza ks Walerian 52
Kmak Janina 134
Konopka Halina 211
Kowalkowska Czesia 134, 172
Kowalkowska Pola 68
Kowalski Darek 143
Kowalska Ela 146
Kowalska Janina 211
Kowalska Kasia 154, 155
Kozakiewicz ks. Krzysztof 216
Kozłowski A 136
Krzeczkowska Regina i Stach 110, 134, 211
Kukla ks. Tadeusz 5, 45, 60, 63, 64, 81, 82, 83, 84, 87, 91, 92, 98, 208, 216

Kukliński Janusz 126
Kukliński Józef 121
Kurczewski ks. Tadeusz 51
Kuwaczka ks. Dariusz 76, 125, 216
Kuźmicka Basia i Jurek 86, 162, 211
Kuźmicki Marcin 145, 211
Kwaśnik Teresa 212
Kwieciński Franek 51
Lalko Olgierd 153, 154, 155
Lalko Jan 158
Lechert ks. Antoni 9
Lewandowski Władysław 60, 168, 172
Liczkowski H. 209
Lubaczewska Hanka 150, 154, 155
Lusarczyk Ala i Stach 64, 212
Łukuć ks Bogdan 190, 191, 216
Macharski ks. F. 52
Maciołek Maria 168
Magiera Wiktor 1129, 166
Majkowska Irena 213
Malczyk Czesława 62, 72, 75, 76, 86, 179, 181
Malczyk Władysław 62, 75, 76, 176, 181, 202
Malecki Andrzej 119
Małgosia i Marek 189, 190, 191
Małkowska Olga i Andrzej 152
Małowiecki Józef 107
Marcak ks. Andrzej 76, 191, 216
Marczewski ks Andrzej 157
Masłoń J. 116
Mastalski Antoni 172, 173
Matuszak ks. Andrzej 29
Matuszewska Witolda 153
McBride Danuta 82
Mela Jerzy 119
Michalski ks. abp Józef 82
Michalski ks. Bronisław 27, 29, 36, 37, 48, 131, 141
Mieszczakowski Michał 191, 192

Mieszkian W. 2005
Migalski Stanisław 47
Mikulski ks. Jan 160
Milewski ks. Stanisław 71
Miłoszewska Jadwiga 52, 192, 193
Miłoszewska Joasia 52, 143, 144
Miłoszewska Marylka 52, 143, 144
Miłoszewski Rafał 52
Miłoszewski Roman 51, 52, 131, 134, 136, 192, 193, 194
Mirewicz ks. Jerzy 33, 42, 160
Miziniak J.J. 89
Mołda Zdzisław 74, 213
Mołda Zuzia 74, 213
Mołyń Czesław 126
Moszumanski Tadeusz 153
Moszumańska Julia 158
Moszumański Jan 153, 154, 155
Musiał Renata 145
Musiał Tadeusz 60, 173
Myron-Petsch Stanisław 164, 165
Neuman Maria 166
Niedzielska Marta 92-98, 194, 195, 196
Niesiołowski Franek 119
Nowak Halina 146, 148
Nowakowski Marian 105
O'Connor kardynał Cormack Murphy 83, 84
O'Driscoll Barbara 82, 123, 127, 196, 197
Olaf ks. 44
Olszewska Maria 123, 126, 134, 213, 214
Onyszkiewicz Andrzej 43, 175
Orzeł ks Stefan 216
Ostręga Dawid 153
Ożóg ks. Aleksander 216
Paciorek ks. Janusz 76, 188, 216
Pakuła Basia 55
Pakuła Henryk 51, 214
Pakuła Maryla 214
Pakuła Rysio 55
Palmi Jerzy 46, 71
Pawlus Stefania 141, 142, 162, 173
Pepliński Paweł 143, 144
Petronia s. 63, 64, 74, 155, 173
Piątek Lucyna 143
Pietrkiewicz Jerzy 25, 218
Pilak ks. Henryk 216
Pilipczuk Olek i Stasia 74, 173, 212
Piróg Władysław 173
Pius XI 14
Pius XII 111, 112
Płachta Zofia 214
Podhorodecka Aleksandra 82, 85, 86, 125, 144, 145, 154, 197, 198, 217
Podhorodecka Barbara 55, 143, 149
Podhorodecka Helena 55, 68, 143, 145
Podhorodecki Jan 145
Podhorodecki Stanisław 144, 148
Podhorodecki Stefan 144, 145
Podhorodecki Zygmunt 52, 67, 198, 199
Polak ks. Bp Wojciech 104
Poloczek ks. Teodor 64, 76, 125, 216
Poniatowska Wanda 150
Ponitka Danuta 76, 200
Ponitka Marysia 200
Ponitka Piotr 200
Ponitka Wacław 173, 200
Post Grażyna 119
Poznański Karol 11, 23
Prosowicz ks. Antoni 216
Protasiewicz Marysia 55
Protasiewicz Ryszard 55, 89, 92, 95, 125, 127, 146, 147, 148, 149, 200, 201, 202, 217

Raczkiewicz Władysław 6, 18,19, 27, 99, 106, 112
Raczyński Edward 23, 164
Radałowicz Andrzej 51
Radałowicz Joasia 144
Radoń Maria 119
Radoń Mieczysław 116, 119, 142, 173, 217
Rafałąt Franciszek 166, 173
Rafałąt Teresa 86, 168, 214
Rakowicz Wojciech 148
Rakowicz Elżunia 153
Rejman Andrzej 55
Rolski Stefan 72
Rozbicka Irena i Stefan 62, 75, 76, 160, 173, 189
Rożkiewicz Jadwiga 76
Rubin ks. kardynał Władysław 44, 45, 46, 67, 132, 141, 160, 171
Rusiecki Robert 81
Rzadkiewicz Maria 174, 201
Rzonsa ks. Paweł 34, 142, 167
Rzepus F. 130
Saraj Jadwiga i Kazimierz 203
Sępniewski Marian 58, 136, 174
Siedliska Matka Maria Franciszka 9, 74, 75, 110
Sikora-Sikorski Janusz 63, 80, 85
Sikorski gen. Władysław 6, 19, 22, 23, 99, 106, 113
Sikorzyna Waleria 174
Skirmunt Konstanty 113
Skoczeń ks. Włodzimierz 76, 191, 216
Skudrzyk ks. 159
Sołowiej ks. Kazimierz 36, 142
Sosin ks. Marian 50
Stachurski Grzegorz 90
Staniszewski ks. Władysław 6, 7, 12, 13, 15, 17, 21, 26, 27, 29, 31, 32, 34, 36, 37, 40, 41, 42, 43, 44, 45, 48, 50, 53, 57, 78, 79, 83, 84, 99, 105, 107, 114, 115, 120, 131, 141, 142, 159, 172, 175, 176, 177, 216
Stachoń Ryszard 202
Stefanicki 126
Stroba ks. bp 134, 174
Sudnik J 174
Surma Kazimierz 134, 174
Suwała ks. 175
Synowiec Albina 62, 125, 166, 293
Synowiec Antoni 62, 118, 204
Synowiec Maria 149
Sypniewska Urszula 120
Szabat Jan i Janina 174
Szczaniecki Andrzej 72
Szlosarek Julia 215
Szlosarek Paweł 64, 91, 117, 149, 162, 174
Szlosarek Piotr 145
Szmidt Iza 153
Szumski Józef 134, 204, 207
Śnieżka B 129
Świerczyński ks. Stanisław 39, 44, 45, 47, 50, 51, 52, 56, 57, 59, 60, 62, 69, 73, 80, 113, 147, 171, 176, 187, 216
Tarasiuk Józef 46, 89, 131, 141, 182
Tarasiuk Basia 46
Tomas Marek 89, 96, 206
Toporowski ks. Krzysztof 216
Trojnar ks. Eugeniusz 216
Turczak Stanisława 215
Turulski ks. Narcyz 29-32, 36, 37, 42, 114, 116, 118, 119, 129-132, 139, 141, 142, 159, 163-166, 168, 177, 212, 216
Tworek ks. Janusz 44-47, 59, 70, 73, 74
Tyc ks. Jerzy 81
Tyliszczak ks. Krzysztof 87, 188
Urbanowscy Krysia i Jurek 50, 146, 213
Vaughan kardynał Herbert 9
Victor Anna 60, 215

223

Volkman A. 89, 182
Wagstyl Anna 55, 148
Wajda Roman 78
Walczak ks. Marian 35, 38, 42, 43, 44, 114, 120, 121, 141, 177, 179, 216
Wałęsa Lech 53
Warszawski ks. Józef 33, 54, 65
Wąchała ks. Stanisław 191, 192, 216
Wesoły ks. abp Szczepan 6, 37, 53, 54, 56, 57, 58, 60, 67, 71, 73, 75, 82, 113, 123, 131, 133, 134, 145, 171, 174, 175, 176
Wielebnowska Wanda 125, 134
Wojciechowski Piotr 36, 130, 131
Wojewódka Tadeusz 146
Wojtyła ks. kardynał Karol, papież JPII 3, 39, 66, 68, 69, 71, 76, 113, 122, 133, 195
Wójcik J. 110
Wyczałkowska Maria 13
Wydmańscy 134, 174
Wylężek ks. Stefan 98, 104, 216
Wyszowadzki ks. Władysław 44, 45, 46, 70
Wyszyński ks. kardynał Stefan 3, 34, 35, 36, 40, 41
Zajączkowska Małgorzata 82, 197
Zaręba ks. Jan 60, 77, 216
Zawadzki Stefan 207, 208
Zieliński ks. Karol 44-48, 50, 51, 52, 56-60, 64, 69, 76, 79, 1124, 121, 122, 171, 175, 176, 179, 182, 212, 216
Zuterek Halina 143, 144
Zuterek Maria 215
Zuterek Dorota i Zbyszek 51, 174, 214, 215
Żeromska Olga 37, 147, 201